阅

阅读成就思想……

Read to Achieve

财富科技

财富管理数字化转型权威指南

[英] 苏珊娜·奇斯蒂（Susanne Chishti） 托马斯·普什曼（Thomas Puschmann） 主编

卢斌　张小敏　译

中国人民大学出版社

·北京·

图书在版编目（CIP）数据

财富科技：财富管理数字化转型权威指南 /（英）苏珊娜·奇斯蒂（Susanne Chishti），（英）托马斯·普什曼（Thomas Puschmann）主编；卢斌，张小敏译. -- 北京：中国人民大学出版社，2020.1

书名原文：The WealthTech Book:The FinTech Handbook for Investors,Entrepreneurs and Finance Visionaries

ISBN 978-7-300-27570-3

Ⅰ. ①财… Ⅱ. ①苏… ②托… ③卢… ④张… Ⅲ. ①数字技术－应用－投资管理－指南 Ⅳ. ①F830.593-39

中国版本图书馆CIP数据核字(2019)第231698号

财富科技：财富管理数字化转型权威指南

［英］苏珊娜·奇斯蒂 托马斯·普什曼 主编

卢斌 张小敏 译

Caifu Keji: Caifu Guanli Shuzihua Zhuanxing Quanwei Zhinan

出版发行	中国人民大学出版社		
社　　址	北京中关村大街31号	**邮政编码**	100080
电　　话	010-62511242（总编室）		010-62511770（质管部）
	010-82501766（邮购部）		010-62514148（门市部）
	010-62515195（发行公司）		010-62515275（盗版举报）
网　　址	http://www.crup.com.cn		
经　　销	新华书店		
印　　刷	北京联兴盛业印刷股份有限公司		
规　　格	170mm×230mm　16开本	**版　　次**	2020年1月第1版
印　　张	22　插页2	**印　　次**	2020年1月第1次印刷
字　　数	360 000	**定　　价**	99.00元

The WEALTHTECH Book

本书赞誉

《财富科技》这本书就财富管理行业的转型提出了深入而有价值的见解。编者通过展示一些新的数字化解决方案和技术驱动的例子深入研究了这一主题。

马克 · P. 贝内贾（Marc P. Bernegger）

金融科技与加密货币企业家、投资者

与大多数其他行业一样，银行业在过去几年中不得不应对数字化、颠覆性创新和监管变革。新的参与者进入市场，促进了以客户为中心的业务领域中的产品和流程的简化。在这个不断变化的环境中，我们很难看清当前尖端技术的发展趋势。资产管理也无法绕开这些持续的颠覆性趋势。尽管“智能投顾”将以何种方式为客户增值尚不清楚，但这无疑会引起广泛的关注。《财富科技》一书对金融行业正在发生的变化提出了深刻的见解，尤其是在财富管理、数字平台、生态系统、区块链等主题上。

彼得 · 博谢克（Peter Bosek）

博士，奥地利第一储蓄银行首席零售官

金融科技可能显著改变金融格局，以促进实现金融普惠，并将财富管理提升到一个新的水平。这本通过众包形式完成的书，从多个视角深入概述了金融科技将如何改变财富管理。对专业人士、监管机构和所有对金融未来前景感兴趣的人来说，这本书都是一本有价值的指南。

马科斯·布鲁纳米尔（Markus Brunnermeier）

教授，普林斯顿大学本德海姆金融中心主任

新技术使传统投资者和新投资者获取信息更容易。财富管理行业处在一个新的转折点。如今，监管日益严格，该行业面临着广泛寻找阿尔法的挑战，同时还要应对信息更灵通、投资者实力强大带来的复杂性。这种融合衍生了几十年来最具创新性的投资解决方案和服务。它还为下一个转折点奠定了基础：财富从婴儿潮一代逐渐向精通数字技术的千禧一代转移。

大卫·克雷格（David Craig）

汤森路透金融风险部总裁

每个人都在谈论区块链和人工智能，但很少有人知道如何在金融服务中实施这些解决方案。《财富科技》这本书将向你展示最新技术如何成为惠及全球投资者、企业家、零售和机构客户的终极工具包。这本书是无价的。每个投资者都应该把它放在案头随时翻阅。

约翰·戴维斯（John Davies）

Just Loans Group 首席执行官兼 Kompli-Global 公司董事长

财富管理正处在一场巨大革命的黎明时分：数字化正在改变现代财富管理的客户旅程价值链和商业模式。这本书会告诉你为什么会发生这种变化，以及如何发生变化。

奥利弗·贾斯曼（Oliver Gassmann）

教授，圣加伦大学技术管理学院主任

《财富科技》是第一本全面概述财富科技这个新兴领域未来发展的书。财富科技与我们 SIX 集团的相关性最高，它通过提供证券交易、清算结算、财务信息和支付交易等服务，将金融服务和技术的交叉专长结合在一起。金融机构依靠我们为它们在财富科技、金融科技和监管科技领域提供创新的解决方案。

罗密欧·拉谢（Romeo Lacher）

博士，SIX 集团董事会主席

全球投资提供了巨大的机会。《财富科技》这本书向投资者展示了如何利用大数据和人工智能实现阿尔法。它深入探讨了金融科技将如何影响全球资产管理和私人银行业。我要感谢苏珊娜·奇斯蒂的真知灼见，后数字革命时代即将拉开序幕。作为一名热衷于机器智能和区块链的投资者，我知道投资之前的首要任务是对生态系统进行广泛的了解。《财富科技》这本书可能是帮助获取这些新的、即将到来的投资机会的宝贵指南。

爱丽丝·勒哈伯兹（Alice Lhabouz）

Trecento Asset Management 公司总裁

在《Fintech：全球金融科技权威指南》出版之后，编者将研究重心转移到了金融科技领域中的财富管理领域。在这个过程中，作者为读者提供了一个务实和深刻的视角，帮助他们了解人工智能、区块链和其他关键技术将如何降低投资门槛，使全球广泛的消费者更容易获得和创造财富。无论是对有经验还是没经验的金融技术从业人员来说，本书都值得一读！

罗宾·洛（Robin Loh）

安联集团亚太区首席数字官

在零售和电子商务领域出现巨大的混乱之后，财富管理、资产管理和私人银行业正面临着自己的“优步时刻”。紧跟新趋势和新技术的步伐将是一项挑战，这些新技术的应用范围远远超出了人工智能在“智能投顾”中的应用范围。《财富科技》的作者们是行业专家和数字颠覆领域的思想领袖，对于希望在这个瞬息万变的环境中保持与时俱进的业内人士来说，这本书是很有价值的。

乔伊·麦克奈特（Joy Macknight）

《银行家》杂志副主编

每一位创新者、企业家、政治家都在不断地问自己："是否还存在另一种方法——一种更好的方法、一种新的方法？"那么，这本书到底能不能开阔你的视野，激发并拓展你的潜力呢？我相信它一定会。不管你是否在这个领域工作，是不是这个领域的消费者、供应者，或是否想成为这个领域的一分子，你都应该花时间阅读这本书，理解它的涵义。

西蒙·帕里斯（Simon Paris）

FINASTRA 副总裁

继在全球 107 个国家畅销的《Fintech：全球金融科技权威指南》一书后，《财富科技》又是一本出色的、内容丰富的且值得借鉴的洞见合集。它对影响财富管理行业的重要问题做出了非常有用和详细的总结。无论你是创业者还是在职人员，你都需要利用新技术来创造新的、更好的财富管理产品、服务和交付手段，因而这本书是必看的。

R. 托德·鲁珀特（R.Todd Ruppert）

T.Rowe Price 前首席执行官、金融科技投资者兼顾问

《财富科技》表明了技术是如何影响从零售银行和支付到商业、投资和私人银行，再到保险和财富管理等所有金融结构的。《财富科技》一书的问世，及时展示了科技如何改变高资本和高净值人士的世界。这种改变发生得正是时候，因为新一代的科技亿万富翁们并不希望某个精明能干的人一直给他们电话推销理财服务，反而更愿意将财富管理主动地交给应用程序！

克里斯·斯金纳（Chris Skinner）

Finanser 公司首席执行官

我对苏珊娜·奇斯蒂从全球各地的金融科技社群中招募作者，并激励他们分享对行业未来发展看法的做法印象深刻。我喜欢这本书的结构——涵盖了所有相关的话题，每一个都恰到好处。对于一个传统的银行家来说，它提供了一条

通往新世界的快车道。

约翰·施特罗布尔（Johann Strobl）
博士，奥地利奥合国际银行席执行官

《财富科技》是一本必读的书，因为它很好地概述了趋势、新技术和行业转型的原因。财富管理在消费者的日常生活中始终扮演着至关重要的角色，因为它能帮助他们安心地考虑自己的财务前景。技术正为消费者和行业创造双赢局面，让投资者获得更好的净回报，让采用新技术的机构获得更好的回报。寻求科技、人际关系以及信任之间的平衡是未来十年的目标！

拉德伯德·弗拉尔（Radboud Vlaar）
Finch Capital 合伙人

The WEALTHTECH Book

清华五道口互联网金融丛书序

廖理教授

清华大学五道口金融学院常务副院长

从 20 世纪末开始，以互联网为代表的信息技术呈现快速发展的势头，也给人们的生产和生活方式带来巨大的改变。在金融领域，互联网技术和金融业务的结合产生了我们称之为“互联网金融”的产品和业务模式。从目前的发展来看，“互联网金融”大致可以划分如下四类：传统金融业务的互联网化、基于互联网平台开展金融业务、全新的互联网金融模式，以及金融支持的互联网化。

第一类：传统金融业务的互联网化。这一模式包括互联网银行，也叫直营银行（Direct Banking）；互联网券商，也叫在线折扣券商（Online Discount Brokerage）；互联网保险。直营银行的主要特点是没有物理营业网点，依靠互联网、电话和 ATM 机等手段提供服务。直营银行发源于欧美，是利率市场化和互联网技术发展的直接结果，目前在美国最为发达。如果从独立法人资格、基本没有营业网点以及在美国联邦存款保险公司投保的标准来看，美国总共有 16 家直营银行。虽然直营银行发展迅速，但是美国的直营银行无论是存款总额还是资产总额在美国银行业的占比均不到 5%，总体上还没有对传统银行业造成很大的影响。但是经过 20 多年的摸索，应该说直营银行开始显现出清晰的商业模式和迅猛的发展势头。以在纳斯达克上市的直营银行 BOFI 为例。BOFI 于2005 年上市，股价在 2010 年前几乎没有太大变化。而从 2010 年至今，在业绩的带动下，其股价翻了 8 倍，已拥有 100 多家机构投资者，这也从另一方面说明直营银行的商业模式开始得到认可。

在线折扣券商的发展也是以美国为代表，是在20世纪70年代美国证券交易佣金自由化与互联网技术发展相结合的背景下产生的。在线折扣券商以极低的佣金吸引客户，并在此基础上向客户提供财富管理服务，在混业经营的背景下，美国的不少折扣券商也开展直营银行的业务。例如，嘉信理财集团（Charles Schwab）和E*Trade都有银行牌照并提供直营银行业务，但是嘉信理财集团本身也有实体营业网点，而E*Trade则是相对纯粹的互联网折扣券商。以美国20多家在线折扣券商的情况来看，虽然各自在佣金费率、交易工具、研究支持和客户服务等方面都不相同，但是总体的特点是佣金费率低而且收入呈现多元化趋势，主要体现在佣金收入下降、资产管理收入和直营银行收入上升等。

互联网保险在初期主要是指直营保险（Direct Insurance），即基于互联网销售车险和财险产品的业务模式，在欧美各国均有不同程度的发展。在美国，直营保险的代表为Progressive和后来被Allstate收购的Esurance。从全球各国的发展情况来看，目前比较突出的互联网保险的创新模式有检测驾驶习惯的传感器结合里程数的互联网车险创新，有基于移动端应用健康数据的互联网健康险创新，以及基于社交网络的互联网保险营销创新。总体上看，互联网保险的商业模式似乎仍在探索之中。

目前在我国，这类互联网金融模式的发展主要还体现为网上银行、证券网上交易以及保险产品的网络和电话销售，众安保险作为第一家互联网保险公司以及前海微众银行作为第一家互联网民营银行开始了积极探索。

第二类：基于互联网平台开展金融业务。这里的互联网平台包括但不限于电子商务平台和互联网第三方支付。这类互联网金融模式主要表现为在网络平台上销售金融产品，以及基于平台上的客户信息和大数据面向网上商户开展的小额贷款和面向个人开展的消费金融业务。前者的典型代表包括早期的Paypal货币市场基金和近期发展迅猛的余额宝，也包括众多金融机构在淘宝上开设的网店以及专门销售基金等金融产品的第三方网站和手机应用。后者的典型代表包括阿里小贷和京东白条，以及美国的Kabbage和Zestfinance。需要指出的是：阿里小贷和京东都是基于自己平台的客户开展业务，而Kabbage则是完全基于第三方平台的客户信息和全网络数据对网商进行放贷，Zestfinance 更是利用大数据开展金融业务的典范。该公司采用机器学习的方法和复杂的统计手段对大数据进行分析，专门面向美国不能享受银行服务的人群提供贷款业务。应该说，大数据的发展以及其在信用风险模型上的应用，使银行和非银行的贷款业务进入了一个“技术含量较高”的阶段。难怪著名的问答网站 Quora 上有句著名的评论：“未来的银行只是有银行牌照的技术公司！”

从目前的发展情况来看，上述两类互联网金融模式只是现有金融业务的补充，说颠覆还为时尚早。互联网银行规模尚小，互联网券商仅仅是提高了获客和交易的效率。阿里小贷和 Kabbage 主要面向小微企业，Zestfinance 主要面向传统金融没有覆盖的个人等，做的也都是传统银行不做的业务，还不至于很快动摇传统金融的根基。

第三类：全新的互联网金融模式，主要是指 P2P 网络贷款和众筹融资。在美国，P2P 网络贷款的先锋是分别于 2006 年和 2007 年成立的 Prosper 和 LendingClub。这两个网络贷款平台开启了基于互联网的、个人对个人的金融交易时代。这种去中心化的小额借贷平台一推出就受到了普通民众的广泛欢迎。在跟美国证交会进行了深入的沟通之后，用来作为交易载体的本票最终被认定为证券，因此确定了美国证交会作为 P2P 主要监管机构的地位。这样一来，P2P 平台就必须在证交会注册并必须如同发行股票一样进行严格的信息披露。可以说，注册和信息披露构成了美国 P2P 行业的进入壁垒。这个进入壁垒连同完善的个人信用体系，以及完备的证券、借贷和消费者保护方面的法律，构成了保障 P2P 健康发展的三驾马车。

Prosper 和 LendingClub 目前都发展顺利，其中 LendingClub 的累积交易总额已经超过了 60 亿美元并成功上市。

在美国，既有 LendingClub 和 Prosper 这样的综合型 P2P 平台，也有 Sofi 这样专门服务于高校学生而投资人限定于合格投资者的所谓垂直型的 P2P 平台。当然我们也看到综合型平台也开始在借款端引入中小企业，而在投资端引入越来越多的机构投资者。从我们在 2014 年夏天对美国互联网金融的考察来看，P2P 网络借贷并没有在美国经济生活中引起很大的波澜，很多人包括华尔街的从业人员甚至都没有听说过 LendingClub，这可能是因为美国已经形成了多层次的资本市场和高度发达的金融服务体系。随着 P2P 在欧美地区和其他各国逐渐发展，在我国也已经形成燎原之势，目前已经有接近 2000 家 P2P 平台投入运营，P2P 在我国的迅猛发展，跟我国金融环境一直以来的高度管制以及民间金融的规模巨大是分不开的。与此同时，监管机构也在积极制定法规防范风险的发生和扩大，但是由于国内还没有建成完善的个人征信体系，P2P 平台面向个人借贷的服务会遇到很大的瓶颈，而那些面向特定资产的、对投资者资格也有所限定的细分市场的 P2P 平台倒有可能脱颖而出，成为初期发展阶段的赢家。

众筹融资的英文是 Crowdfunding，是指基于互联网面向公众为产品特别是创意产品进行融资的平台。众筹模式最早出现在美国，代表平台为 Kickstarter 和 Indiegogo。众筹融资的方式包括债权、股权、捐赠和预购。其中，债权融资可以通过 P2P 平台进行，股权融资受限于美国证券法对于公开募集和人数的规定也很少进行。因此，除了有少量的捐赠融资之外，目前众筹融资的主要方式还是产品的预购。目前，全球已经出现了数百个众筹平台，大部分集中在欧美国家。在这些众筹平台中，Kickstarter 一枝独秀，已完成的累积融资额超过 15 亿美元。

众筹模式的相应监管又是怎么样的呢？ 2008 年金融危机之后，美国政府一直在努力寻找走出危机的途径，其中的重点之一就是为中小企业融资提供更加宽松的环境和条件。众筹平台在这样的背景下出现，并很快引起了国会和监管层的关注。在经过了一系列的努力之后，奥巴马政府在 2012 年 4 月颁布了《促进创业企业融资法案》（*Jumpstart Our Small Business Act*，简称 JOBS 法案）。该法案第三章专为众筹制定，修改了证券法，使得通过互联网面向公众的股权融资成为可能。因此我们可以看出：美国对 P2P 的监管完全采用了现有的法律，而对众筹的监管则是制定了新法。这反映了金融监管的原则性和灵活性，值得我们借鉴。

我国在 2011 年开始出现了第一拨众筹网站，到目前也发展到了几十家，但是总体形势可以说是不温不火，主要是因为股权众筹的运作模式跟我国的证券法也有冲突，更重要的是，初创企业的高风险特征跟我国普通投资者低水平金融普及教育程度、风险认知程度以及较低的风险承受能力从根本上是错配的，因此我国股权型众筹的出路在于建立合格投资者制度和投资者进入门槛。而预售型众筹被大众接受可能也需要一个过程，这跟我国的创意产业不发达、信用体系不完善以及知识产权保护不到位都有关系。一些众筹平台开始推出基于“粉丝经济”的众筹项目，或许是个好的尝试。同时，类似于 P2P，那些针对界定清晰的创意产品细分市场的预售型众筹平台有可能率先成长起来。

国内的 P2P 和众筹平台出现得都不算晚。P2P 的代表平台有 2007 年创办的拍拍贷和之后的人人贷，众筹的代表平台有 2011 年创办的点名时间和之后的天使汇和众筹网等。但是，由于国内信用体系的不健全以及监管的未及时到位，P2P 平台出现了诈骗、破产等风控缺位和运营不善所带来的诸多风险。因此，信用体系的建设和监管的及时到位已经成为我国 P2P 网络贷款发展的当务之急。不同于 P2P，众筹在我国还处于非常早期的发展阶段，众筹平台的发展和监管还在摸索之中。令人欣慰的是，中国证券业协会于 2014 年 12 月发布了《私募股权众筹融资管理办法（试行）（征求意见稿）》，在互联网金融监管方面迈出了可喜的一步。但是，不管是 P2P 还是众筹，在我国要达到成熟运行的阶段都还有很长的路要走。

第四类：金融支持的互联网化。前三类互联网金融模式在本质上都属于金融业务，也都需要被监管。而这类互联网金融模式不属于金融业务，它们起到了为金融业务提供“支持”的功能，包括但不限于以下几项：金融业务和产品的搜索，比如美国的 Bankrate 和我国的融 360；家庭理财服务，比如美国的 Mint、Personal capital 和我国的挖财网；理财教育服务，比如美国的 Learnvest、Daily worth 和我国的家财网；金融社交平台，比如美国的 eToro、Seekingalpha 等。这些网络平台虽然不提供金融服务，但是却能大大提升人们对于金融产品和业务的认知，从而提高金融体系的运营效率，也是互联网金融的重要组成部分。

互联网改变了我们认识世界和变革世界的方式。在改变了传媒、商业等诸多领域之后，互联网也正在深刻地改变着金融业。在变革来临之际，顽固不化和狂妄自大都是不可取的。面向不可预知的未来，我们应该满怀敬畏。在这样一个变革的时期，观察、学习和思考变得非常必要也非常重要，基于这样一个理念，我们策划出版了互联网金融新知丛书和互联网金融案例丛书，这个工作由基于清华大学五道口金融学院建设的清华大学国家金融研究院下属的两家研究机构，亦即互联网金融实验室和阳光互联网金融创新研究中心共同承担。

让我们共同关注与推动互联网金融在中国的发展！

译者序

卢斌

高瓴人工智能学院副院长、高礼研究院执行院长

进入 21 世纪，全球经济增长重心“由西向东”转移，其中最亮眼的莫过于中国发展模式。改革开放 40 余年，中国经济发展迅猛，只用一代人的时间走过了发达经济体超百年的演绎之路，缩小了那看似无法逾越的财富差距。正如瑞士信贷银行（Credit Suisse）2019 年发布的一项最新研究表明：中国高净值人群数量首超美国、规模位居全球前列，未来总体财富增长势能强劲，新财富管理市场将迎来“黄金时代"。同时，当下中国正处于科技引领基础设施建设的新时代，这既为财富管理行业提供了更好的技术，也为其开拓了更广阔的市场空间。在未来中国财富管理市场中，更广泛的“科技”有望发挥最大效用，推动中国成为全球发展最快的财富管理市场。

中国财富管理的发展已引起全球瞩目。早在 2017 年，FINTECH Circle 首席执行官苏珊娜・奇斯蒂携带中文版《Fintech：全球金融科技权威指南》访问中国时，她表示未来更看好财富科技、保险科技等行业，尤其是这些领域在中国发展的巨大潜力和空间。如今由她主编的《财富科技》即将发行中文版，本书延续第一本书的方式，汇集财富管理行业前沿实践者的洞见与实战经验，为读者提供最前沿、最真实、最具创新的行业实践案例，帮助读者洞悉全球财富管理的动向和最新进展。

《财富科技》可能是目前为止第一本如此详尽地讲述财富科技领域的专业书

籍，其内容主要分为以下三部分：

第一部分：消费端的演变。第一部分从消费端出发，解释了财富管理数字化的由来，并由此拓展到企业端对财富市场变化的应对措施和解决方案。

第二部分：时代变革。这一部分侧重于数字化对财富管理行业的变革和冲击。

第三部分：未来前景与创业分享。最后一部分由财富科技行业创业者讲述自身的故事，分享投资经验与发展建议，站在全球一体化的角度，预测该行业的未来发展前景。

当下中国，伴随着高净值客户体量变大、科技的广泛应用以及社会总体财富的高涨，新财富管理需求迅速增长，财富科技发展如火如荼。在提升财富管理服务和效率方面，科技扮演的角色愈加重要。《财富管理》一书包含全球各地区财富管理行业的科技创新实践，对中国财富科技的未来发展极具借鉴意义。在本书翻译过程中，尤其在财富科技实践创新方面，我个人收获颇多，也希望所有即将阅读本书的读者们拥有同样的体验。

最后，感谢我的共同翻译者张小敏在翻译过程中所付出的时间和精力，同时感谢王鹏博士、罗子博、何颖、王茜瑞以及韩祎等给予的帮助和付出，更要感谢中国人民大学出版社在统筹各方力量、促成本书成功出版上的努力和贡献。特别需要指出的是，受个人翻译能力和功力所限，难免有不足之处，阅读过程中还请各位读者朋友批评指正。

The WEALTHTECH Book

编者序

随着数字财富管理（“财富科技”）的日渐发展，诸如智能投顾平台和虚拟咨询等服务开始出现，全球投资管理行业正面临着巨大的颠覆。除了数字财富管理的解决方案，客户偏好也在不断变化，他们通常更喜欢通过应用程序“自己动手做”，而非与理财顾问面对面。千禧一代醉心于高科技生活体验，并将从富裕的婴儿潮一代父母那里继承巨额财富，加之他们日益习惯于良好的数字体验的大趋势，大多数资产管理者和私人银行都需要仔细审视他们今后十年的产品策略、分销策略和营销策略，据以在行业内生存。

此外，降低费用和实现更高回报的压力也让财富科技的解决方案大放异彩，资产管理者可以获得更高的阿尔法系数，更好地降低风险，并且显著降低资金管理和财务规划建议的成本，同时凭借卓越的用户体验提升客户的满意度。

一些新兴的商业模式（如智能投顾），在最初并未和占据行业上风的老牌企业竞争，而是专注于为那些传统企业无利可图的客户群提供服务。除此之外，智能投顾还关注如何使用最新的数字创新和数字技术为理财顾问和私人银行家提供信息支持，以及如何使用人工智能和大数据分析智能的解决方案，来辅助投资组合经理对抗信息过载。

总体而言，财富科技在全球蓬勃发展，全球的金融科技企业家和投资者都在致力于开发最先进的解决方案。为了与读者分享全球最好的内容，我们采用了与《Fintech：全球金融科技权威指南》相同的方法。《Fintech：全球金融科技权威指南》是第一本通过全球众包方式创作的关于金融技术革命的书籍。

现在，我们决定扩展我们的金融科技系列丛书，因此撰写了三本新书，主题包括新的商业模式和技术创新将如何改变全球资产管理和私人银行业（“财富科技”）、保险业（“保险科技”）和监管合规性（“监管科技”）。我们延续了通过众包方式来获得最佳作品的方法，希望这些专家为我们所在行业正在发生的变化提供最前沿的见解。

《财富科技》是全球第一本关于财富科技这一主题的书籍——它为金融科技新手、先行者，甚至是金融专家提供了思想食粮。我们之所以决定联系全球金融科技社区来寻找该书的撰稿人，是因为应用于全球投资管理、理财顾问和私人银行领域的金融技术本质上是分散的，世界上没有任何一位作者、任何一个团队或某一个地区的作者能够十分详尽地归纳财富科技的所有方面及各方面的细微差别。

更重要的是，为了能在真正意义上以全球供稿人的意见为基础，我们本着忠实于金融科技和财富科技的精神，利用各种沟通渠道来接触、选择和审查我们潜在的撰稿人，同时也确保全球每一个角落的人士都有机会发表意见。因此，我们致力于实现编制《财富科技》最重要的目标之一——为那些声音不为人知和不属于当地真正的金融科技领域的人发声，并将这种声音传播给全球读者。

来自 25 个国家的 240 多位作者提交了 236 篇文章。我们仔细询问了全球众多金融科技社区，从所有文章中筛选出了他们希望进一步了解的那部分，并以此作为本书主要内容的方向。在所有的撰稿人中，我们选择了那些最优秀的作者一起完成本书内容的创作。我们对所有选定的作者都进行了问卷调查，以便进一步了解他们的背景和专业知识。 80% 的作者拥有研究生学历和跨多个领域的深厚的专业知识；74% 的作者之前发表过文章（如图 I–1 和图 I–2 所示）。

图 I–3 和图 I–4 显示超过 35% 的作者在金融科技初创企业工作（他们中的许多人是创始团队的成员），40% 来自成熟的金融和技术公司，剩下的 25% 来自为金融科技部门提供服务的咨询公司或律师事务所。

超过 25% 的作者受雇于员工达 5 人的初创企业，28% 的作者受雇于员工多达 50 人的初创企业 / 中小企业，超过 25% 的作者受雇于员工达到千人规模的大型组织。

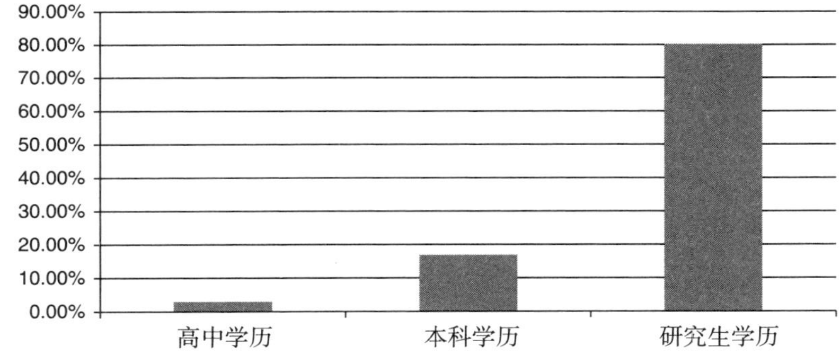

图 I–1 作者的教育背景展示

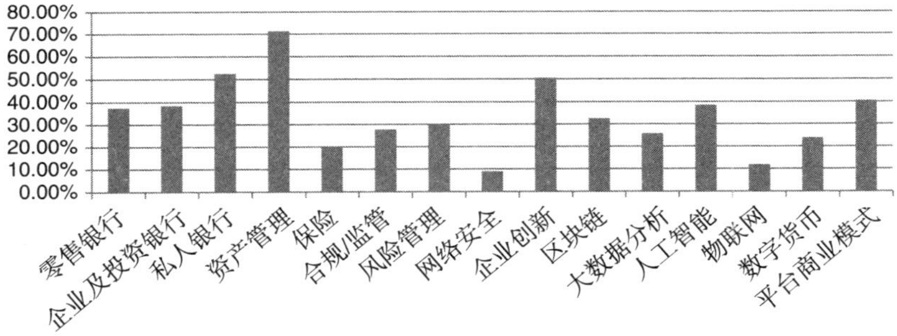

图 I–2 作者在哪些领域拥有专长（可多选）

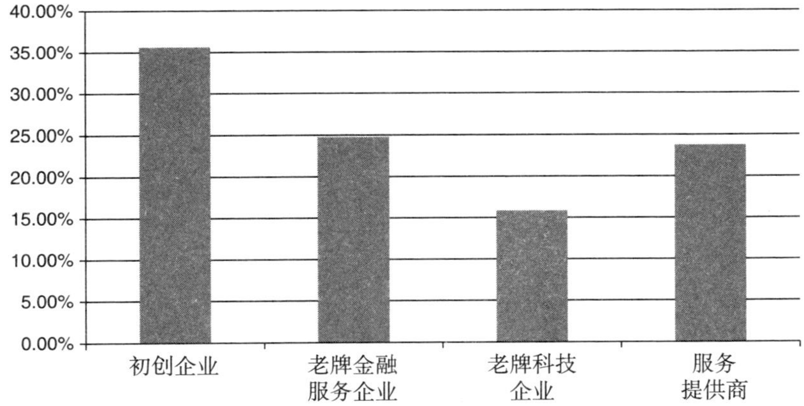

图 I–3 作者所在企业的类型

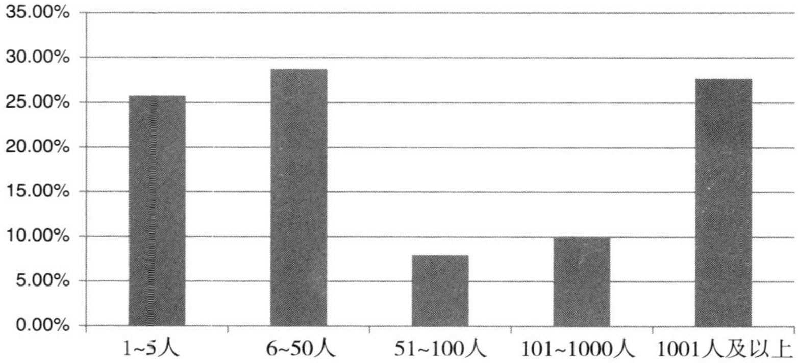

图 I–4 作者所在公司的规模

总而言之，这些高素质的作者们的深厚专业知识以及他们对金融科技的热情使我们感到非常自豪。他们要么是企业家，要么是大型企业的“内部创业者”。他们致力于在全球金融科技和财富科技革命中发挥重要的作用。这些卓越的人士愿意与我们所有人分享他们的见解。

如果没有《财富科技》的所有撰稿人（那些提交他们的摘要供全球金融科技社区参考的人，以及那些接下来你能阅读其见解的最终作者）的奉献和努力，这个项目是不可能出现在公众眼中的。

另外，我们还要感谢出版社的编辑，他们的指导和帮助使得我们的最初想法最终成为你手中的这本书。

最后，我要感谢我优秀的合作者托马斯·普什曼，他是瑞士金融科技创新实验室主管。编辑一本众包方式创作的书需要数个月的时间，托马斯拥有深厚的专业知识和对财富科技的远见，我非常高兴能够和他合作！

苏珊娜·奇斯蒂

主编介绍

苏珊娜·奇斯蒂

苏珊娜·奇斯蒂是欧洲第一位专注于金融科技投资的天使投资人网络 FINTECH Circle 的首席执行官，同时她还是“伦敦金融科技巡礼”（London FINTECH Tours）的创办者，以及 FINTECH Circle Innovate 的主席。她参与主编了畅销书《Fintech：全球金融科技权威指南》。苏珊娜曾被评选为“2015 年欧洲数字金融服务领域最有影响力的 50 人”之一，这是一项对在欧洲数字金融服务领域最具影响力的人物进行的独立排名。她同时也被选为英国金融科技最具影响力的 15 位意见领袖之一，以及 2016 年英国城市创新杰出女性。苏珊娜还是 CNBC 金融科技频道的电视评论员和剑桥大学金融科技领域的客座讲师。

在完成 MBA 学业后，苏珊娜在硅谷一家金融科技公司开始了她的职业生涯（当时，“金融科技”这个词还没有出现）。在随后超过 15 年的时间里，她先后供职于德意志银行、英国劳埃德银行、摩根史丹利以及埃森哲伦敦和香港分公司。苏珊娜是一名拥有超强金融科技专业技能的杰出企业家与投资人。她不仅是 SWIFT Innotribe、FinTech & InsurTech Startup Bootcamp 等各大金融活动赛事的导师、评论员和教练，还是全球主要金融科技主题会议的发言人之一。

FINTECH Circle 是一个由超过 10 万名来自全球各地的企业家、投资者以及金融服务专业人士组成的全球性社区组织。它的咨询业务客户包括法国巴黎银行、英国创新中介机构 NESTA 等主要金融机构，后者曾在 2017 年委任

FINTECH Circle 为其 500 万英镑[1]挑战奖的合伙人，为中小型银行提供开放式银行服务的启动金。

另外，苏珊娜还是 Just Loans Group、Kompli-Global 和 Lenderwize 三家公司的非执行董事。

关于 FINTECHCircle

FINTECH Circle 是一家由 10 万名金融科技企业家、天使风险投资人、金融服务专业人士以及金融科技圈思想领袖组成的国际性社团组织，致力于金融科技圈的种子投资、教育以及企业创新。

关于 FINTECH Circle Institute

FINTECH Circle Institute 是一家 P2P 在线学习平台，旨在帮助金融人士获取必要的数字技能以应对快速变化的产业市场。该平台的董事会成员不仅包括传统银行人员和金融科技专家，还包括来自各大学校的专业学者。它提供的实用性课程涵盖各种主题，包括财富科技 / 机器人银行、保险科技、监管科技、区块链、人工智能、企业创新和新兴企业。每个季度，网站都会更新课程，以确保会员能够接触到最新的金融科技观点和致力于最前沿金融科技革新的全球产业专家。

托马斯·普什曼

托马斯·普什曼花费超过十年的时间来研究科技和商业的关系。目前，他是苏黎世大学瑞士金融科技创新研究所的创始人及董事，也是瑞士创新协会的一名成员。此外，托马斯还是许多公共专业方案和项目的高级顾问。他是 Swiss FinTech Innovations（一家由瑞士主要金融机构组成的独立协会）和咨询公司 FinTech Innovations 的创建人之一，也是全球互联网金融中心咨询委员会的成员之一。他是欧洲和亚洲几项初创企业比赛的评论员和导师，也是一名会议发言人。

托马斯拥有圣加仑大学信息系统方向的工商管理学博士学位，以及管理和信

① 1 英镑 ≈ 8.6919 人民币。——译者注

息科学硕士学位。在他开始现在的职务之前，主导一项由圣加仑大学和莱比锡大学发起的重大国际金融服务调查项目。除此以外，托马斯还是麻省理工学院斯隆商学院的一位访问学者，也是 ESPRIT 咨询与信息管理集团负责商务科技的一名董事会成员。

关于瑞士金融科技创新研究所

瑞士金融科技创新研究所是一个为教育、研究和企业家精神所设计的交叉学科平台，拥有来自银行与金融学、商业信息学、创新管理学、社会科学、经济学、法学，以及许多其他学科的研究员和从业人员。该研究所研究和教授与金融服务数字化产业相关的课题，他们的合作者是来自整个价值链的参与者，包括银行、保险、新兴企业、服务提供者、监管者，以及来自金融服务生态系统的其他不同组织和协会。研究所设立在苏黎世大学校内，这使得它们能够不断丰富自己的知识来提升、培养内部和外部企业家精神，也方便了众多研究员和大学组成广阔的国际网络合作。

The WEALTHTECH Book

目录

01 引言

02 数字化客户咨询及智能投顾

05 区块链在资产和财富管理中的应用

06 成功的创业故事

07 企业创新

08 财富科技产业全球综述

09 财富科技的前景如何

The WEALTHTECH Book

01 引言

摘要

财富科技可以被狭义地定义为一种技术 / 软件，用于帮助投资者在投资时做出更好的决策。在这本书中，我们从更广泛的层面定义了财富科技，即技术对全球投资和财富管理行业（包括私人银行和资产管理）的影响。财富科技包括众所周知的企业—消费者（B2C）模式，如众筹、另类贷款和智能投顾；它还包括企业—企业（B2B）的企业创新，区块链、人工智能及大数据分析等领域的技术，使资产管理公司能够以更低的成本为客户带来更好的回报。这将是控制着全球超过 70 万亿美元资产的行业的未来。

随着许多源于零售的金融业开始转型，资产管理行业也正在经历着技术浪潮的变化。这种颠覆与我们过去看到的有所不同，因为现在更多的是思考如何与金融科技合作，以及如何应对来自新商业模式和科技巨头的威胁。例如，阿里巴巴公司四年前开发的余额宝，目前管理的资产超过 2000 亿美元，是全球最大的货币市场基金，超过了摩根大通旗下管理的资产为 1500 亿美元的美国政府货币市场基金。另一个例子是微信，腾讯公司通过其平台向客户提供理财服务。

不仅千禧一代对财富科技感兴趣，老一辈高净值人士和超高净值人士也对它产生了浓厚的兴趣。财富管理公司往往试图利用与婴儿潮时期相同的营销策略，即通过品牌声誉和电子邮件沟通来吸引千禧一代。这种一刀切的方法是行不通的，这会使企业在未来几十年面临在世代财富转移中损失 30 万亿美元的风险。盈利能力是一个主要问题，2017 年对金融科技公司是一个严峻的考验，尤其是在智能投顾领域，这个领域的公司完全依赖较低的成本进行竞争。长期来看，智能投顾领域挑战了现有的理财顾问和私人银行，但要想有效运作，还必须同时提供数字化服务和强可信度。财富科技不仅仅包括智能投顾。为了帮助你想象未来的模样，我们还在本书中增加了一封虚构的电子邮件，具体内容是首席执行官向其公司员工强调人工智能将如何融入企业运作中。他提供的信息也反映了公司在人工智能、技术选择和创造就业机会方面全新的组织重点。

综上所述，在本章中，你将了解为何财富科技以及消费者能推动财富管理数字化转型，还有成熟的企业如何以创新的解决方案应对数字化变革。接下来的第 2 章将介绍客户咨询和智能投顾领域的数字化；第 3 章介绍财富管理业务的数字化；第 4 章介绍数字化平台、产品和生态系统；第 5 章介绍区块链在资产和财富管理中的应用。虽然这四章都侧重于将财富管理的特定领域数字化，但第 6 章至第 9 章将回归较为常规的领域，比如创始人的成功故事、企业创新、全球财富科技市场和财富科技的未来。

增强型投资管理业

帕特里克·唐纳森（Patrick Donaldson）
路透社亚洲财富基金市场开发部负责人

既然我们正在经历第四次工业革命，那么财富管理进入第四时代也就不足为奇了。这个时代特别令人兴奋的一点是，它让我们可以从根本上重新思考财富管理业务，而不是简单地复制过去的模式。

世界经济论坛将四次工业革命分别定义为：机器的崛起、电力和通信的出现、数字时代和现代计算机信息处理技术的发展，以及最后的这个通过新颖且出乎意料的方式建立和扩展了数字化影响的新时代。

财富管理的四个阶段与上述四个阶段稍有不同。金融服务业的技术进步一直在持续，因为投资者一直在寻找最有效的资本运作方式，但我们同时也可以看到财富管理方式的显著变化。

广义上讲，财富管理的前三个时代是：手工传递文件、手工流程的机械化以及计算机信息处理技术方案的发展。

在早期阶段，顾客在咖啡馆进行投资交易，交易时的公司凭证需要手工填写。由此发展出了原始的证券交易所交易大厅，由做市商和经纪人来发布消息。保罗·朱利叶斯·罗伊特（Paul Julius Reuter）在伦敦皇家交易所后面开设了他的第一间办公室（至今依然存在），雇用了那些在交易大厅和办公室之间来回传递消息的人，这可能是世界上第一个低延迟交易解决方案。

第二个时代是在世界各地铺设电报电缆，以及使用自动收报机远距离发送信息。罗伊特等先驱再次有效地将世界变小，为投资者提供了丰富而有深度的信息。

第三个时代出现在 20 世纪 60 年代，当时计算机网络开始取代自动收报机，人们开发了 ILX 和 Quottron 等系统，并通过这些系统快速处理信息，以从世界各地获取价格信息。20 世纪 90 年代，随着互联网和家用电脑的兴起，在线零售经纪系统得到了发展，但或许更重要的是，它使公司数据和其他投资机会的获取变得更加民主化。许多信息以前被财富管理公司视为洞见的来源，现在只要点击一下鼠标，就可以被投资大众获取。

随着财富管理在不同时代的发展，其价值主张也发生了变化。起初，仅仅是获悉股票价格或新闻就很有价值。之后，价值的定义被提升，即更快地获得信息。一旦数据（如股票价格）越来越像一种大宗商品，那么通过分析数据或将数据与新闻或收益等其他信息相结合，迅速进行分析，就能创造价值。

如今，我们正进入一个新时代——一个由智能计算等技术进步推动的第四个时代。在这个时代之前，我们是在一个既定的流程中提高效率，而现在的技术可以让我们从根本上重新思考这个过程。它们不是简单地复制现有的财富管理方法，而是提供了一个以新方式增加财富的机会。

我们正处在一个计算能力不断进步、计算成本日趋低廉的阶段，这使我们能够广泛地应用人工智能、机器学习、自然语言处理、神经网络和许多其他工具来处理日常工作。

客户正在发生变化

财富管理的实践大致包括找到积累和保护财富的方法，以便将财富代代相传。随着财富的增长和客户的家系图的增长，客户数量也自然成倍增长。

美国投资者的平均年龄在 60 岁出头，未来几年可能会升至 70 岁以上。已经有超过一半（53%）的资产由 65 岁以上的客户持有。正如《增长的源泉》所说："我们泰然自若地处在历史上最大规模的财富转移的悬崖边上。"

与此同时，理财顾问的平均年龄在 50 岁出头，四分之一的顾问已经到了典型的退休年龄，并且这些顾问控制着高达 25% 的资产。这是代际财富转移的第二个方面。这两种情况都给财富管理公司带来了风险。

一是，资产将从父母流向子女。在这种情况下，财富管理公司需要做好准备以便将这些资产留在内部继续进行管理。挑战在于如何应对"我父亲的顾问综合征"。在这种综合征中，子女觉得父母的顾问对自己的投资观点、风险承受能力、投资方式以及偏好的沟通方式都不了解。

二是，对于理财公司来说，风险在于，如果没有适当的继承计划，客户可能会在理财顾问退休后彻底更换理财公司或理财模式。

除非出现实质性的市场调整，否则在 2020 年及未来美国财富市场将继续在众多指标（资产、账户和投资者）上出现增长。与此同时，有证据表明财富顾问的数量将会减少。因此，财富管理公司需要利用技术来达到必要的规模。

好消息是，未来几代人的期望非常不同。年轻客户不需要那么多一对一的关注。一项研究结果表明，千禧一代和 X 世代[①]（分别占 49% 和 48%）不太愿意与专业人士讨论投资策略，而婴儿潮一代和成熟客户（分别占 61% 和 67%）则持相反观点。

① 于 1965 年至 1980 年之间出生。

如果把注意力集中在千禧一代的机遇上，我们十分确定他们的个人财富将会增长。到2020年，全球千禧一代的净资产预计将比2015年增加一倍以上，估计在19万亿到24万亿美元之间。德勤公司的同一项研究指出，千禧一代（年龄在18岁至34岁之间）即将进入他们的黄金收入期。

同样值得关注的是，在发达国家，这一代人中的大多数（54%）是个体经营者，或者正计划自己创业。这意味着雇主帮助建立财富策略的选项将不会对他们开放。在规划自己未来的财富时，他们有着自主意志（不到30%的千禧一代将财富投资于股票）。

年轻客户的期望往往非常不同：他们认为科技是财富管理的一个重要方面，因此既不寻求也不期待一对一的关注，而是将注意力放到了技术平台上。例如，约57%的人将改变与银行的关系，转而采用更好的技术平台解决方案。这并不奇怪，因为在2015年，超过80%的千禧一代拥有智能手机，而这其中89%的人会在起床后15分钟内查看他们的移动设备。

因此，可以期望的是，千禧一代更愿意成为自我导向的投资者，如果需要，他们可以向专家咨询，但与老一辈人相比，他们将更乐于接受自主交易。与婴儿潮一代和成熟客户（分别为30%和24%）相比，千禧一代和X世代更倾向于选择计算机的算法而不是理财顾问（每次40%）。

其中一部分原因可能是44%的千禧一代和47%的X世代不愿意为个人服务付费，而成熟的客户和婴儿潮一代仍愿意这样做（分别为56%和55%）。

然而，几代人之间有一个共同点，即随着生活变得越来越复杂，包括千禧一代和X世代在内的所有投资者都对咨询顾问更感兴趣，这主要集中在税收问题和遗产规划（71%），其次是退休年龄（64%）、出生、死亡和婚姻等人生大事（60%）上，最后是一个人有了新的收入时如何投资（58%）。

联结市场数据和客户数据

每天产生和发布的信息、数据和新闻数量日益庞大。随着技术在我们生活中使用得越来越普遍，无论是有意的还是附带产生的，其产生的数据量都越来越大。根据IBM公司的说法，我们每天创建2.5万万亿字节（2.5×10^{18}）的数据，人类历史上创造的全部数据中的90%都是在过去两年内创建的。据谷歌公司的埃里克·施密特（Eric Schmidt）介绍，人类如今在10分钟里拍摄的照片比整个19世纪拍摄的还要多。

在金融服务业，我们对数据的传统定义通常包括资产价格、收益数据、新闻等。然而，随着更强大的计算能力的出现，现在可以将来自其他来源的数据整合在一起，从而提供更丰富的视角和投资机会。无论是工厂生产线上的传感器数据，还是通过聊天机器人或Twitter感知到的情感，人们使用的数据都在呈爆炸式增长。

这些丰富的数据以及更强大的计算能力的出现，让财富管理人有责任去识别最相关的信息，并过滤掉“噪音”，而这就是智能计算可以提供帮助的地方。智能标记、实体标识符和其他工具有助于清理和处理数据，以确保能运用强大的算法为投资者提供洞见。

第四时代：财富管理市场

未来的财富管理公司面临的机遇是成为一个市场发起者，而不是作为单个供应商存在。

随着潜在客户基数的增长，财富管理公司可以通过合作提供更广泛的服务，以吸引和留住潜在客户。与其他投资者合作并将数据聚集在一起，从而为投资者提供新的见解，这对潜在客户来说是一个极具吸引力的选择。财富科技是一个丰富多样的生态系统，财富管理公司没有理由限制其潜在的投资渠道。价值来自如何将内容和工作流程进行链接，以便为客户的利益提供服务。

随着财富科技的发展，其所提供的价值主张也相应发生了变化。在市场模型中，它再次进化，通过在一个财富管理平台上将多个多来源的解决方案链接在一起，使财富管理人员能够以更高的效率和洞察力进行交互操作。

未来的投资者将寻找传统投资策略之外的机会。作为数字时代的原住民，他们也会高度关注能带来投资机会的数据、新闻和事件。成功的理财经理需要向潜在客户证明，他们也能获得所有这些信息，并能利用它们驱动投资方案。

金融科技对财富管理价值链的颠覆

布德维因·查尔默斯·霍伊克·凡·帕彭德雷希特
（Boudewijn Chalmers Hoynck van Papendrecht）
安永公司高级经理

到目前为止，金融服务业中只有为数不多的几个领域没有受到数字化浪潮的影响，财富管理就是其中之一。与此形成对比的是，银行引领了数字化转型的潮流，这是因为顾客希望日常金融交易能更便利。与此同时，由于财富管理公司本身和客户之间的接触频率较低、自主性较高，老一辈客户群体仍习惯于传统的业务流程。

创新水平较低也可以归因于财富管理价值链的分散性。由于涉及 B2C 价值链上的方方面面，银行业更容易受到新进入者的颠覆。这些新进入者利用数字技术获取产业链的价值元素，比如贷款或支付。在财富管理领域，多个参与者往往拥有 B2C 供应链的特定方面，从而使得这些市场更复杂，缺少吸引力。例如，在养老保险领域，现有的参与者包括受托人、投资经理、保管人、超级管理员和保险公司，这已经十分复杂，使得潜在参与者几乎没有立足之地。

当其他行业对原有系统进行数字化变革时，财富管理行业对技术投资和升级的兴趣并不大。

然而，随着数字时代的原住民成为财富管理客户群中的成员，大量创新型金融科技开始出现。在整个价值链中，新的市场进入者已经开始与现有的财富管理公司展开竞争。他们正在利用一种基于技术的与众不同的运营模式，以更好的价格和更低的运营成本提供更好的客户体验。这意味着传统财富管理公司要么颠覆自己，要么被别人颠覆。

财富管理的定义

为了清楚起见，在本章中，我们将财富管理定义为：由财富管理机构通过管理客户（从大多数富人到超高净值人士）的个人财务，实现客户的个人目标。这些目标可能是不同的，并且因人而异，实现这些目标所需的产品和服务也会因客户而异。

财富管理价值链

鉴于财富管理生态系统的参与者和组成部分的性质问题，财富管理价值链自始至终都是复杂的。这些参与者和组成部分包括不同的财富管理人员（既有现任者也有新进入者）、财富管理产品和服务、产品提供者、监管者以及客户的多方面需求（包括公司所有权、再婚、子女以及相关责任等）。

是什么颠覆了财富管理行业

对透明度的需求。最近的财富咨询丑闻事件使财富管理行业受到了前所未有的监管审查，并增加了新的成本和复杂性，国际财富管理公司纷纷关闭或出售业务。我们预计监管机构将继续关注卢森堡、瑞士、英属海峡群岛和加勒比海地区的超高净值人士的资产透明度和税收监管。同时，有关收费结构的规例，如英国的《零售分销审查》（*RDR*）、澳大利亚的《未来金融咨询》（*FoFA*），或是《外国账户税收合规法案》（*FATCA*）和《金融工具市场指令 2》（*MiFID 2*），有可能影响现有的财富管理运营模式。未来财富管理可能会不太注重产品推广，而更注重整体理财规划和咨询。因此，依赖旧系统的财富管理公司将无法应对即将到来的监管变化。

变化中的客户画像

客户已经变得更精通数字技术，他们使用移动应用程序和社交媒体与公司互动，或全天候地搜索信息。他们习惯于在网上与零售商或其他金融服务机构进行交易，并且希望理财经理通过他们喜欢的渠道或设备来为其提供无缝的客户体验。随着时代的变迁，数万亿美元的财富将很快转移到新一代财富管理客户身上，而这些客户普遍具有数字化偏好。

安永《2016 年全球财富报告》评估了客户在未来两到三年的渠道偏好，结果与财富管理人员的预期正好相反（如图 1–1 所示）。调查结果显示，在咨询、服务和教育方面，客户强烈偏好于数字服务，这一结果大大超出了受访财富管理师的预期。

这并不意味着客户期望得到一个完全自动化的体验。客户只是在寻找更简单的方式，通过他们偏好的渠道与财富管理人打交道。他们尤其希望能全天候地了解自己的信息和投资组合状态，并在需要的时候有机会与人交谈。

不断变化的客户偏好也改变了对价值的定义。安永公司的研究表明，超过50% 的客户定义价值的标准与他们购买产品和服务的意愿直接相关，而与产品或价格无关。它是由服务、认可、参与、体验和创新等因素驱动的。这为理财经理提供了一个重要的机会，使他们能够区别于一般的银行服务。

先进的技术。新兴技术（如区块链、机器人技术和人工智能）正在改变用户体验，提升服务质量，同时大大降低了运营成本。

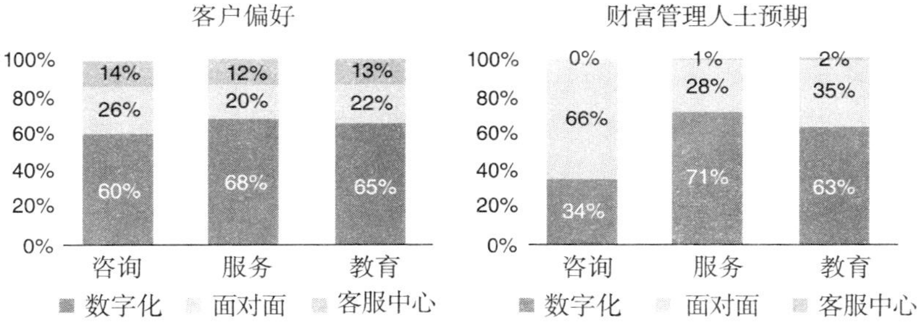

图 1–1　今后两年的客户渠道偏好

注：左图显示的是客户的渠道偏好，右图显示的是财富管理人士对客户的预期。

机器人流程自动化（RPA）特别有用，因为它可以有效兼容旧系统，使转换程序能够在几周而不是几个月内完成。

RPA 在计算机上使用软件“机器人”执行基于规则的、高容量的重复性任务。这些机器人和人类从事同样的工作，只是速度要比人类快得多，精度 100% 而且无须中断，相比基于纸张的人工流程，效率提升了 70% 以上。遗憾的是，迄今为止，财富管理行业对这一技术的接受一直比较缓慢。好在我们现在看到了一些令人兴奋的应用已经出现，包括客户引导自动化和使用聊天机器人支持基本的账户查询，如查找最新的折扣信息和对卡片进行挂失。

分布式账本技术（DLT）提供了一个更激进的选择，它完全取代了现有的体系结构，极大提高了透明度，并且降低了成本。这类技术最著名的例子是区块链，该技术允许多方参与者在受信任的环境中共享数据，从而创建某个事实的单一来源。如果区块链在金融服务中被用于记录资产的所有权和交易信息，那它最终可能成为所有金融交易中唯一的真相来源。区块链允许各方参与者访问相同的最终记录，而不是各自保留自己的事件记录。许多使用区块链的新领域开始为人们所探索，例如了解客户（KYC）、基金交易机构和贸易融资。

目前金融科技在财富管理价值链上的发展重点在哪里

目前，金融科技专注于财富管理价值链的投资部分，即通过机器人 / 自动化咨询方案赚钱的地方。这给价值链上的现有企业提供了处理价值链其他方面的重要机会，比如客户引导、管理和服务活动。上述这些活动占当今财富管理关系中客户价值“分配”的 50% 以上。图 1–2 概述了引导本文讨论方向的财富管理价值链。

创新科技将在哪个环节颠覆财富管理价值链

金融科技可能很快就会接管整个财富管理价值链。

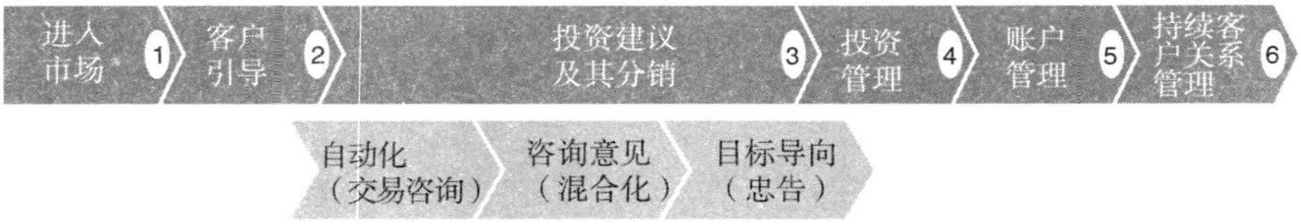

图 1–2 财富管理价值链

进入市场。传统客户和新客户进入市场的典型活动包括：提供实时数据、新闻和分析；市场情报；产品和服务开发；客户沟通和性能监控。金融科技公司目前提供直观的、技术支持的多渠道体验。在这个领域，社交媒体通过高深的洞察力来分析市场反应，并以此发挥作用。

客户引导。对于客户来说，这通常是一个令人沮丧的地方，因为建立一个账户需要回答大量与风险相关的问题并进行重复对话。财富管理行业的新从业者通过使用客户行为数据，以及游戏化技术来自动识别客户的财务状况和损失承受能力，并获取这些信息以满足新的监管要求，从而解决了这些问题。现有的财富管理公司应该持续探索基于云计算能力的机遇，以更合理的方式执行风险类功能，如认知客户、反洗钱和监督监控。

投资建议及其分销。智能算法促成了智能投顾的出现，智能投顾扩大了投资咨询的客户群，弥补了之前投资咨询客户范围小的不足。对行业内的公司来说，使用混合模型和基于目标的建议将是一个关键的机会。这些解决方案考虑了客户的整个生命周期（现在和将来），并使用复杂的算法来支持全部阶段的规划。目前的选择包括：

- **自动化交易建议。**提供投资洞察、数据分析和风险识别自动化、智能社区，并将重点放在为用户创造最终的财富解决方案。早期的解决方案通常以交易为导向，不会提供“真正的建议”，而且通常不太适合整体财务咨询。
- **咨询意见（混合化）。**提供投资策略、投资建议，以及风险管理、税务规划和财务规划方面的建议，促进客户互动。虽然是技术在主导交易，但让客户经理与客户进行沟通，能够创造一种人际互动的叠加，带来一种高质量的体验。
- **基于目标的投资（忠告）。**提供目标规划、产品和投资选择、资产配置、风险和收益以及税收优化。
- **金融科技在整体化、综合化的金融咨询服务领域有明显的优势。**基于算法得到的客户偏好模型和生命周期规划很可能胜过大部分基于人力的投资建议。

投资管理。金融科技使尚未成为高净值人士的客户能够享受到高质量的投资管理服务。金融技术能够有效加速决策、再平衡和监控的过程。其他需要金融科技从业者具备的投资管理能力还包括资产选择、可自由支配资产的管理、结算等。

账户管理。金融科技公司通过自动化账户维护以及顾客自助服务，来支持顾客全天候、多渠道的交互，从而使得此类公司的业务能力突飞猛进。

持续客户关系管理。持续客户关系管理包括客户生命周期管理、关系管理、绩效报告、教育和辅导以及社区管理。在这一领域，高净值人士通常更喜欢与人交流，但同时也对数字和技术交互有一定的兴趣。一些银行正试图通过使用即时手机通信软件来解决和客户沟通的问题。理财经理需要考虑如何使用每一个最合适客户参与的选项，并能够在跨越客户生命周期的关键时刻使用它。此外，银行理财经理们也做了大量工作来改善渠道体验，并在安全和隐私方面严格执行监管机构的要求。

现有的财富管理公司如何应对金融科技的挑战

为了实现彻底转变，现有的财富管理公司需要与行业新宠们合作或收购它们，或自己培养竞争力。

合作

合作的终极形式应是一个老牌的、规模可观的参与者和一家金融科技公司建立合作关系。这需要双方的投资，而且在某些情况下是可以通过类似合资的模式进行的。它甚至可以让双方保留各自的品牌，投放同一个市场。合作的双方要相互尊重，目的是为最终客户带来更好的投资成果。

收购

在一个成熟的行业内，企业也可以购买金融科技公司的某些功能，并将其添加或整合到自己的商业模式中。我们已经看到许多采取这类战略的例子，特别是在美国，例如，贝莱德公司在 2015 年收购了未来顾问（FutureAdvisor），最近瑞银又收购了 SigFig。

自建

许多财富管理公司正在努力开发自己的技术解决方案，或定制平台以满足自己的需求。但是自建可能交付时间过长，存在重大风险。在将自己的解决方案推向市场的过程中，现有企业不太可能获得先发优势。它们面临着很多风险，如果无法迅速获得优势，预期利益就很难实现。

越来越多的大型金融机构开始启动孵化器或其他有针对性的项目，并邀请金融科技公司加入其中，鼓励它们进行更多的创新和知识交流。在某些情况下，这些项目为初创企业提供了资金支持，让它们未来的合作伙伴迅速了解到了双方潜在的合作机会。

财富管理公司需要考虑与金融科技公司合作以便跟上创新的步伐

传统公司之所以能保持竞争力，就在于它们能在更广泛的业务运营中持续提高运营效率，积累经验继续前进，并能集中人力资源激发最大效能。对于传统公司而言，跟上创新步伐的最快途径之一是与金融科技公司合作，以获得其低成本的商业模式和业已验证的技术。对于老牌金融公司来说，最重要的是确保任何创新都能很好地整合到它们的商业模式和运营中，而不是简单地附加到现有模式中。如果财富管理公司能够很好地实现这一环节，必将大大提升它们的运营能力。

财富管理价值链的颠覆才刚刚开始

金融科技带来的机遇和威胁才刚刚开始。到目前为止，我们只触及了价值链中所能预见的表面变化，对投资方面唯一真正的颠覆还尚未涉猎。展望未来，我们预计运营模式也将被极大地颠覆，尤其是在劳动力方面。

拥抱新兴技术

扬尼斯·卡夫格鲁（Yannis Kalfoglou）
三星电子人工智能战略师

戴夫·多赛特（Dave Dowsett）
景顺集团战略、创新和新兴科技部门全球主管

对公司进行数字化改造已经不再是一个富有争议的倡议，而是一项必要的事业。或者说，需要争议的只能是如何进行数字化转型，以及焦点是什么。毫无疑问，这些转型在董事会下定决心打破僵化的中间层进行时最容易成功，因为相对而言，公司的中间层更关心工作的稳定性，同时他们也更恐惧组织的变化。有许多因素在推动着技术变革，其中较为紧迫的催化剂有：受金融科技驱使的顾客的满意度、社会媒体、技术驱动已使传统公司的竞争对手开始彰显其优势、发展速度的变化、人口增减的预期、持续的地缘政治格局变化、不断变化的监管环境等。

人类习惯安于现状，变化会让我们感到不舒服，但随着周围世界的不断变化，我们也必须做出改变。当境遇因为缺乏创新而变得艰难时，一个默认的反应是：它在今天仍然有效，那么为什么要改变它呢？这种态度导致企业创新和转型陷入停滞，让企业变得目光短浅。随着越来越多的金融行业已经被颠覆，资产管理行业也开始历经技术变革的浪潮。这种类型的颠覆与我们过去看到的有所不同，因为现在更多是与金融科技合作或像监管科技这样的间接威胁有关。不过，让我们来分析以核心的颠覆性趋势，这三种趋势相互作用，同时它们有望引发更大的影响。

第一种，在线自动化投资咨询（又名智能投顾）。不久前，首批新一代智能

投顾进入市场，带来了一些诱人的好处：较低的进入门槛、快速的流程引导、符合年轻一代社会规范的用户体验、全年全天候随时待命，最重要的是能为投资者带来可观的回报。仅 10 年左右的光景，智能投顾已经能够管理数 10 亿美元的资产管理规模（AUM）。到 2025 年，智能投顾所能掌控的 AUM 极可能将占总投资资产的 10%。据估算，其具体数额可高达 14 万亿美元，这是一个十分惊人的数字。令人着迷的是，智能投顾本身仍在不断变化中。

早期的智能投顾（如 Wealthfront、Betterment 等）都是全自动、被动的资产管理机器人。然而，当第一批智能投顾面临增长障碍和客户获取成本上涨的压力时，底层商业模式开始呈现出来，即主要是从有限、分散的股票交易所基金（ETF）进行选择而投资于跟踪指数基金，但即便是被动投资的低费率，也不能抵销客户获取的高成本和客户流失。之后，我们看到了另一种类型的智能投顾的出现和成形，这和智能投顾服务于直接面向企业和中介的分销渠道。同时，现有的公司重新包装产品，并开始将智能投顾作为它们投资组合的一部分。

今天，我们见证了现代智能投顾的又一发展变化——混合型智能投顾的出现，它将被动和主动投资的最佳元素组合在一起，为投资者提供了最大的收益。智能投顾对资产管理行业产生了巨大的影响，它既允许新进入者为公众开发和推出新的服务，也允许现有公司对其产品和服务进行数字化改造。就像人们都可以通过移动设备听音乐一样，投资和长期理财计划不再是少数人才能负担得起的特权，而是成为许多投资规模小、无暇理财以及更喜欢在线操作的人群的优先选择。这是一个很好的例子，说明新兴技术促进了新商业模式的出现，刺激现有企业和新兴企业进行服务升级，从而可以为消费者提供更好的服务。

第二种，区块链：未来金融生态系统的基础结构。区块链是我们看到的另一个推动变革和影响核心过程的领域。比特币[①]诞生之初，其基础技术区块链就吸引了金融服务机构的注意。区块链有一些有趣的特性：记录的不变性、可跨国家和地区共享的大规模分布式数据库、用于安全交易的内置加密技术以及可自动实现可编程货币场景（如智能合约）。

---

① 比特币是一种 P2P 数字货币，有遍布全球的数以百万计的节点，目前其美元交易额明显高于黄金。——译者注

区块链技术不仅可以通过高效、精益的交易及后续流程节省成本，还可以共享和自动验证区块链上的数字资产及其价值以及启用新业务模型等，这样做有很多好处，在此不再一一列举。事实上，仅在交易后的处理方面，就有报告指出区块链技术每年可以节省 200 亿美元，并有超过 1000 亿美元的后续潜力。

区块链是引发金融服务去中介化的技术，随着越来越多的用户和参与者使用区块链网络，它的价值也相应增加。例如，在资产管理行业，区块链可用于提升交易后操作（证券结算与对账）的效率和节约成本，区块链也可以通过证券借贷流程数字化，以便作为可兑换代币来处理抵押品风险。另外，区块链还可以实时跟踪资金流动来计算绩效和风险头寸，利用财务审计和反洗钱（AML）/ 了解客户（KYC）的数据管道，来实现更高的效率以及与生态系统伙伴（包括监管机构）的合作。显然，区块链技术的种种好处促使金融服务机构和金融科技公司更快地关注并采用区块链技术。最终，最大的受益者将是消费者，因为流程将会更简捷、更高效，同时新产品也将提供更多、更好的选择。

第三种，人工智能：变革的催化剂。我们还研究了大受欢迎的人工智能，尤其是人工智能的子领域机器学习的影响。机器学习在性能和算法的准确性上进步显著（五年前，典型的机器学习引擎识别图像的错误率大约是 36%，今天不到 3%，匹配度甚至超过人类），再加上大量的廉价算力和存储，使人工智能技术更容易应用并能快速实现投资回报。

人工智能在性能上的巨大飞跃并非偶然。有时候，技术需要时间才能成熟，因为其他关键部分也需要到位。例如，深度学习算法试图模仿人类大脑的工作方式，用成千上万个神经元快速处理信息，以得出合理的答案，这对推动人工智能无疑是很有帮助的。我们要培训人工智能，使其具备访问和处理大数据集的可用性和计算能力。这里的循环似乎是：更多的数据→更好的算法→更好的用户体验→更多的数据。现在我们有大量的数据可以用来训练机器，我们可以有效地访问和处理这些数据，也能够微调机器学习设备，再通过更多的数据和迭代使得算法变得越来越好，进而带来更好的用户体验，提供更准确的答案，从而刺激产生更多的数据，最后开始新一轮的循环。

在资产管理行业，景顺集团致力于开发先进的人工智能技术，以帮助提升现有流程的自动化，开辟新的收入来源和创造新的业务模式。例如，机器人流程自动化工具（RPA）帮助我们将普通的、重复的、手工的和容易出错的流程自动化，提高了后台流程的投资回报率。在分销渠道方面，我们运用人工智能技术帮助公司预测从用户引导到产品赎回的整个客户生命周期旅程，以便探索更好的服务方式，为客户提供与他们生命周期阶段相匹配的产品，从而超预期满足他们的需求。

在产品管理方面，我们使用人工智能技术将历史数据和预测数据同时纳入复杂分析和推荐引擎中，帮助投资组合经理在既定时间点做出最明智的投资决策。虽然所有这些功能看似直接取代了我们的专业人员，但我们会将人工智能技术作为智能助手，而不是可怕的替代物。我们相信，经验丰富的专业人员和这项迷人的技术会以一种共生方式存在，并能提高我们的业绩，同时影响和使最终客户受益，让客户相信将投资委托给我们是正确的选择。

金融领域也会采用其他新兴技术和方法，如虚拟现实、物联网和众筹，将它们汇集到一起来创造整体解决方案。例如，虚拟现实技术将被用于金融大数据的可视化，或者让客户与理财顾问更好地联系。事实上，语音格式的物联网在未来几年将取代至少一半的键盘交互，此外还可以通过虚拟现实技术查询账户，并让客户与其账户发生直接交互行为。

未来是光明的！我们对新兴技术的最新进展感到兴奋，并期待与客户建立起互惠互利的共生关系。

财富科技：不同寻常的商业

内尔·沙赫巴兹（Nael Shahbaz）
SAMT AG 理财经理

由于市场环境、新的监管规定和客户需求都在不断变化，财富科技行业正处于快速发展阶段。

对于智能投顾领域来说，2017 年是艰难的一年，因为降低收费的竞赛仍在继续。同时，不断变化的商业模式、共同基金的竞争以及监管科技的影响，使得这项业务变得更不同寻常。

对高净值人士的吸引力

最初，只有千禧一代或低净值人士才对智能投顾感兴趣。早在 2008 年，智能投顾主要针对千禧一代，但从那以后，情况发生了变化。如今，金融公司开始意识到高净值人士和婴儿潮一代的需求。

典型的智能投顾提供核心投资，但高净值人士寻求的不仅仅是被动的 ETF 产品，他们需要通过主动管理和对冲来确保投资组合的安全和多样化。例如，瑞士财富管理公司 SAMT AG 就开发出了一种智能投顾，它使用一种叫“核心—卫星”的资产管理方法提供复杂的对冲操作，不仅以 ETF 为核心，还采用了各种期货管理策略。

在 2017 年底，富有的投资者开始将兴趣转向主动和被动的投资组合。如今，整个市场都充斥着被动投资，一旦市场被修正，仅靠被动投资是很难获利的。

与财富管理行业的合作

普华永道会计师事务所的一份报告显示，全球约 50% 的金融服务公司计划在未来三至五年内收购若干金融科技类初创企业。在 2017 年的前四个月里，已经产生了几笔金融科技并购交易。

例如，非洲在线零售公司 Takealot 以 6500 万美元的价格被南非报业（一家跨国互联网和媒体集团）收购。类似地，蚂蚁金服以 8.26 亿美元收购了总部位于美国的转账公司速汇金，思科公司以 35 亿欧元收购了总部位于美国的应用程序性能管理公司 AppDynamics。

高盛收购了投资顾问 Honest Dollar，贝莱德收购了数字化投资公司 Future Advisor，瑞银收购了智能投顾 SigFig。根据一项调查，世界各地的银行都将金融科技初创企业视为潜在的合作伙伴，或能提供有价值的技术的企业。

大型金融服务公司的这种收购倾向，与其说是一种交易方式（因为智能投顾并不是一个真正的革命性概念），不如说是一种直接的分销方式，因为智能投顾可以通过互联网直接向客户销售产品。大型金融公司通过智能投顾分销，要比让客户进入实体分支机构方便得多。

源于特别顾问关系的理财建议更可能使高净值人士选择智能投顾。这标志着财富科技面临的市场合作机会：通过与财富科技初创企业合作，为高净值人士提供自动化服务。在金融科技 / 财富科技不被视为豺狼虎豹的情况下，协同使用这两种方式无疑会更实用。

迫在眉睫的过时危机

由于利润不足，很多智能投顾公司将会被淘汰，这是一个内在危机。智能投顾公司的低收费听起来对客户是有利可图的，但对一家公司来说，要想在 0.25% 的收费条件下获得利润，就必须有一个庞大的资产基础，否则盈利就是痴人说梦。要知道，即使是一次最简单的服务，比如接听一个客户的电话，也会消耗掉他们从普通客户那里得到的 10 美元。

大型金融公司在客户那里开辟了多种收入流，其中包括 ETF 费用。对它们来说，不把为客户提供上述数字服务视为获取丰厚利润的主要手段是有道理的，它们更愿意将这作为一项客户激励措施。

富达和嘉信理财这两家公司是几乎免费提供数字服务的典型代表，因为这类业务只是对核心业务的补充。问题在于，金融科技初创企业几乎完全依赖于数字服务来盈利。目前，绝大多数智能投顾都是由投资者提供资金支持的，它每月耗费高达 100 万美元，烧钱率异常高。

“零收费”的竞赛正在进行中，一些网站已经开始提供无偏见的免费建议。人们期望智能投顾提供免费服务，毕竟在数字时代互联网提供的信息就是免费的。这种想法的问题在于智能投顾公司将无法从服务中获得利润。因此，智能投顾公司想要获得利润，要么推荐 / 宣传其子公司的证券以获得佣金，要么与银行或保险公司合并。

与共同基金的竞争

从一个更广阔的视角来看，智能投顾正在打破共同基金的垄断。

大多数智能投顾主要投资于 ETF，与共同基金相比，它们更灵活。目前，大多数智能投顾的风险级别在 5 到 20 之间，并为每个客户管理若干个不同的账户，从而降低了成本和工作量（即每个账户都是单独处理的）。它们可以运行 5 到 20 只 ETF，在相互分离的账户中复制风险水平，并通过简单地将客户的资金转移到具有相应投资组合风险水平的 ETF 中，来大幅降低成本。这可能是下一个节约成本的方式。

智能投顾和共同基金或许会开发介于分离账户与资金池之间的混合型产品，并将其作为解决方案，以占领对手的市场份额。智能投顾的目标是向顾客提供更昂贵的投资组合；为了与智能投顾竞争，共同基金将会尝试降低自身的成本。另外，管理着数十亿美元资产的智能投顾可以很容易地获得银行牌照，并从事所有传统的银行业务，比如支票账户。也许你可以通过 Facebook 用你的智能投顾账号转账。

金融科技公司的生死考验

盈利是任何一个行业存在的根本，财富科技行业的盈利压力使竞争变得越发激烈，这意味着许多初创企业将无法经受住这场风暴。在我看来，大多数智能投顾只有持续拥有客户 10 年左右，才能实现收支平衡。多数类似公司在计划失败或市场暴跌时，就只能积累债务。一旦市场崩盘，这些公司的资产将缩水 10%~20%，它们便会重新考虑自己在智能投顾上的投资，并寻找更复杂的解决方案，或重返共同基金。

对于任何企业来说，这些都是沉重的盈利压力，而智能投顾公司试图通过出售其附属产品来解决这一问题。因此，当智能投顾声称提供免费建议时，并不是真正的免费，因为它们会从经纪交易商、清算公司和托管人那里获得代销佣金。

金融科技和财富科技初创企业要想生存下去，就需要制定一个超越免费数字服务的战略。研发、创新、改进的软件和定位等功能对客户都很有吸引力，但客户选择公司最重要的原因还是信任。对许多金融科技公司来说，亏损的威胁是实实在在的。然而，如果它们能获得客户和投资者的信任，它们就能很快从艰难生存模式过渡到增长阶段，而且当下的金融监管也有助于实现这一点。

监管科技变得日益严格

监管科技是塑造财富科技未来的重要参与者。因为人们担心财富科技产品的财务合法性、数据隐私和投资解决方案的可信度，所以急需监管科技实施更严格的监管来打消人们的顾虑。《多德–弗兰克法案》（*Dodd-Frank Act*）对当下的金融科技改革进行了有力的约束，也重新定义了金融公司的运营模式，对行业内举报者也进行了一定的保护。在瑞士，瑞士联邦委员会通过引入金融科技许可证等方式降低了监管壁垒。

这给独立顾问的市场带来了额外竞争。随着越来越多的财富科技公司进入这个市场，传统的顾问需要给客户一种激励，让客户选择自己而不是财富科技公司，降低与 ETF 投资者合作的费用是最有可能的选择。

结论

财富科技的趋势看起来非同寻常，但创新通常便是如此。智能投顾公司的目标客户群正从千禧一代扩大到高净值人士。将金融科技公司视为威胁的银行和金融机构需要改变它们的观点，因为只有协同合作才可以为客户提供更好的服务。与此同时，因为 ETF（最低的管理费）看起来十分有利可图，所以这些初创公司都希望争夺共同基金的客户，而传统行业降低收费的策略，将对许多金融科技初创企业的生存构成严重威胁。到目前为止，监管科技通过降低进入门槛，已经帮助很多金融科技公司减轻了这一压力。

欢迎新同事——人工智能机器人

查尔斯 · D. 奥西（Charles D. Haussy）
中国香港特区政府投资推广署金融科技负责人

下面是一位首席执行官写给员工的一封欢迎电子邮件。邮件中，他宣布了一名新雇员的入职消息，这是一个名为丹的人工智能机器人。

收件人：公司员工 / 所有团队 / 所有国家

发件人：彼得 /CEO@ Wealth Management Company PLC

主题：欢迎我们的人工智能新同事丹

我很高兴地宣布丹将在下周一加入我们。他将一年 365 天每天 24 小时不间断地工作。丹将无处不在，包括我们在世界各地的 18 个办公室。它**是我们公司新的人工智能架构的名字。**

丹将为我们所有人服务，并向莎拉汇报。莎拉已被晋升为首席情报官，并继续留在我们在香港地区的全球总部。

这一大胆的人工智能举措是应公司董事会和股东的要求实施的。它将主要通过内外合作实现功效。

我全力支持这一倡议，并将亲自关注其进展。

在这封邮件的结尾还附上了新的工作岗位，这些工作岗位的产生反映了我们正在进行的转变。丹将会彻底颠覆后台运营以及客户服务团队的工作方式。

关于后台创新：**不存在人工智能部门**

没有人比你们更了解我们正在解决的问题。我们一致认为，公司的每一个职能部门都将孕育出自己的智能冠军。每个部门都会从丹的超级能力中受益。去年，我们把成本降低了 15%。这些节省下来的钱，有一部分专门用于丹的开发。未来，我们将会在人工智能上进行更多的投资。丹正在维护 CFO 的人工智能进度仪表盘，以便我们监控每个团队在人工智能投资上的进度。我们希望你可以把钱花在人工智能上。

人工智能基于数据运行

我们公司的年度报告再次表明，执行交易已不再是一个焦点。

我花了一段时间来测量**数据以及算法到底有多重要**。客户和分销商之所以找到我们，是因为我们了解他们的问题、特性，同时能给出相关的解决方案。萝拉的任务是提升我们的数据生产能力、质量保障以及相关的网络安全层。

为了生成更好的数据，用户体验团队需要重新处理技术架构和用户界面堆栈，以生成和捕获更多的数据，并对其进行有意义的标记。这些优质的数据能让丹更好地支持你们。

我们为18个国家的客户提供服务，如此庞大的客户群体是我们的优势之一。我们有正确的数据集，现在需要的就是如何标注它们，并针对目前的工作方向来调整它们。多亏了自动化，我们才能将令人困惑的数仓数据更好地表现出来。来自纽约、伦敦或香港的交易模式也得以被比较，并在所有的办公桌面上进行共享。

不要害怕来自互联网巨头的竞争，因为它们的海量数据与我们正在解决的问题无关，也不能在财富增长和加强保护的背景下，为客户提供有价值的建议。

在技术方面，丹将继续研究线性回归型的人工智能算法。这种学习方式旨在找到接近尽可能多的数据点的直线（因此是线性回归）。丹在二维网格上工作，以 x 和 y 坐标绘制数据点，并用 x 来预测 y。线性回归要做的就是找到尽可能接近这些值的直线。它在数学上取一个数值误差，然后最小化这个误差值。这种方法解决了客户的需求，我们没有理由放弃这一项目。神经网络的功能是能在集成之前进行构建和测试，也是监督学习算法的一个例子。

如果我们不知道方程是不是直线，那么可供选择的指令如下：先找到这样一条回归直线，使其与所有点之间的误差都最小；再利用这条回归直线，在前馈性“给出预测”，在后馈性处检查误差以修正预测器。监督学习是指我们的模型做出预测，然后在预测不准确的时候修正它。这就是我们训练丹并让它随时间推移而变得更好的方法。

算法设计团队已经精简

现在，我们主要从公共领域或供应商那里获取算法，并根据我们的需要对其进行修正。过去几个月里，我们看到竞争对手进行了大量的收购。我们都注意到了那些被收购的公司并没有某些特别神奇的技术，那为什么会出现这种收购狂潮？这是因为它们看中的是被收购企业的庞大数据，而非算法。

同时，这意味着财富管理领导者的知识产权及其竞争优势，正从专利技术和算法转向专利数据。数据成为越来越重要的资产，而算法则越来越不重要了。许多公司正逐步扩大开放它们的算法源代码，而我们会合理利用它们。

所有开发人员和好奇心强烈的人请注意，我们将提供飞往香港的机票，让你们接受人工智能软件培训。参与这些工作可以获得公司的现金奖励。另外，上个月公司内部最受欢迎的奖励是假日旅行和办公电脑升级。

当你开始与丹合作时，你会发现我们已经开始在整个公司中实现安全升级了。你可能不会注意到，但是我们一直在不断地给我们的系统施压，同时也在不断地净化我们的识别系统、电脑和手机。我要感谢你们在这件事情上的持续合作。

如果你对新的安全措施有任何疑问，丹将通过 @dan 来回答所有问题。

丹将参与我们的日常任务，如行政查询、休假申请、技术支持、培训、送餐和会议安排。丹作为一名勤奋的团队成员，将在所有的会议中占有一席之地，他总是准备好一切，并帮助我们做出更好的决策和工作。

这也给了我一个完美的过渡，让我能够适应前台业务的预期变化：将所有方面的风险降至最低，并遵守监管规定，这一直是我们对工作的第一要求。

作为一名新同事，丹已经准备好迎接艰巨的任务，它将参与客户引导、了解客户（KYC）和反洗钱（AML）等工作。它的工具箱集成了来自监管科技合作伙伴的一切技术，有能力胜任这些任务。

我们的竞争对手在合规方面遇到了困难。我们赌新技术将降低成本并得到股东赞同。此外，我们的合规团队将继续寻找新的合作伙伴和技术。

为投资业绩服务的人工智能

我们从一家量化研究公司获得了专有数据来源的许可证。这将促进丹的研究能力，并将其与我们自己的分析模式和专长组合使用。希望我们的研究和投资团队能够提取出深藏不露的高价值数据。未来，我们将骄傲地与我们的客户一起分享这些数据。

虽然我们的一些投资仍将保持自动化或指数化，但我们预计，在丹的帮助下，基金团队将再创辉煌。我个人非常期待和信赖人与机器之间的合作。

我们的实验已经表明，在人工智能工具的帮助下，主动管理前途光明。被动指数交易和算法交易将难以占据媒体的头条了。主动交易者将携他们的人工智能同事回归，而我们将引领这一趋势。

人工智能在优化咨询方面的应用

在咨询服务这一端，我们的第一个 β 测试很有希望。对于我们的顾问来说，接受人工智能辅助建议的这种转变是至关重要的。我们在某种意义上重构了团队，丹的人工智能引擎将辅助你们提供和传达更好的投资组合决策和定制化个性报告。你们可以利用空出的时间加深与客户的关系，并吸引更多的资产。

未来，你们将不再需要加班赶报告，因为丹将会通过可以测量客户交互和性能指标的实时仪表盘自动完成。

让我们于下周一下午5点一起欢迎丹加入我们的团队。你们可以通过以下方式联系丹：

客户关系管理 & 热线电话 @dan

交易 & 市场终端 @dan

云协作平台 @dan

新职位空缺

机构业务部门数据挖掘工程师

小数据猎人，你将与我们的客户团队和投资团队合作，以发现高质量的数据。期待你能赋予我们的基础设施人性化的感觉，让客户更愿意向我们敞开大门，并希望你能通过挖掘新的高质量数据，为他们提供更好的服务。

算法采购

与产品团队和投资团队合作，从公共领域或市场寻找并通过谈判获得最有效算法的使用许可证。

数据清理团队主管

期待你对数据处理时间表和数据去重（如清理重复的数据、模式和结果发现的数据压缩技术）充满热情，也希望你用高质量的数据帮助我们制定人工智能解决方案。

基础设施和计算机处理采购

这份工作需要你具有采购和评估一流的云服务和计算机处理服务的经验。你需要精通 Oracle 和区块链领域的专业知识，有分布式和并行计算经验者优先录取。

企业关系经理

这份工作需要你从外部供应商获得技术集成并且加速这一进程。

培训主管

这份工作需要你设计并执行一个提升人工智能能力的培训计划。

我们的人力资源部已经纳入丹的人才匹配引擎，如果你没有得到通知或想申请我们的职位，请留言 @Dan_career

我要感谢我们的管理团队，感谢他们接受了这个激动人心的项目和转型。如果你能像我一样看到他们的行动，你就会知道他们的能力、特质、经验和智慧有多么非凡。

我们公司将在这场比赛中不断学习和改造。

我从未如此兴奋。

彼得 /CEO

Wealth Management Company PLC

财富管理的数字化

谢丽尔·纳什（Cheryl Nash）
费哲金融服务公司总裁

简单、快速和可导航的数字访问和数字传输将不可能变成了可能。消费者可以随时随地轻松地在网上搜索、购买或交流。那么，为什么我们不能把数字体验复制到整个财富管理领域呢？

在我们的行业中，无数个颠覆者正在吸引我们的注意力，等待我们做出改变，这是多么令人激动的时刻。虽然近十年来，许多公司一直专注于核心竞争力和市场，但鉴于"万物皆数据"观念的流行和演变，进一步重新定义商业模式是有必要的。毫不惊讶的是，我们在金融服务领域看到了清晰的同步趋势：

- 客户期望值的提高无疑会影响业务优先等级。
- 技术开始作为交付、分配和转移资金的推动者。当你想到“数字化”时，虽然从定义上来说，它和“技术”并不完全是同义词，但如果没有“技术”的补充，“数字化”很难想象。
- 关注人数统计。因为这个领域意味着机遇。

除了这些普遍的金融服务趋势外，还有一些特定的有关财富管理的趋势。作为一种解决方案，财富管理的数字化对于推动进步、优化效率、促进沟通和最大化促进增长至关重要。如果你对此有任何疑问，请回想一下在过去几年里我们的行业所经历的那些前所未有的颠覆。

监管对组织提出了重大的要求。与此同时，与监管和合规结果相关的不可预测性也是额外的干扰因素。美国劳工部（DOL）将其诚信义务监管的执行机制推迟到 2019 年。谁能想到，让公司按投资者的最大利益行事的新裁决会导致这种混乱。不管怎样，我认为所有人都明白，这里规定了一种主动的方法，即当公司努力遵守每一项规定时，就会在资源的管理以及治理、合法性、风险、安全、数据、分析和报告等相关问题上产生相应的担忧。所以，即使是一家极其守规矩的公司，也会感到压力。

数字自助服务正在推动投资者的需求和预期。数字化允许企业为高净值客户和超高净值客户提供更多的服务，同时也使得企业有可能瞄准下游，从新的细分领域获得业务。例如，智能投顾初创企业为从账户激活到提供服务的财富管理设定了新的标准。如今，大多数金融顾问都不使用数字平台，但许多投资者表示，人机互动和更数字化的体验是很有吸引力的。到 2018 年底，与数字化咨询相关的资产将达到 4000 亿美元。尽管这只是全部资产中的一小部分，但我们行业必须为即将转变的投资者偏好做好准备。财富科技领域的其他新进入者已经开始挖掘即时的行业需求，如设计令人印象深刻的用户界面，提供直观的预测功能，允许客户通过社交媒体进行交流、分享和投资选择，以及提供高级认知和分析解决方案。此外，我们的行业也受到了零售银行业务的影响。零售银行业务在用户体验、客户偏好的确定和移动工具方面的创新，使得客户的参与度、交易量和收入增长获得了极大的提高。

在过去的12到18个月里，我们看到了金融科技初创企业和企业之间并购数量的激增，这是因为老牌金融企业希望利用初创企业的数字化创新获得竞争优势并从中获益。

定制化和个性化正在丰富投资者旅程。公司可以通过收集丰富的数据来识别客户的行为和需求，以便根据投资者偏好做出有意义的建议。这代表着新的契机，同时也为下一个趋势提供了关键因素。

客户细分不再是简单的“最好知道它”，而是一个影响忠诚度的关键因素。公司明白为了留住现有客户并获得新客户，他们需要识别、定义和理解所有可行的细分市场，掌握财富管理中每个领域的独特性和特定驱动因素，如客户拥有资产的级别（高净值人群、超高净值人群和得益于智能投顾而被我们挖掘到的低净值客户）、代际性以及女性投资者。另外，代际性客户和女性客户作为细分市场的独立存在，也可能属于高净值人群或超高净值人群类别，所以需要更深入、更广泛地考虑这一因素。事实上，不仅高净值人群和超高净值人群的数量在不断增加，富人们变得更加富有，而且他们在人口结构上也越来越多样化。作为一个行业，我们最好把了解每个细分领域作为我们的任务。

千禧一代人数的增加和不断变化的劳动力，不仅带来了极大的冲击，同时也创造了新机遇。毫无疑问，作为社交媒体爱好者，他们喜欢多渠道的参与、网上购物和电子邮件，同时千禧一代更希望获得奖励。如果他们感兴趣的话，他们会亲自参加活动。为了赢得这个令人垂涎而又难以捉摸的数字化一代，我们所有人都需要同步发展创新型产品和服务。尽管并非所有的数字化一代都认可我们，但我们不能放弃赢得他们的忠诚和钱包的机会。

由于对千禧一代的关注如此之多，X世代经常被忽视。然而，他们人数众多，忽视他们是一个错误。X世代也确实需要一个理财顾问。他们花钱大手大脚，因此一路上欠了不少债。然而，由于他们婴儿潮一代的父母，大约30万亿美元的财富将会发生转移，许多X世代将成为这笔财富的受益者。他们需要咨询服务，因为他们退休在即，并且总的来说，这一代人在储蓄方面做得并不好。

对于X世代来说，如果有理财顾问为他们服务，结果一定会非常鼓舞人心。X世代与理财规划师合作节省下来的退休金平均可达90 400美元，这是那些没有理财顾问的人所节省的钱的两倍。这会成为现实吗？目前，77% 的 X 世代没有与顾问合作。与几年前相比，这是一个很大的跌幅，当时 63% 的人都在咨询财富顾问公司。正如千禧一代一样，X 世代也倾向于自主进行投资。对这一代人来说，能够得到这种人性化建议是很有诱惑力的。

对于财富管理公司来说，女性投资者是一个尚未开发的市场，行业也才刚刚开始注意到这一点。相对于针对男性的营销，针对女性的营销不能仅仅是一种“微妙”的方法，还需要付出更多的努力。平均而言，女性在做决定前会花时间自学，这可能意味着更长的销售周期。女性通常会根据关系、品牌亲和力和信任等几大因素做出决定。了解女性投资者的细分市场，以及她们各自的需求和独特的驱动因素也很重要。大胆地去争取女性投资者吧，公司最终将获得客户的回报，这是另一个营收增长的机会。

费哲公司的一项调查发现，超过三分之一没有理财顾问的消费者表示，他们有兴趣拥有一名理财顾问，但并不认为有了顾问，自己就是合格的理财者。这群人包括大多数千禧一代和 X 世代，他们既看重人的建议，同时又希望选择自助的智能投顾。在那些拿自己的钱进行投资的人当中，只有十分之一的人在投资方面给自己打了 A。人们很难实现由专门的理财顾问来为自己服务，但实际上这种观点并不正确，尤其是现在，因为财富公司有能力扩展它们的产品，为低净值投资者提供智能投顾解决方案，为他们带来极高的客户体验。千禧一代并不是唯一倾向于数字化咨询的人。目前，使用在线投资工具的高净值人士的数量超过了任何其他类投资者。

然而，当我们思考在日常生活中有多少“数字化”包围着我们时，令人遗憾的是，财富管理行业的数字化现在仍不到 40%！研究表明，优先考虑数字化的公司往往业绩都有较大的提升，并且这些行业领导者会灵活调整他们的数字化战略和公司战略。在金融服务领域，主流的思维模式是把数字化作为一种必要手段，但仍需要一些改进。数字化颠覆确实会撼动现状，并可能会要求我们去改变现有的战略和商业模式，而收入、利润和机会则是公司在实施强大的数字化战略时所能期待的回报和收益。

数字化技术也解决和满足了其他的财富管理需求，这些需求包含客户引导、账户服务、按需报告和加速贸易结算，如 T+2 结算。上述业务的发展为数字化投资提供了令人信服的理由。

技术和数字化创新正在显著地改变我们的思维和做事方式。每个行业都在经历这种变化带来的影响。财富管理公司过去开发产品，然后将这些产品和服务推广给客户，如今这种模式已经发生了相当大的转变。我们的客户同时也是消费者，他们现在已经习惯了个性化的、“只需按一下按钮”的产品和服务。他们还对自己期许的理财产品和服务种类、想要的交付方式以及愿意支付的费用，抱有很高的自主期望和很清晰的想法。

数字化带来了进步，所有人都有责任为今天的投资者提供有意义的解决方案和产品。虚拟理财顾问办公室和终端投资者体验将继续发展，为所有参与者更新财富管理体验。金融服务中的任何互动都必须简单易行，并符合客户的日常购物体验。这样的话，公司将获得更高的客户忠诚度，也会得到更多的机会。

拥有千禧一代的思维是财富科技成功的关键

阿普里尔·鲁丁（April Rudin）
鲁丁集团总裁

如果你留心观察针对千禧一代，也就是 20 世纪八九十年代出生的年轻人的电视广告，很容易发现这些广告的特点与目标受众为老年人的广告非常不同。以最近高朋团购的广告为例，他们的目标是千禧一代。该广告的镜头里不再是一堆脏盘子，而是一组在外就餐的短镜头，结尾的广告词是“每天你都能在所做的事上节省 100 多美元”。相比之下，针对婴儿潮时期出生的人，进餐的广告内容一般聚焦于一家人一起享受一顿饭的场景。高朋团购广告的独特之处在于，它吸引了千禧一代对体验的优先考虑，比如外出就餐，而不是在家里一起用餐。与此同时，后面一则广告向婴儿潮一代表达了拥有住房这一美国梦。然而，尽管这两代人之间存在明显的差异，但财富管理公司却视而不见，往往使用相同的营销策略来面对千禧一代和婴儿潮一代。我经常看到这种一刀切方法的失败。企业必须利用数字化技术，以千禧一代希望的方式接触他们，并用这个独特的年龄群体最看重的价值观来吸引他们。否则，他们可能会失去未来几十年代际财富转移产生的 30 万亿美元。财富科技的未来是从专为千禧一代着想开始的，要实现这一点，你需要做出以下改变。

拥抱新技术

你早上醒来的第一件事是什么？如果你是千禧一代，那你很可能会看手机，因为这一代大多数人醒来后 15 分钟内就会看他们的智能手机。毫无疑问，财富管理公司利用社交媒体和移动技术接触这一代人是绝对必要的。那些有能力开发自己的移动设备应用程序的公司早就该涉足这一领域了，甚至可以尝试像 7 投资管理公司（Seven Investment Management）那样通过雇用视频游戏开发人员来实现财务规划的“游戏化”。即便是那些缺乏可用资源来开发应用程序的公司，也可以利用技术接触年轻投资者。

例如，即使是最小的公司也应该使用领英、Twitter 和 Facebook 等社交媒体网站来触达现有的和潜在的千禧一代客户。然而，一些公司却排斥使用这些网站，因为它们担心合规问题或工作量的急剧增加。事实上，如果公司善于使用社交媒体，那么这些担忧都不会成为现实。例如，通过为所有社交媒体建立一个全公司范围的协议，包括一套工作流程和声明程序，可以很轻松地解决合规问题。同时，作为这一程序的一部分，熟悉社交媒体的人，特别是熟悉财富管理行业的人，应该审查所有帖子的相关性和合规性。

如果公司人员能有相应的能力，那就独立来完成，或者在特定行业的社交媒体顾问的帮助下，由外部来完成。有了这套协议和指定的职责，也有助于降低公司对增加工作流程的担忧。我发现，社交媒体就像家务劳动一样，如果不经常关注社交媒体，它就会变得十分难缠。当内部或外部的社交媒体员工确切地知道他们在短期和长期内必须完成的任务（例如，每天发布五条经过批准的 Twitter 信息，或在两小时内回复客户在社交媒体上的询问）时，他们就可以调整自己的日常工作流程来适应这些任务。关键在于，要避免社交媒体上的工作积压，一旦积压，将会让员工和客户都感到沮丧和厌倦，也就是说，要确保不定期更新社交媒体。

与财富管理行业中已经出现的人工智能的巨大进步相比，社交媒体应用程序只能算是“过去”的时尚。传统合规监测系统的缺点是通常只能监测和应对结构化数据，如交易数据。IBM 公司对金融服务检测系统进行认知的仪表盘是一个认知监控引擎，使用沃森［是的，就是参加智力竞猜游戏《危险边缘》（*Jeopardy*）的电脑］的力量处理非结构化数据（如员工的邮件）以及结构化数据（如贸易交易数据），以此建立一个全面的监督系统，使合规监察人员对潜在的问题有所警觉。人工智能仪表盘的工作原理很像人类大脑的推理，不断拼凑信息以判断什么是刺激信息，什么是不重要的。

在试图吸引和留住千禧一代客户时，保持监管合规尤为重要，因为这一代人一开始就对财富管理持怀疑态度。他们的怀疑是有道理的，毕竟这一代人经历了 2008 年的金融危机，见证了对“大而不倒”的银行有争议的救助和“占领华尔街”运动。更糟糕的是，这场危机可能真的击中了要害，因为千禧一代可能看到他们的父母面临着失去退休储蓄的问题，或者面临着抵押贷款（负资产）的问题。然而，德勤公司的一项研究发现，尽管千禧一代对理财行业持怀疑态度，但他们中 84% 的人仍在寻求理财咨询，因此对高质量财富管理的需求也随之而来。也就是说，因合规问题而登上新闻头条的财富管理公司将面临一场艰苦的战斗，如果它们试图吸引已经对该行业持谨慎态度的千禧一代，那它们就必须拥有一支强大的合规团队，才能重新赢得这一代人的心。这一事实将我们带到了另一个关键的事实，即要拥有专为千禧一代着想的思维……

依赖品牌荣誉的时代一去不返

在知名公司工作的财富管理专业人士很难接受这种现实，因为这些人士具备极强的品牌思维。在过去几十年里，成为这些知名公司的一员，就像获得了一枚认证的卓越勋章一样，仅仅依靠挥舞自己的品牌就能打开大门，并给客户灌输一种信任感。这种品牌效应的存在是因为婴儿潮一代倾向于重视信任、忠诚，与财富管理公司建立长期关系，以及这一代人对品牌的高度重视。例如，婴儿潮时期出生的人选择某个理财经理，可能仅仅是因为他或她的家人或朋友选择了这家公司，以及该公司拥有良好的声誉。

然而，对想要吸引千禧一代的财富管理人员来说，拥有知名品牌或与老顾客保持长期关系是不够的，因为他们看重的是行动和成就，而不是品牌的“遗产”。因此，不应该仅仅依赖品牌，企业必须将营销重点集中于当下的潮流，尤其是慈善活动上。就像一篇发表于《搜索引擎期刊》的文章解释的那样，千禧一代倾向于选择有更大目标或事业的公司，他们喜欢“活在故事中”。财富管理公司可以强调他们发起的活动，如体育赛事、赞助的奖学金或者能帮助客户进一步进行慈善捐赠。关键是要让千禧一代意识到，你的公司不是一个乏味、陈旧的品牌，而是一个蒸蒸日上、不断适应环境的公司，这些活动可以让他们感到自豪。

这么做是否会变得过于“千禧化”吗？一些财富管理行业人士警告称，企业拼命接触千禧一代，可能意味着会忽视上一代（粗略地说，是 20 世纪 60 年代和 70 年代出生的人），他们也将继承婴儿潮一代的财富。然而，这种担心是毫无根据的，拥有千禧思维并不仅仅意味着只吸引千禧一代。准确地说，拥有千禧思维意味着公司为跟上 21 世纪的步伐，开始改变传统的经营方式。当企业采取措施加强自身形象，并采用人工智能等新技术增强合规体系时，这对所有年龄段的客户都有好处，因为这意味着一个更安全、更强大的财富管理行业。所以，难道我们不应与千禧一代的观念接轨吗？

“超越无限”——打造财富科技从未如此容易

苏尼拉·科勒（Suhnylla Kler）
SDB 资产管理公司首席执行官

“乐高积木”——应用程序可以动用的积木

如今，第四代通信技术的速度、大量媒体的支持、运营商和新兴的移动平台（我们口袋里的计算机能力强大得简直令人难以置信）、云存储能力（如亚马逊网络服务、云存储）正在促进安全且可扩展的应用程序的构建。它允许人们分别单独使用相关的前端和后端框架，或者说“乐高积木”（我喜欢这么想）可以用于构建任何我们能想象出的东西。对于任何建筑师或设计师而言，就是“梦想成真”。这就好比米开朗基罗的艺术能力，以及建造西斯廷教堂需要的所有工具（如设计图纸、工程师和工人），尽在你的掌控中。这让所有人都惊叹不已！从某种意义上讲，“艺术”无处不在，优雅并且像数学模型一样精确。此外，我们还要感谢开源技术，例如，Linux 等操作系统、SQL 等数据库管理系统、OpenOffice.org 等应用程序，以及 Ruby、Python、C++ 等编程语言和应用程序接口（API），因为它们允许软件组件交互或者说是“相互交流”。

通过将这些‘乐高积木”自由拼装，可以为世界上任何地区的任何市场参与者提供各种各样的财富科技解决方案，其中最大的受益者将是那些没有银行存款的人。据全球金融包容性指数估计，全球有近 20 亿人未在银行开户。在亚洲，无银行存款人群占总人口的比例在中国接近 20%，在印度为 40%，在印度尼西亚为 60%，这与美国近 5% 的无银行业务比率形成了鲜明的对比。一场“惊涛骇浪”般的变革正使移动化、可扩展的商业模式和财富技术解决方案得以融合，专为那些无银行业务人群（尤其是手机用户）服务。阿里巴巴公司的蚂蚁金服、腾讯的微信支付、星展银行利用 IBM 沃森推出的“理财顾问”，就像澳新银行（ANZ）之前推出的独特服务以及华侨银行的一款理财应用，都是“乐高积木”在财富科技领域整合和迅速扩张的绝佳例证。

那么这些“乐高积木”是如何组装起来的

在监管机构（如新加坡金融管理局和马来西亚证券委员会）的批准下，在良性竞争（或者说并购狂潮）的环境下，白色标签技术[①]可用于将这些“乐高积木”拼装在一起。Securities 8 是一家为当今亚洲 B2B 模式提供贴牌解决方案的公司。在这种情况下，一家初创企业就可以凭借与一家现有银行之间的合作获得相关牌照。在智能投顾应用中，借助财富科技的力量，资产管理经理可以使用独立的托管人和代理，或经销商推出任意数量的投资创意（如 Motif 就在“主题”艺术方面做得非常出色，能让普通大众不费吹灰之力就能理解这些主题），一直到执行一项交易——所有过程仅需通过点击键就可以实现！只要使用合适的技术“积木”，商业模式都可以通过采用 B2B 或 B2C 来实现。这一切的关键是，我们需要

① 白色标签是金融行业的术语。例如，某些从事外汇等方面的金融交易服务的企业，必须要用银行的数据库和得到银行方面的支持，那么这家银行对这些企业就是白色标签服务。——译者注

在监管机构、市场参与者、许可机构和技术推动者之间，建立共生的工作关系，以达成更好的理解。

财富科技下一步将走向何方

首先，我们要考虑现有人员以及旧系统和流程面临哪些问题。为了实现这一目标，任何机构都必须通过整合现有的数字化技术，来实现新的财富科技战略，从而改进现有技术。智能投顾公司将客户咨询、资产管理业务和平台整合在一起，然后尝试在一个数字化的财富科技应用程序中（最初）应用基于规则的模型、人工智能或编程智能来促进预测分析。从理论上讲很容易，但实际应用并非如此简单。正如许多资深银行家此前多次表示的，让旧系统发挥作用比从零开始更困难。一些在职人员发现，简单地收购初创企业（并将它们设为金融机构内独立和分离的部门），要比在经历众多的委员会逐级批准（对于亚洲的大型银行来说，这是相当正常的）的情况下重新调整现有系统容易得多。

因此，保持一种创业的心态，创立或投资一家财富科技企业，对于“乐高积木”的组合来说是至关重要的。对于一些人来说，旧系统也许最终都不会出现纰漏，但是如果排除这些潜在的隐患，处理进程无疑会更快。对于一家没有“前科”的初创企业，或是一家财富科技投资管理公司来说，如果人们能很好地理解乐高积木，那么将它们组装在一起的可能性简直就是无穷无尽的。

例如，现在的智能投顾模板及其商业模式是应用基于规则的模型，投资基于客户的风险偏好、年龄和投资目标的一篮子股票、ETF 和共同基金。或许不久的未来也会看到由数据科学家设计的超越财富科技经理（又称智能投顾）的人工智能驱动模型。随着全天候的金融市场、大数据、编程语言（RStudio、Python、Java、C++）的再次汇聚，所有的开放资源都将成为“乐高积木”的关键推动者和组成部分。

想象一下人工智能可以负责梳理研究报告、提交文件或评估报告，以提前挖掘固定收益、股票投资或评级升降。如今 Quantopian 公司已可以采用人工智能提出交易策略。众包相关技术并且为“冠军策略”提供股权激励也已成为一种可行的商业模式。当然，如果一个好的交易或投资策略是自动的、开源的，那么它的生命周期不会特别长。技术理念也是如此，而且从未变过，即便是非常有趣的投资理念也会被流程化，直到这种想法带来的投资机会不再诱人，下一个理念才会出现。

对于一个用户来说，可以定制一个投资策略来满足他们的退休目标，也可以利用最新的投资浪潮，即便仅参与其中的一小部分也很美妙。后一种投资标的也可以用于解释 Betterment 和 Motif 两家投资公司成功的原因。然而，对于风险投资基金来说，在可接受的时间框架内，利用预测分析技术找到下一个谷歌、Facebook、苹果或亚马逊，已经不再是梦想。投资理论的“圣杯”终将盛满代表成功的佳酿。只要应用得当，运用沃伦•巴菲特的投资理论，集中投资风险，如今看来似乎也不那么糟糕了。

尽管资产规模庞大，但那些拥有大笔资金的人一直都在进行灵活投资。这些少数人可能已经注意到了智能投顾领域的发展，但他们似乎更关注 B2B 模型，并直接利用不同类型的财富科技解决方案。例如，桥水公司的解决方案是聘请 IBM 沃森背后的总工程师，让他领导一个将人工智能应用于预测交易策略的新组织。此外，澳新银行和星展银行也使用 IBM 公司的沃森系统。贝莱德和高盛等公司也在使用基于人工智能的平台，比如 Kensho。德意志银行和瑞银等公司则在使用名为 Sqreem 的人工智能系统在财富科技领域开展业务，这些是普通人所不知道的行业密情（新型智能投顾平台仍令普通人有些敬畏）。

在拥有“无限”机遇的情况下，我们需要对风险管理和风险转移的应用保持戒备心理，以配合财富科技解决方案。因此，监管科技 / 风险科技领域的不断发展，也正在被越来越多的监管者所关注和推广。毕竟，必须有一块“乐高积木”来监管其他所有的乐高工具。结合金融科技的解决方案，可以更好地监控和最小化乐高积木的风险。正如我们一再听到的，“权力越大，责任越大”。因此，我们必须负起责任，确保我们的自动化财富科技取得成功。我们中的一些人非常享受拼装“乐高积木”的过程，毕竟在财富科技的世界里，这是一件可大有作为的事情。

The WEALTHTECH Book

02 数字化客户咨询及智能投顾

摘要

最近一项关于未来最可能被机器人取代的工作的研究预测表明，个人理财顾问有 58% 的风险会被淘汰，在所有工作中排名第一。有趣的是，从历史的视角来看，银行业是最早采用在线智能化咨询服务的行业之一。例如，花旗银行和大通曼哈顿银行早在 1981 年就为客户提供了第一套家庭银行系统，挪威焦点银行在 1999 年就提供了电子交易服务，远早于 2007 年推出 iPhone 的苹果公司。银行的数字化发展一般可以分为三个阶段，每个阶段都专注于不同的数字化领域。

- **内部数字化（第一阶段）**。数字化第一阶段集中在内部流程，如咨询、交易支付或投资组合管理。在此阶段，银行专注于金融服务流程的自动化，例如，使用 ATM 机进行现金交易。
- **供应商导向的数字化（第二阶段）**。在第二阶段，金融服务提供商专注于银行核心系统的集成。为此，它们必须标准化那些专精此道的服务商（如 SAP 或 Temenos）解决此类问题的流程和应用程序的功能。
- **消费者导向的数字化（第三阶段）**。第三阶段的数字化以顾客和他们的操作步骤为中心，重新定义了当今由内而外、以产品为中心的逻辑，使逻辑变为由外而

混合型咨询模型

智能投顾

所有世代的价值主张

个性化

客户服务和社交销售

工作

被机器人取代的工作

新的客户细分

- 数字化偏好型
- 混合型
- 数字化厌恶型

游戏化

- 奖励有益的长期行为
- 核心原则：自主性、掌控性和目标性

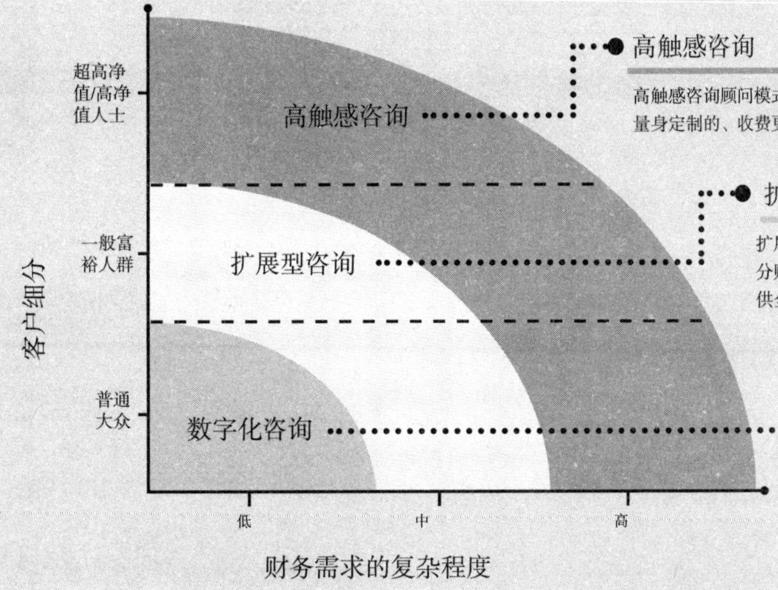

高触感咨询

高触感咨询顾问模式为高净值或有着非常复杂金融需求的客户提供量身定制的、收费更高的投资服务

扩展型咨询

扩展型咨询顾问模式以合理的费用为已经积累了部分财富并且有着多样化金融需求的中档市场客户提供全方位的投资管理服务

数字化咨询

数字化咨询顾问模式以合理的费用提供高质量的金融服务，能够服务于所有级别的金融业务，但最适合刚刚开始积累财富的投资者

由人工智能驱动

- 它将无处不在，但肉眼不可见
- 智能服务能预见我们的需求、组织开展工作和执行耗时的重复性任务

内。这一阶段的特点是社交媒体、智能投顾、云计算等新信息技术的发展。

然而，现今银行没有延续这种具有前瞻性的传统，在客户咨询自动化方面也是非常被动的。相反，近年来此类解决方案却常常出现在 Betterment 和 Wealthfront 等非银行机构中。目前，银行在开发智能投顾，或将智能投顾解决方案整合到现有环境中。原因在于人工智能、区块链、大数据等技术在不断进步，加上客户行为的变化，导致了金融机构与客户的交互发生了根本性的变化。其中智能投顾便是一个突出的例子。尽管智能投顾管理的资产只占人为管理总资产很小的一部分，但无论是在成熟市场还是在中国等新兴市场，其潜力似乎都是巨大的。难道客户真的更倾向于数字化解决方案，而不是由人规划的解决方案吗？答案取决于技术亲和力和客户需求的复杂性，但并不存在适合所有人的方法，这也导致面对面咨询和智能投顾的混用。

此外，不仅仅是千禧一代在使用新的财富管理模式，其他群体对其接受程度也可能会超出预期。原因之一是智能投顾能提供丰富的客户体验，并适用于其他面向客户的数字化解决方案（如聊天机器人、游戏化工具等），这些解决方案可以提升个性化服务质量。随着 API 的日益开放，连接银行现有系统变得更加容易——就像乐高积木一样，甚至可以越过公司，实现顾客和服务之间的无缝对接，最大化提升客户体验。

综上所述，本部分所讨论的正是在技术进步推动下，客户咨询在未来可能发生的变化。

数字化财富管理将成为全球市场标准的十大原因

迈克尔·梅林霍夫（Michael Mellinghof）

TechFluence 英国区总经理

目前，全球数字化财富管理公司管理着大约 1300 亿美元的资产，其中约 70% 在美国，而先锋集团则掌管着近一半的市场份额。TechFluence 估计，与全球财富管理行业 60 万亿美元的资产管理规模相比，2017 年的这个数字小得令人难以置信，至少到目前为止几乎可以忽略不计！

然而，其增长前景是强劲的，甚至还曾有过50%以上的年增长率，预计到2020年底，智能投顾提供商所管理的资产规模将在4890亿美元（Cerulli估计）至2.2万亿美元（科尔尼估计）之间。

TechFluence预计，未来五年内仅在欧洲智能投顾产品的数量将迅速增加500种左右。截至2017年5月，欧洲市场上共有73家智能投顾服务商，如果算上现有的自动化产品生产商，这一数字会超过120家。

这些市场预期的依据是什么？对于一个几十年来几乎没有发生重大结构性变化的行业来说，这种重大变革又意味着什么？以下内容都是与之相关的若干因素，这些因素的综合作用推动了全球资产和财富管理行业的变化。

1. **低利率环境。**全球资本市场大多数领域的利率已近乎为零，与过去相比，共同基金或财富管理信托的高管理费率也变得更加明显，这意味着如果政府债券收益率为5%，那仅通过配置债券投资组合就能赚到整个投资组合的管理费。截至2017年春，如果息票率接近于零，那么就必须依靠权益类投资的业绩来完成这项工作，这对投资组合经理来说要难得多。因此，现在的客户更容易注意到高额管理费，因为在没有政府债券无风险收益的情况下，他们对投资的成本更敏感。
2. **互联网给这一行业带来了难以置信的透明度。**互联网乃至门户网站经过20多年的发展，各年龄段的客户都已习惯于使用这些工具进行投资。通过互联网，他们可以比较各个基金的或财富管理公司的业绩，或在社交媒体门户网站上对顾问们的业绩进行排名。多年来，资本市场和投资的内在复杂性一直是这个行业的门槛，直到现在，由于ETF和智能投顾的出现，该行业的利润才有所降低。
3. **总体而言，过去十年的技术进步也推动了财富管理行业的变革。**云技术和其他技术的发展也推动了移动生活方式（3G、4G、5G网络）的发展。现在仅通过电脑，顾客就能知道“最好”的产品是什么，假如此时再要求客户回到银行分支机构，进行两个小时的面对面投资咨询，这对他们来说已经完全没有吸引力了。因为在智能手机上，用户就可以获得与咨询相同的信息，而这只需要一个人就能完成。
4. **科技在过去引领并将持续引领着社会变革。**如果用户从一个中立来源（即独立于产品提供者）获取信息，那他将使用这些信息来质疑机构，质疑他们的数据质量，质疑他们的建议等。在过去，银行家和理财经理说什么都是理所当然的，而现在他们会受到质疑。旧世界已经失去了信息优势，在一些数字化工具中，用户可以自己模拟回测，而做客户咨询的人通常必须从另一个单位请求进行回测。如果愿意，客户可以自己掌控局面。

5. **在任者提供的东西不再符合时代精神。**传统财富管理和咨询机构一直存在使用成本，但很多人为了财富管理仍会选择它们。因为当客户没有其他途径获得其个人和一般财务信息时，这么做是正确的。在 20 世纪 80 年代，人们会走进一家银行分行，询问当前的股价或收集这些股票的财务报表，现在只需在智能手机上点击一下，当需要点击次数过多时，用户 / 客户可能会避免使用它。
6. **监管也对启动智能投顾运动有所帮助。**如今，由于监管方面的责任，客户与他们顾问的初次会面时间，肯定比 10 年、20 年或 30 年前要长得多。市场参与者在遵守现行法规的道路上，还有很长的路要走。这使得数字化解决方案变得更具吸引力，它们只需点击几次或与机器人聊几句（如亚马逊的 Alexa）。
7. **监管也是引发“建议鸿沟”这一现象的原因。**由于定期投资咨询谈话所需的时间非常长，银行和资产管理公司已开始将管理的最低资产上调至 10 万美元。因此，拥有 10 万美元以下流动资产的客户，成了数字化公司的主要目标。
8. **ETF 市场竞争激烈，这是推动智能投顾发展的关键因素之一。**当只有一种可广泛获得的低成本产品能够替代共同基金时，数字化公司就会选择引入自动化解决方案，而且价格仍显著低于主动管理的基金或信托。随着大多数数字化财富管理公司将 ETF 用于解决方案的设计中，对于 ETF 供应商来说，它们现在就扮演着分销商的角色。
9. **数据是未来世界的“石油”。**财富数据和其他市场参与者（如零售商、奢侈品行业和汽车制造商等）的数据都非常有趣。然而，迄今为止，数据仅被银行等机构用于交叉销售有利可图的金融产品。在过去，数据是难以获得的——现在，由于监管（以 PSD2 作为开端）和社会的变化，它的获取变得越来越容易。数据共享已成为新的标准，银行不能被这样一个强大的社会趋势所抛弃。
10. **过去的事实证明非金融机构想要获取适合它们的数据，既困难又昂贵。**不过现在通过提供财富管理产品，奢侈品生产商（非金融机构）就可以直接获得财富数据。例如，一家来自瑞士的奢侈手表制造商，如果通过智能投顾向客户发送一些手表广告，那就能很好地笼络这些潜在客户。到目前为止，非金融企业进入金融咨询行业还存在许多障碍，尤其是咨询行业的工作流程对非金融企业来说是不可行的。但是在数字化世界中，这会变得容易得多，因为价值链中的所有项目都可以从不同的供应商处获得。

11. **品牌在数字化世界中的打造，变得比在线下市场中更重要，因为下一个竞争对手很可能就出现在浏览器窗口中。**价格敏感型买家往往通过价格比较来过滤商家，而对于偏好质量的用户来说，优质的品牌意味着将会获得更高安全保障的商品。不过，一般来讲，网上欺诈的风险比较大，一旦产品完成交付，要想退回物品并较为理想地收回款项，可能会非常麻烦且代价昂贵。为了避免麻烦，用户倾向于选择最好的品牌或最好的网店，这已经成为一种主流趋势。

12. **在金融世界中，信任变得日益重要，金融产品（如 ETF）的提供者或合作银行应该更知名，因为这意味着公信力。**另一方面，如果智能投顾工具的赞助商本身就是一个顶级品牌（比如奢侈品牌、全球零售品牌或其他产品品牌），就没有人会质疑这项服务的功能性和严肃性。创始人当然可以使用缺乏品牌力的二线银行和产品，这样他们就能够提供非常有竞争力的价格，如提供免费服务等。这一策略对这些非金融机构很有意义，因为它们的主要兴趣在于获取财富数据，而其核心业务的利润率可能还高于数字财富。智能投顾的主要价值已沦为交叉销售或获取客户。

那么，资产和财富管理行业十年后的市场结构会是怎样的呢？TechFluence 预计将会有以下三个发展趋势：（1）能够以最快的速度使自身 DNA 数字化的初创企业继续增长，甚至比今天更有活力，但利润率也会更低；（2）现在的数字化竞争格局将由初创企业和为传统金融机构提供技术服务的传统金融科技公司把持，那些不能快速适应新的数字化竞争的企业，难逃被消灭或合并的危险；（3）金融科技中的“传统主义者”公司迎来了最好的机会，如果它们可以很好地利用自身的竞争优势，那么通过国际横向和纵向一体化的发展，它们将会实现飞速增长。

未来，那些将自身 DNA 数字化的初创企业会以足够快的速度获得巨大的客户量，并成为市场新贵，但能否打造全球知名品牌还有待观察。一般来说，在数字化世界中，这是可能的（如优步），但在财富管理这种受到严格监管的环境中，情况却较为复杂。智能投顾就已经给传统资产和财富管理领域的利润率带来了巨大的压力。该行业过去在结构现代化方面没有太多的压力，导致初创投顾公司的兴起会对市场产生较大的冲击，并迫使传统企业迅速改变。就地理位置而言，北美是迄今为止智能投顾最发达的市场，而欧洲和亚洲则相对落后。这两个地区的智能投顾发展更加分散，这意味着欧洲的增长可能会较晚且缺乏活力，而亚洲地区的利润率则可能会很低。

然而，有一个数字在全球范围内却是相似的，即相当比例的股票基金多年内一直表现不佳。标准普尔显示，过去十年（除去成本）在欧洲 86% 的主动管理型基金表现不佳，这意味着它们早就该被市场淘汰了。在美国，情况更糟。根据同一项研究，98.9% 的主动管理型股票基金表现不佳。这个资产池很大，为更多的数字“兔子”提供了胡萝卜，而这些“兔子”即便管理的资产很少，也能实现收支平衡。在数字化世界中，财富管理的前景是光明的，因为对客户而言，他们的支出费用会下降许多。资产和财富管理领域的竞争格局即将全面展开。

或许数字化财富管理领域的领军者尚未出现。数字化世界使大规模金融教育成为可能。长远来看，那些可以为发达和发展中的市场解决金融文盲问题的公司，将最有可能赢得桂冠。

富有的客户如何看待数字化财富管理

特奥多罗·D. 科卡（Teodoro D. Cocca）
约翰开普勒林茨大学财富与资产管理系教授

金融科技的崛起正迫使银行重新思考与客户互动的方式。目前有很多关于财富管理行业革命以及银行业技术创新潜力的讨论，大多是由行业专家和咨询人员主导的，而客户端视角却常常被忽略。

为弥补这一不足，本章以瑞士、德国和奥地利的财富管理客户为基础，完成了相关调查。与其他章节分析的客户数据不同，本章的研究只考虑高净值人群，即拥有至少 50 万欧元流动金融资产的客户。调查对象的平均金融资产为 250 万欧元，平均年龄为 59 岁。这一数据基础，与私人银行提供财富管理服务的客户账户的平均额度相对应。为进行历史数据的比较，调查分别在 2012 年、2014 年和 2016 年进行。就这三个国家而言，大多数较年长的财富管理客户通常由私人银行家亲自提供服务，并且客户与顾问保持着密切的关系。在这种环境中，这三个国家对财富管理的关注，推动了人们关于金融服务调整的讨论。

当今客户的偏好

根据个体的数字化程度，调查对象被分为三个群体：

- **数字化厌恶型**。有私人顾问，不使用任何虚拟银行渠道；
- **混合型**。有私人顾问，但也使用虚拟银行渠道提供的财富管理相关服务；
- **数字化偏好型**。没有私人顾问，超过一半的财富存于网上银行账户。

图 2–1 列明了这些细分市场在 2012 年至 2016 年间是如何按比例发展的。这些值指的是资产的价值在这三部分客户之间的分布（而不是客户数量）。我们很容易发现，2012 年以来，混合型客户所占比例最大（约 80%）。此外，数字化厌恶型的比例在不断下降，而数字化偏好型的比例显著上升，尽管增长是非线性的。

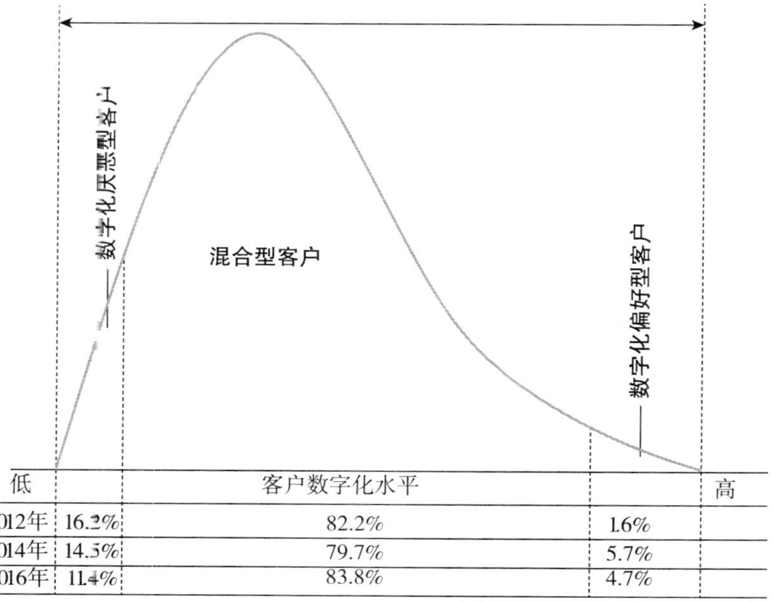

2012年	16.2%	82.2%	1.6%
2014年	14.5%	79.7%	5.7%
2016年	11.4%	83.8%	4.7%

图 2–1 财富管理资产按照客户分类的分布

这种变化可以用 2014 年到 2016 年之间数字化增长的再次下降来解释，尤其是在高净值人群中，我们可以观察到增长率的小幅下降。

未来客户偏好

此外，调查还对未来虚拟财富管理服务的使用情况进行了调查分析。我认为，在这种情况下，28% 的受访者认为自己通常直接与客户顾问交互；43% 的受访者表示可能不会再与客户顾问而是与银行进行在线交互；35% 的受访者愿意接受与传统银行无关联的第三方虚拟服务（如金融科技公司）。

目前关于数字化对财富管理的潜在颠覆性的讨论，主要围绕以下三个方面进行深入分析，这使得识别具有高颠覆性行为倾向顾客的社会人口特征和行为特征变得更加容易。当客户表示愿意：（1）考虑通过其客户顾问进行虚拟咨询；（2）直接与银行进行在线交互；（3）获得第三方提供的真正的虚拟建议。如果客户的意愿从（1）上升到（3），这一行为即可视为颠覆性改变。图 2–2 描述了这三种客户的社会人口特征，以及与投资有关的变量。例如，图 2–2 中显示 50 岁以下的受访者中有 25.2% 表示可以考虑通过客户顾问进行虚拟咨询，有 30.7% 愿意接受第三方虚拟服务。

		客户颠覆性行为水平 →		
		准备好与顾问进行虚拟交互	准备好仅与银行通过网络联系而且没有顾问	准备好接受来自银行以外的虚拟建议
年龄	< 50	25.2%	28.8%	30.7%
	> 60	46.7%	41.9%	39.4%
性别	女性	18.7%	17.5%	15.7%
	男性	81.3%	82.5%	84.3%
财富净值	<150万欧元	70.1%	62.5%	63.0%
	介于150万~500万欧元	26.2%	31.9%	32.3%
	>500万欧元	3.7%	5.6%	4.7%
对投资知识有所了解	了解透彻	22.4%	24.4%	30.7%
是否愿意承担风险	风险偏好型	31.8%	35.0%	37.8%

图 2–2　客户对颠覆性行为的准备

如图 2–2 所示，在见多识广、净资产更高、风险偏好更大的年轻男性客户中，颠覆性行为的可能性更大。因此，这些人物的特征值可以用于描绘未来虚拟财富管理服务早期使用者的画像。

技术亲和力

在日常生活中，利用数字化服务进行信息传递和沟通的做法已经得到了极大的推广，但这并不意味着与财富管理和投资咨询相关的在线服务也需要走这样的路线。套用前者的做法是错误的，但不幸的是，最近许多出版物都表明支持这一做法。基于这些新数据，我们可以研究一般日常生活中的技术亲和力与虚拟财富管理服务使用现状之间的具体相关性。此外，还要考虑颠覆性行为的程度。

从表 2–1 可以看出，整体技术亲和力与网上银行服务的使用之间存在中度相关关系。然而，一般技术亲和力与客户的未来颠覆性行为之间存在高度相关性。社交媒体和手机的使用与其他变量之间存在较低相关性，这表明社交媒体和手机银行的使用并不能很好地反映虚拟财富管理服务当前或未来的使用情况。

表 2–1　　技术亲和力、有效使用程度与数字化颠覆程度的相关性（2016 年）

	一般技术亲和力	社交媒体使用	网上银行使用	手机银行使用
社交媒体使用	0.347			
网上银行使用	0.533			
手机银行使用	0.386	0.298	0.279	
对数字化颠覆的准备程度	0.858	0.858	0.858	0.858

总的来说，当前是否使用虚拟银行服务和在未来是否愿意使用虚拟银行服务之间的相关度很低，这可能表明对那些未来是否使用在线服务的相关意愿需要持保留态度，因为它们很可能被高估了。

预测

基于上述原因，关于未来客户细分比例的预测并非基于与未来使用相关的潜在数据，而是基于 2012 年、2014 年和 2016 年调查得出的历史和已观察到的真实数据。如图 2–3 所示，根据 2012—2016 年观测的平均增长率，数字化厌恶者和数字化偏好者的发展将采用三种不同的计算方法进行推断：（1）继续按照 2012—2016 年的历史增长率进行增长（基本情景）；（2）混合型人群的比例被假定为常数，数字厌恶者人数的下降直接被假定为数字化偏好者的增加；（3）2012—2014 年、2014—2016 年的历史增长率被交替使用（震荡情景）。由此得出，2020 年，数字化偏好型客户预计占客户总数 8%~10%。

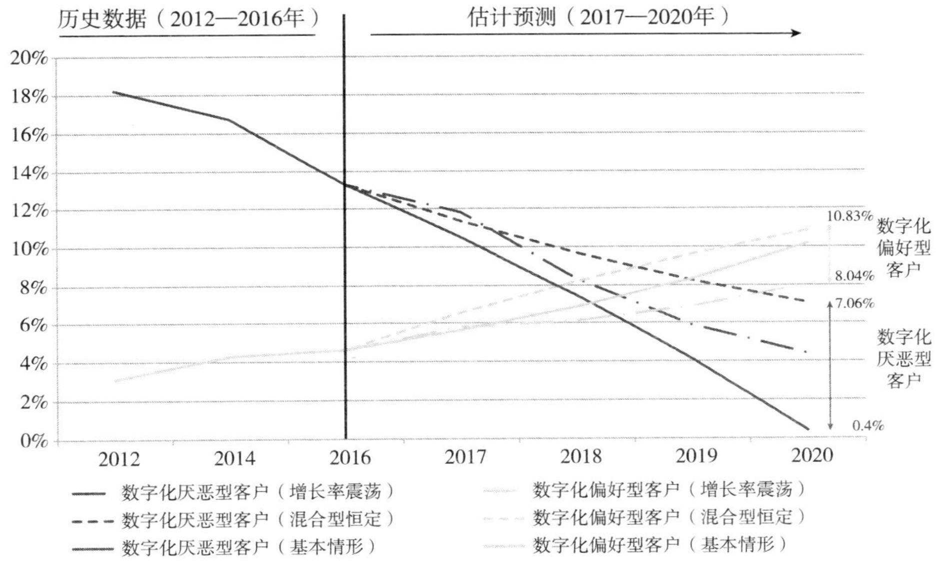

图 2–3　不同细分客户的财富管理资产分布

结论

从分析中，我们可以得出以下结论。

从今天的视角来看，大多数富有的客户更喜欢混合型咨询模式。至少基于他们今天表现出的喜好，这可以视作对所有客户的一般结论。然而，数据也证明，即使从今天的视角来看，也有相当一部分客户群体愿意接触纯虚拟的解决方案。这一市场份额约为 5%，意味着其中有相当大的商机。然而，我们同时应该注意到，一个完全不使用虚拟元素的商业模式还是会得到数字厌恶型客户群体的积极响应。因此，从今天的视角来看，这也是一种商业机会。这些数据来源于多大渠道，非常适用于那些渴望全面反映客户偏好的银行。

未来虚拟财富管理服务具有颠覆性的特点，人们对这种服务的意愿尤其高，这种意愿可以在见多识广、高净值和风险偏好较高的年轻男性客户身上看到。这与典型客户的情况相一致，他们对虚拟财富管理服务的接受度普遍很高。

同时，我们还指出了为使更多的客户群体接受虚拟解决方案可能需要克服的障碍。另外，投资主题的相对复杂程度与人们对此的适应直接相关，并且性别差异这一因素值得引起人们的广泛关注。到目前为止，相关出版物几乎从未提到性别差异这一因素，但它对虚拟解决方案的实现可能很重要，例如，要想让女性客户达到较高的适应度，对于虚拟解决方案的推广就显得非常重要。

按照过去四年观察到的增长速度，到 2020 年只使用虚拟财富管理服务的富裕客户比例将增长至 8%~10%。尽管如此，我们仍应该认识到这些预测都是根据推断做出的，它们只是基于观察到的过去增长率做出的线性延续。然而在不久的将来，外来因素可能会影响甚至减缓这种发展。决定性因素包括这些虚拟解决方案的收益和相关成本、监管框架的变化以及客户普遍偏好的改变。

可以观察到的一般技术亲和力，并不一定完全等同于虚拟财富管理服务的高度渗透。有一种可能的情景，即虚拟渠道在消费市场的广泛分布和适应，与针对于金融服务，特别是财富管理服务的虚拟咨询的预期需求之间存在着广泛的相关性。然而，对这些数据需要谨慎对待，因为财富管理服务可能包含特定的特征，至少表明人们的适应速度要慢得多。值得注意的是，当前的偏好表明，在财富管理方面，有人类参与的咨询可能比以往想象中的更难替代。

数据集特别突出的特征是：在高净值阶层中，使用虚拟财富管理服务的趋势较低。就虚拟化的适用性而言，财富管理咨询服务的复杂性应该是一个重要参数。与人工服务相比，虚拟财富管理服务通过一种算法可以更有效地提供标准化服务，从而取得成本优势。然而，在财富管理等以信任为基础的业务中，如何仅靠提供咨询的技术服务获得足够的市场份额尚不明晰。尤其是在高净值客户群体中，财富管理咨询表现出高度的复杂性。例如，法律、税收和金融问题的结合很难用算法进行规划，因为每个案例的自由性很大，并且特别定制的解决方案，很难有效地实现标准化。不同的司法管辖区也加重了这种复杂性，从而使得资产结构和财富管理变得更加麻烦。

数字化财富管理咨询的挑战

贾斯帕·汉弗莱（Jasper Humphrey）
swissQuant 集团，技术、系统及模块前负责人

在 2018 年，要当好一名财富管理人很不简单。既要了解最新、最复杂的技术，又要快速掌握繁复的程序变化，再加上管理费用、利润率的压力，这些都给现代银行高管的工作增加了难度。

在这里，我将介绍一些已经被银行用于进行诊断和调整的技术。现代财富咨询流程通常分为以下几个逻辑阶段。

- **了解客户的情况。**在这一阶段，顾问执行一系列流程来测量客户的风险容限（客户愿意承担多少风险）和客户的风险承受能力（客户的自身情况允许他们承担多少风险）。
- **定义合适的投资策略。**理财顾问可能会建议客户跟踪具有一定风险或回报特征的投资组合，或者学习一定的结构化产品策略。
- **推荐合适的投资。**为客户物色一个符合自身投资策略的投资组合。
- **控制和监控客户的财富组合。**理财顾问应定期对财富投资组合进行监控，以确保其能够长期符合投资策略和客户自身情况。

MiFID 2 等法规旨在确保财富管理公司能够证明所推荐的投资适合客户。因此，企业别无选择，只能重复执行整个流程并记录证据。

基于互联网的数字化技术，这些流程能够可靠而灵活地实现，从而推动其他增值服务的开发，如在线功能、手机使用功能、可定制化或可供选择的交互方式（如视频或聊天）。

接下来，我们会更详细地介绍一下咨询过程的各个阶段，看看系统性的量化方法如何给客户带来咨询过程中的一致性 。

首先，针对客户分析的问题是，如何通过一系列具体数字来描述客户的风险偏好和客户自身条件。常用的两种方法是：（1）直接询问客户："你位于哪个风险级别？"（2）给客户一份问卷，从客户的回答中推断出其风险偏好。前一种方法

的问题在于，客户通常不能轻松地回答这个问题，而后一种方法的问题是验证标准所需的数据难以获取，因此它是基于启发式的。另外，由于顾问没有与投资相关的所有数据，故风险评估结论也可能存在问题。安全的 API 与托管机构的整合可以解决这个问题吗？

无论采取何种方法，数字技术都有助于提升这一阶段。如沉浸式的设计、玩一种测量风险偏好的经济游戏、挖掘客户档案或交易数据，这些数据技术都可以考虑。

有了客户风险偏好，是否可以自动选择投资策略？在过去，客户需要与顾问讨论合适的账户类型，相关账户类型有咨询账户、仅执行的账户或投资授权账户，或三者兼有之。通过数字化渠道，可以很容易地捕捉这个决定。对于仅执行的账户，客户需要信息、研究和清晰的执行，这些已经以数字化形式存在了几十年。对于投资授权账户，客户正在寻找一种无干涉的解决方案，但仍可能有特定的偏好和限制，例如，仅允许伦理投资（试图用道德原则限制投资标的范围的一种投资理念）。

商业模式关乎效率，所以只有高净值客户的资产才会在管理中被限制，这就需要专业的投资管理。现在，量化软件已能够有效地对大众市场施加同样的限制，因此咨询和投资委托管理开始趋于一致。

对于标准化咨询，客户风险偏好可以用 1（低风险）到 7（高风险）的离散尺度来描述，与之对应的是由银行首席投资官选择的七种投资组合。虽然这种方式操作起来非常快捷，但是它却忽视了客户的个性化要求，同时将客户自身情况、风险容限和客户期望的所有变化都映射到了七种固定的投资组合中，也是不容易的。对于这类情况，机构很难证明它们的收费溢价与 ETF 等竞争性解决方案相比是合理的。是否有可能创建一个既足够灵活的模型来描述客户的个性化和多样化需求，又能足够系统地实现成本效益？我们相信通过使用投资组合优化和基于目标的投资等技术，是可以做到这一点的。通过允许客户指定他们希望跟踪的基准投资组合（可能来自其他投资经理），CIO 的策略表现不佳的情况就能得到改观。

针对对组合投资方式不感兴趣的咨询客户，银行需要提供一种具备创造性的、能够提出具体想法并加以实施的方式。传统的创意生成方法（如宏观或专题投资）可以与更流行的方法相结合，如将大数据管理技术与机器学习模型相结合。时间会告诉我们它的可行性和未来的回报。顾问所提出的任何想法都要切合客户的个人情况。因此，顾问还需要测量策略的风险，这就需要一种复杂的风险管理方法（如图 2–4 所示）。

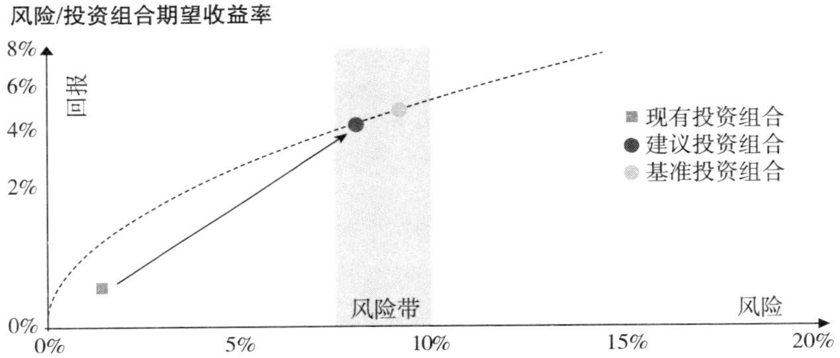

图 2–4　投资组合优化器可以生成一个更接近基准投资组合的目标投资组合

一旦选择了投资策略，是否有可能实现投资选择过程的自动化？这取决于具体的策略，总的来说，答案是肯定的。对于具有个性化需求或者施加了限制的基准跟踪策略，我们可以使用投资组合优化器生成新的投资组合。优化器可以将基准投资组合作为基础，最小化其跟踪误差，同时仍然受其约束限制。对于创意生成策略，可以通过创建能搜索可用产品范围的解决方案，获得与策略最匹配的解决方案。此外，出于对冲或其他原因，也可以搜索最适合的、能够添加到源投资组合中的产品。

数字化技术允许对客户投资组合进行简易的大规模监控。部分监控核查通常较为简单，并由数据驱动，例如投资组合的集中风险；一些检查则需要复杂的风险管理技术，例如在定义的范围内计算投资组合的风险度量。

云端可以通过提供几乎无限且具弹性的计算，将监控扩展到数十万个投资组合，但合格的算法对于有效的风险管理解决方案也非常重要。想想一个理财经理提供 10 万种产品的典型案例。为了计算投资组合的总体风险，银行必须分析哪些产品与其他产品具有多样化效应。这就逐渐变成了需要分析 100 亿个组合的高维度问题！我们的建议是用一组能描述大部分投资风险的资产类别 / 市场 / 地区

/行业的风险因素，为投资世界建模，然后将这10万种产品映射到风险因素中。这时候只需要对风险因素的多样化影响进行建模即可，可使投资组合风险快速完成计算。如果风险管理需要通过数字化渠道公开，或者需要在咨询期间进行假设分析，就需要快速完成计算。

因此，我们可以从头到尾将流程自动化，并提供稳健的、可重复的咨询流程。这种自动化能力可以支持全自动化或混合型咨询业务模式。

尽管业务模式可以自动化，但数字化解决方案给财富管理公司也带来了许多管理挑战。

一种常见的方法是将这四大功能从安全稳健的API中抽离出来，这些API使银行交付渠道能够在不改变其背后的业务工程和流程的情况下进行创新。这些API在数据安全、访问控制、API管理和版本控制、自托管和云端等方面具有本质上的复杂性，而这种复杂性的掌握往往涉及管辖权和具体机构的具体问题。因此，解决这些细节需要专家的咨询意见，而一般性指导方针目前几乎没有，同时我们应时刻认识到其复杂程度，切记认真、认真、再认真。

综上所述，自动化程度与数字化技术的结合会带来许多挑战，这些挑战可以通过量化技术、技术创新、技术投资以及管理变革来解决（但不容易）。

混合型咨询模式

托拜厄斯·亨利（Tobias Henry）
Capco 数字化财富部门主管

混合型理财咨询模式用最简单的方式将人类理财咨询和数字化咨询的最佳部分结合在一起，为所有客户提供灵活且量身定制的理财方案。

无论是对于大众市场，还是对于超高净值客户而言，混合型咨询方案都可以支持客户的整个财务生命周期，是一种非常灵活的商业模式。根据客户细分（由其可投资资产来划分）及其财务需求的复杂性，我们提出了三种混合型理财模型

（如图 2–5 所示）。

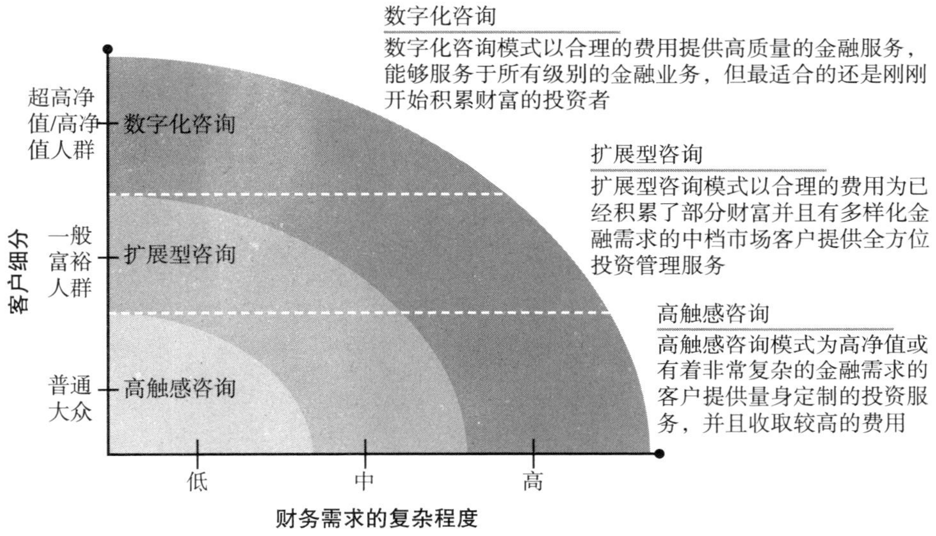

图 2–5　混合型咨询模式

人员互动程度、产品复杂性、费用和账户导致了业务模式之间的不同。图 2–6 所示的业务模式表明了解决方案的可选性，并阐明了混合型理财的灵活性足以满足所有细分客户及其财务需求。

混合型模式对理财顾问、业务和客户有许多固有的好处，这使得它成为一个颇具吸引力且互惠互利的理财选择。

混合型咨询模式的最大好处是增加了理财顾问的灵活性，允许理财顾问在保持高质量服务的同时吸引和服务更多的客户。这主要是因为数字化平台的应用帮助客户和理财顾问将手动和耗时的流程进行了自动化。

数字化咨询公司将平台功能集中于解决传统财富管理所面临的问题，因此，它不再会被复杂的旧式系统所阻碍。客户引导、业绩报告、用户画像等已经被优化和数字化，也就是说可以通过数字化咨询平台提供开箱即用的解决方案。此外，投资组合构建、投资组合调整和税收征收等服务都可以实现自动化。数字化服务通过混合型方法中固有的个性化和协作，提高了咨询顾问的效率，并改善了客户体验。

混合型咨询模式还可以通过获得新客户和随之而来的新资产来推动业务增长。数字化产品提供了一个低成本的渠道来吸引千禧一代客户，这些客户随着时间的推移将会产生巨大的盈利潜力。

混合型咨询业务

	数字化咨询	扩展型咨询	高触感咨询
	为大众市场投资者提供物美价廉的金融服务	为比较富裕的投资者提供与他们需要相符的金融服务	为有复杂的金融需求的投资者提供专用和量身定做的咨询体验
理财顾问的角色	持续提供呼叫中心支持	开户期间指导，以及根据需要持续提供指导	人工顾问提供从开户到投资组合管理和报告的全方位指导
数字化特征	客户引导、全渠道接入、账户创建、模型生成、投资管理、投资组合调整、税收亏损收割、报告；	客户引导、全渠道接入、账户创建、模型生成、投资管理、投资组合调整、税收亏损收割、报告；	客户引导、全渠道接入、账户创建、报告
账户最低限度	0 ~ 100 000美元	100 000 ~ 500 000美元	500 000+美元
向客户收取的费用	低 如0~30bps	中等 例如30~150个bps	高 如150+bps
账户类型	个人退休账户、养老金账户、年金账户	个人退休账户、养老金账户、年金账户、理财计划、529计划；	个人退休账户、养老金账户、年金账户、理财计划、529计划、房地产信托、保险、贷款、医保
投资标的范围	ETF、权益	ETF、权益、共同基金、固定收益	ETF、权益、共同基金、固定收益、房地产、保险、养老金、另类投资

业务规则决定了客户在混合性模式之间转换的能力。业务规则基于投资者目标、资产管理规模、投资复杂程度、账户类型以及所需的人际交互水平而定。客户偏好可以在客户引导过程中获得，同时可以定期监控哪些客户可以在模式之间进行上调或下移

图 2–6　混合型模式的可选择性和灵活性

注：BPS= 基点，IRA= 个人退休金账户，ETF= 交易所交易基金

混合型模式使理财顾问能够从新老客户那里获得新的资产，同时它也允许理财顾问保留当前管理的资产。允许理财顾问独立于客户的人口特征和资产规模来为他们提供服务，并参与他们的财务生命周期，这正是混合型商业模式的基本原则（参见图 2–7）。客户正在积累更多的财富，他们的金融需求也变得更加复杂，混合型咨询模式使理财顾问得以有效地推动客户从数字化体验过渡到多人际互动的增强型服务。

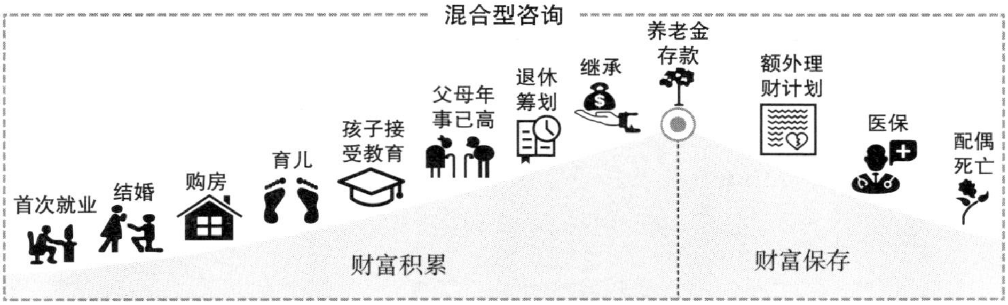

图 2–7　混合型模式允许咨询顾问独立于客户的人口特征和资产规模来服务于客户

当理财顾问实现规模效率时，打造数字化平台，为母公司提供更大的透明度和跨价值链的控制就显得尤为必要。金融服务业的监管规定要求企业确保产品和服务能满足客户的需求。混合型模式提供自动化指导方针，能有效地加强监测、监督和风险评分，堪称完美搭配。

想要推动变革并保证业务转换，就必须提供一个有助于吸引和保留客户的解决方法，而混合型咨询模式就是很好的选择。

混合型咨询模式为理财顾问和客户提供了统一的平台并带来了一致的体验。此外，这种混合型咨询模式还支持灵活的载体，即可以跨台式机、手机和平板电脑。此外，使用基于云技术的解决方案，允许客户在平台之间无缝移动，而不会影响用户体验。未来，平台的统一将能为客户提供可以跨越更多供应商和更多种产品的整体财富视图，极大地满足他们的需求。

混合型咨询方式对客户最重要的好处是，他们可以选择人与数字交互的层级。混合解决方案的灵活性，允许客户自主选择他们的咨询级别、产品种类、收费结构和数字化体验。混合型解决方案可提供个性化解决方案，这种方案十分有利于开展业务，自然也为理财顾问们提供了实质性的营收增长机会。

数字化咨询是财富管理的未来

无论形式如何，未来财富管理就是数字化理财。提供数字化体验已经成为一种强制性要求，客户和理财顾问都期望有更好的数字化工具和更灵活的人际互动来满足双方的特定需求。

拥抱金融科技生态系统，并利用数字咨询平台提供混合型咨询模式，使财富管理公司能够拓展业务，吸引新一代客户，并以灵活和高效的方式为他们提供服务。

采用混合型模式还有助于公司适应财富管理模式的进一步变化，因为这种方法灵活性更大，可以满足不断变化的监管和客户环境。

尽管成功完成这一转变的财富管理公司前景光明，但随着优步、阿里巴巴和Facebook等非金融服务公司认识到眼前的机遇，并且开始提供自己的金融服务，一场新的战斗即将打响，财富管理公司持续创新的压力依然存在。

财富管理中的个性化客户服务和社会化销售不能“一刀切”

弗兰克·贝尔特勒（Frank Bertele）
NETZ 创始人和首席执行官

与私人客户脱节的财富管理时代

我们已经进入财富管理公司与私人客户脱节日益加剧的时代。一项调查显示，在财富管理关系中，私人客户最看重的因素是以客户为中心的服务，换句话说，是个性化的客户体验（65%的受访者这样认为）。然而，如今的理财经理似乎无法胜任这一任务，因为绝大多数客户抱怨，他们的理财顾问无法在整个关系周期内提供以客户为中心的体验，而且他们感觉在产品和风险偏好方面被误解了。

在一个数字化和竞争日益激烈的世界里，竞争压力不断加大，花费在监管和管理上的时间正在吞噬理财顾问与客户相处的时间，财富管理公司应当迅速采取行动。私人银行业已经成为财富管理公司的前车之鉴，虽然它的投资回报依然强劲，但其内在缺陷却也暴露无遗。

启动一种新方法

你可能想知道，如何在更短的时间内实现以客户为中心。传统的思维模式认为与客户相处的时间越长，收入就越多，但这在今天已经失效。今天的等式应该是“与恰当的客户共度恰当的时间并提供恰当的建议 = 更高的收入”。如图 2–8 所示，在销售过程的每一个步骤中，对于当今的财富管理客户来说，更高的个性化程度至关重要，它有助于维持长期且可持续的客户关系，并提高客户满意度和忠诚度，从而实现更高的销售效率和更高的收入。在 NETZ 公司，我们围绕销售过程建立了个性化服务、优化了社会化销售技术服务和自动化服务。最新的研究表明，通过社会化销售可以实现：

每年收入增加 16%；
销售机会增加 45%；
销售效率提升 20%~25%。

步骤 1：更有针对性的探索

个性化客户体验的基础是识别和定位正确的受众（营销术语是“角色”）。通过年龄、职位或财富等特征划分出个人或企业，理财经理就可以与更特定的受众（更准确地）打交道。比如识别以下这类具体的客户，“在伦敦从事金融服务业工作且拥有 100 ~ 500 万欧元的个人”或“在伦敦刚卖掉自己的公司而得到一大笔钱的个人”。你的潜在客户的范围越窄，你采用的方法就越显得个性化。

虽然营销的工具有很多种，如付费广告、社交媒体、电子邮件和外部领先供应商等，但支持针对目标开展营销的工具却很少，而且在选取营销工具时，还必须考虑目标的财富程度或等级。

步骤 2：更多的个人参与和意识

当已经定义了潜在客户之后，现在需要将注意力转移到创建你和客户的共同参与上。

在 NETZ 看来，居然还有很多财富管理公司仍将陌生电话作为主要的营销手段，这实在是太令人惊讶了！要知道，只有 28% 的陌生电话能展开交流，只有 1% 的陌生电话能让顾问与客户见面。此外，由于陌生电话使客户感到被打扰和被侵犯，所以质量通常很差。陌生电话已经过时，理财顾问应该去直接接触那些

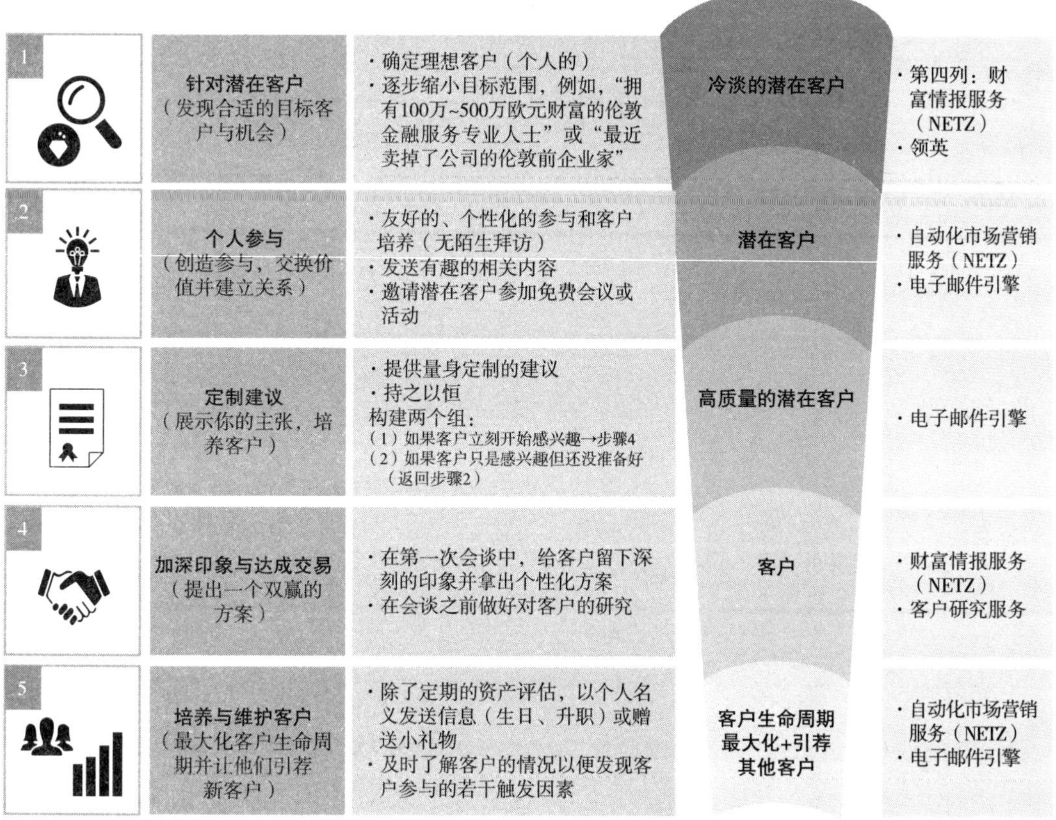

图 2-8　社交销售

资料来源：NETZ CMS Limited.

有意愿与你接触的客户。

你如何营造一种参与感?

与潜在客户进行所谓的“价值交换”是市场营销的最佳实践。也就是说，在向他们推销之前，你应该先为潜在客户提供价值。通过分享有趣的、与他相关的内容（即“内容营销”），邀请他们参加免费的活动或网络研讨会，这些活动都可以为客户提供价值。通过开发一系列个性化的、有价值的信息，你就能够获得潜在客户的信任，并确保当潜在客户做决定时，你是他们首要的考虑对象。

在 NETZ，我们大力提倡电子邮件营销（通过我们的动态电子邮件 Playbook 服务），因为它具有高度针对性、高度个性化、高友善值和不打扰用户的特点。那些做出回应的潜在客户是真正对参与感兴趣并想了解更多的人。此外，电子邮件营销是最物有所值的工具，因为它可以实现高度自动化。

步骤 3：提供定制化价值主张

根据价值交换方式，你首先应该建立一份包含你接触过的所有合格的潜在客户的名单。接下来，你应该以最个性化的方式介绍你的价值主张，可以借助事实或案例，来强调你将如何帮助他们以及你所能创造的预期价值。最重要的是，你的收费要完全透明。你曾获得的奖励和荣誉也可以加进去，但当且仅当潜在客户想要了解更多细节的时候再展示。

根据合格的潜在客户的反馈，我们建议将他们分成两组：（1）当下感兴趣并立即加入；（2）感兴趣但还没有准备好立即加入。第一组客户当前正在寻求建议，并能够很快采取行动，因此对于他们，你可以跳到销售流程的第四步。第二组客户应该经历一系列“培养”活动，你可以通过向他们发送有趣的文章、新闻和活动邀请来为他们创造更多的价值（参见步骤 2）。

理财经理们最常见的错误是考虑得不够长远，他们会抛弃那些还没有准备好立刻加入但是依然合格的潜在客户。他们努力想让潜在客户接受他们，但由于潜在客户当下并不适合加入，许多理财经理就完全停止了双方的接触。基于 NETZ 的市场调查，我们与 30 位来自不同规模公司的理财经理进行了交流，六个月后，只有两位财富经理仍然定期与潜在客户群接触。换句话说，超过 90% 的财富管理公司在客户还未完全准备好参与的时候，就停止了与潜在客户的接触。一项研究表明，坚持不懈是赢得客户的关键。平均来说，12 个接触点（六次电话、三次语音邮件和三封电子邮件），包括社交互动，是将一个合格的潜在客户转化为客户所必须经历的过程。

与潜在客户建立关系的一个重要因素是，当潜在客户联系你时，你的反应时间是多久。通常情况下，财富管理公司对一个线索的反应不够迅速，往往要让客户等待一天甚至更长时间。一项研究表明，第一次回应所需的时间长短直接关系到能否将潜在客户转化为客户。

该研究进一步表明，在 5 分钟内回复客户的胜算是在 30 分钟后才联系到客户的 21 倍。我们知道现在理财经理通常都很忙，5 分钟的响应时间可能是不现实的。然而，你对一个潜在客户的反应越快，你就越有可能把这个潜在客户变成真正的客户。最好的做法是雇用一名营销助理，让他代表你快速回复电子邮件或电话，或者使用自动电子邮件平台回复客户，而这种平台可以在短时间内建立。

步骤 4：在会谈时给客户留下深刻的印象后达成交易

一旦你的潜在客户对你的服务感兴趣，下一步就是在会谈时给他们留下深刻的印象。与销售过程的其他步骤一样，个性化是关键！在 NETZ，我们总是认为，第一次见面是与未来的客户建立联系并构建融洽关系的最佳机会。为了给人留下深刻的印象，研究有关客户个人、公司、行业的情况或其他的私人信息（如晋升或荣誉等）并作为参考，是非常必要的。在会议中，你可以邀请他们参加他们喜爱的活动，如关于节税投资的研讨会、体育比赛或歌剧会。

从我们对 30 位理财经理的市场调查来看，第一次见面时，只有四位做了提前准备，了解了我和 NETZ 公司的细节，如我们什么时候成立、最近的行业新闻、提及我们的出版物，从而给我留下了深刻的印象并建立了融洽的关系。这四位理财经理很上心，其他 26 位理财经理则只是简单地叙述了一遍他们的服务、所获荣誉和投资业绩，并罗列了一些案例来证明这些。哪类理财经理更有可能赢得我们的业务，已经显而易见了！

虽然领英可以让我们很好地了解潜在客户的职业经验，但网上还有很多更有见地的信息，因此花更多的时间收集相关信息也是值得的。另外，一些自动化研究服务的成本其实也并没那么高，例如在 NETZ 公司。

步骤 5：优化客户留存率以此驱动持续增长

一旦你的潜在客户已经成为真正的客户，接下来的关键就在于提供优良的服务并留住客户，以最大限度提高客户的生命周期价值和获得他们推荐的客户。

许多新客户建立财富管理关系时，只会投资相对于其总资产而言很小的一部分。你的服务质量、个性化定制建议，以及你与客户的私人关系，都有助于你最大限度地推动客户进行投资。

尽管在大多数理财经理的脑海中，都认同第一点和第二点很重要，但第三点却往往被遗忘。客户也需要被培养和管理。不要局限于常规的资产评估服务，偶尔（例如，当他们过生日或升职的时候）给客户发送一些私人化的信息，他们也会很感动的。我们建议赠送他们喜欢的小礼物或邀请他们参加活动（例如体育比赛或歌剧会）。此外，通过了解客户的最新情况，财富管理公司将会找到更具吸引力的接触客户的理由。

除了在客户关系管理工具中对客户进行事实调查外，当前的技术还允许跟踪调查客户的个人情况，如其所获荣誉和持股情况等。为了与客户保持联系或寻找接触的由头，这些技术是必不可少的。

最终，客户如果高兴，自然会带来更多的资产，而且更有可能把理财经理介绍给他的同事或富有的朋友。

在一个缓慢变化的环境中还有很多事情要做

从历史视角来看，许多创新发生在后台服务和中段服务上，以及面向零售客户的金融服务方面，几乎没有一处创新发生在专门面向私人客户的前台 / 业务开发领域。越来越多的财富管理公司已经认识到，轻触式、一刀切式的做法可能对散户管用，但对富裕和高净值人士却收效甚微。一些金融机构甚至改变了员工培训模式和薪酬结构，并更加注重客户满意度和个性化需求。尽管美国的机构正在采用科技技术和社会化销售技术来培养长期、可持续的客户关系，但英国和欧洲市场却还比较落后。总体而言，这条路任重而道远。

技术的应用尤其是实践中的最佳应用，促进了个性化和社会化销售的发展，提高了财富管理公司的客户转化率和客户满意度，同时也提高了销售效率和收入。财富管理人员不一定要成为销售专家，但他们必须意识到什么是取胜所必需的，以及哪些技术和工具可以提供帮助。“与恰当的客户共度恰当的时间并提供恰当的建议！”这就是效率。

如何创造一个让人安心的智能投顾

保尔·雷斯尼克（Paul Resnik）
PanPlus 市场总监，FinaMetrica 联合创始人

从常理上来看，在支付了金融咨询费用后，投资者就该高枕无忧了。他们不应该再为投资组合的涨涨跌跌而担忧。

遗憾的是，不眠之夜是许多投资者的常态。这是他们的错吗？他们只不过是相信智能投顾可以提供自动化投资建议罢了。不幸的是，许多智能投顾的构建都很糟糕，而且它们推荐的投资并不适合客户。

那么，大多数智能投顾的“智脑”有什么问题呢？为什么他们会推荐不合适的投资？导致这一结果的关键点在于，许多智能投顾只是简单地在复制糟糕的人类咨询示例！

财富投资公司既要赢得客户，又要规避监管，在为客户推荐适合的投资组合时，这些经理们往往夸夸而谈，好似可以掌控一切。但当真正开始操作，即进行投资者与投资产品的匹配、使用风险分析之类的工具时，表现却非常差。

这是投资者尚未发现的问题。然而在下一次市场大调整之后，痛苦就会在投资者间弥漫开来。最初这只是智能投顾公司的烦恼。不久之后，这将波及智能投顾公司的营销和法务部门，之后还会牵涉其母公司的专业过失与疏忽保险公司的问题，再然后是陪审团的问题。很快所有人都会睡不好觉。

当投资适用性做得不好时，每个人都是失败者。客户面对的坏资产以及资产组合是他们始料未及的，他们也只能选择低价抛售。智能投顾将为此而面临客户的不满、抱怨，然后是公司声誉受损，最终则会导致罚款和集体诉讼、和解。

“睡个好觉”是双向的。当投资者 / 客户拥有适合他们个性和需要的投资时，他们会睡得很好。当智能投顾的所有者和运营商有一个合适、稳定的程序来推荐投资以确保它们是合适的时，他们也会睡得很好。当投资适用性得到很好的体现时，每个人都是赢家。

投资适用性需要准确、科学地考虑投资者的财务和心理需求，但这一过程往往被销售机会主义所绑架。他们并没有做到严谨和科学，反而急于快速销售。他们所谓的“适用性”往好了说是“草率”，往坏了说，就是彻头彻尾的欺骗。

很久以前，很少有人关心适用性是否匹配，人们普遍认为它不值得关注。但随后不久，资产价格出现了大幅下跌，不匹配可能转变为客户的不满意，“适用性”开始受到越来越多的关注和咨询，并最终将会获得其应有的地位，尤其是在当前的（对立的）实践和监管环境下。

我们已得到警告，在许多国家，适用性是消费者投诉的重灾区，这迫使政府和监管机构必须及时做出反应。法院有严厉惩罚专业投资人士的历史。这些人往往利用客户匮乏的知识，将不合适的金融产品强卖给他们。然而，监管通常难以及时约束，因为人们早已证明了依赖于死板的规章制度的监管是失败的。这样实施起来太困难，成本也太高，但是基于新标准的监管同样是一个巨大的失败。新的监管好似在说：“这是一个理想的结果，现在以你认为合适的方式来满足它。”但是，如果没有指导或执行规则，那么任何事情都可以声称自己是符合标准的。

如今，智能投顾服务管理的资金十年来几乎没有增长，而竞争对手们则像食人鱼一样争夺着每一笔可投资的资金。

公众对金融咨询的信任和信心，一直没有从 2008 年的恐慌和沮丧中完全恢复过来。这其中很大一部分责任归咎于行业自身，因为它没有展现出赢得或重获客户信任所必需的完整且一致的客户体验。

做一个值得信赖的人，自然能够让别人重拾信任。这意味着要以诚信的态度行事，将客户的需求放在首位并提供一致圆满的客户体验。

合适的投资建议是信任的基础。首先，咨询顾问必须满足五大适用性。

- **了解和理解投资者**。为了真正了解客户，理财顾问必须考虑以下三个因素：

- 风险容限。投资者的心理倾向和自如处理其投资组合涨跌的能力。
- 风险承受能力。投资者在投资价值大幅下降的情况下所表现出的抗压能力。
- 获得回报所需承担的风险。满足投资者的目标并达到必要回报所需要承受的投资风险的总量。

- **识别不匹配情况并核查可选策略。**金融产品不是放之四海而皆准的。系统应该识别那些风险承受能力和预期风险不匹配的人，并考虑可能实现目标的替代方法。
- **了解产品。**你能解释这个产品里有什么，它是如何运行的，在低迷时期会有什么表现？投资者对投资组合的需求是否与个人的风险承受能力、需求和目标相一致？
- **解释风险。**这一步至关重要，但通常却被忽视或做得不够好。公允地说，这是一项复杂且困难的任务。它综合了投资者的风险承受能力和推荐产品的风险级别。财务顾问公司必须让客户充分理解所有的风险。
- **获得知情同意。**当了解财务建议的细节和风险，以及其与个人风险承受能力的关系后，财务顾问公司还需要获得客户的知情同意。这个出自医学领域的术语意味着，客户已经得到了所有风险和可能结果的解读，并同意继续进行。

做到这些需要采用一个复杂的、多维度的方法，借助广泛的因素来确定最适合客户的风险水平。风险容限与实现既定目标所需承担的风险以及风险承受能力相平衡，也就是说即使投资未能如预期那样增长，仍有实现目标的能力。

直接面向公众的智能投顾，在很大程度上并没有赚到很多钱。除少数例外，在市场上成功的智能投顾大都依附于大型金融机构。通常情况下，都会有一名人类顾问参与“半机械人”咨询的过程中，从而增强智能投顾的功能。

智能投顾正在做的事情必须与其现有的投资咨询生态系统相结合，否则会给企业所有者带来风险。原因有两个：（1）出于声誉的考虑，一家企业不会因小型服务去贬低自己的品牌；（2）运筹。在客户的一生中，可能会接触到许多品牌的不同业务部门，故需要在所有这些不同的潜在接触点上标准化和实践相同的方法。

作为智能投顾的母公司和拥有者的金融企业，其旗下所有部门都需要达成以下四大关键因素的一致性。

1. **风险分析方法。**智能投顾、零售银行和私人客户部门必须一致地测量和应用风险分析方法。
2. **将风险容限映射到投资组合。**映射是一个细致入微的过程，需要考虑投资目标与所需承担的风险、风险承受能力和风险容限之间的所有细微变化。
3. **风险描述的一致性。**FinaMetrica 出版了一本全球发行的关于风险术语的著作。我们发现，有超过 25 个术语是用于描述财务规划和投资环境的风险的，但现实世界中却没有一个定义是一致的，而在企业内部，所有关于风险的术语在各咨询渠道中都必须相同。
4. **风险的解释**。由于人们以不同的方式吸收和处理信息，风险的解释也因此以不同的形式呈现，如文字、图片和数字。但就像术语一样，风险的解释也必须保持一致。

智能投顾正在飞速发展。大多数银行、大型投资公司、大型养老基金和寿险公司都拥有至少一种智能投顾，而有些公司则有一系列智能投顾。每种智能投顾都针对不同的目标市场。不过，这些智能投顾中有许多都没有做到投资适用性，它们的风险分析是错误的，从而导致它们不可能准确地将投资者映射到相应的投资组合中，并围绕该投资组合构建投资预期。

遗憾的是，监管机构没有规定要把风险承受力的心理测量评估作为投资适用性的第一要旨。监管机构已经落后，而那些希望在激烈的竞争市场中保持领先地位的企业却没能做到更多，仅仅是实现了差异化的最低要求而已。

根据我们的经验，越来越多的企业开始使用最好的组件，以便将它们选择的工具整合到自己提供的产品中。我们看到，使用开放架构 API 的专业企业越来越多，这种 API 允许外部人员访问他人软件的内部引擎，例如，使用 Facebook 登录另一家公司的网站。

企业正在寻找最优秀的算法和知识产权提供商，以帮助它们在日益增长的竞争中保持领先地位。通过适当的风险分析和对客户的了解，它们正在建立一种保护机制，防止被 Facebook、苹果或谷歌等新进入者压垮，因为这些新进入者对其数十亿用户有着难以置信的详细了解。

游戏化如何吸引消费者签约

克里斯·葛瑞格鲁维克（Kris Grgurevic）
Niiio金融集团首席商务官

约翰·斯吉奥赫尔（John Stroughair）博士
意志高驰（Goetzpartners）前合伙人

虽然人类非常善于解决智力难题，但却不善于处理要求我们为了长期利益而忍受短期痛苦的问题，所以我们暴饮暴食、缺乏锻炼、储蓄太少。当存钱的时候，我们往往倾向于依赖直观情感做决定，使得我们的投资组合与真正的经济需求之间没有任何理性关系。由此导致的结果是惊人的：美国的净资产平均数仅为4.49万美元，甚至在以节俭闻名的德国，净资产平均数也只有6万美元。这意味着低于那些净财富平均水平的人无法应对较长时期的失业，而且在年老时很可能面临较为贫苦的生活，只能依赖国家福利保障。千禧一代的情况更糟，自19世纪以来，第一次出现下一代的实际收入低于父辈的情况，他们需要应对因更富裕的婴儿潮一代的退休而被征税的前景，同时还要应对第二次世界大战以来最严重的经济混乱。根据西方的长期人口趋势，到千禧一代退休时，要想获得与职业生涯时期对等的资金水平，就目前而言在西方国家中是绝无可能的。他们想要在未来获得可持续的经济福祉，唯一的机会就是积极而明智地参与金融市场。

对于金融科技公司来说，这应该是一个有趣的问题。涉及的金额如此巨大，同时预期的社会效益又是如此显而易见。这是一个让金融技术人员证明他们可以对社会有益的机会。当下，我们看到的技术有：用于分摊账单的应用程序（Splitwise、Billr）；使用Tinder模型简化股票交易的应用程序（Robinhood）；如果你已经有了一些钱，那么像Nutmeg和Wealthfront这样的应用程序也可以为你提供投资建议，但这些应用软件却让很多客户的投资组合与他们的实际金融需求脱节。金融科技公司如何解决这个问题，并可持续地帮助千禧一代管理他们的财务？很显然，对前几代人行之有效的方法不会被千禧一代接受，他们不会盲目听从权威人士的建议，他们只会期待容易实施而且最好是有趣的的解决方案。处理这些问题时，金融科技界可以从其他面临类似问题的行业中吸取有益的经验。健康保险行业就是一个很好的例子，英国的Vitality等公司对保持客户长久的健康意识和兴趣很有心得，它们鼓励客户使用 Fitbit 等追踪设备来锻炼身体，如果客户达到每周的目标，会送给他们免费的星巴克咖啡和电影票。Vitality 还为经常去健身房的人提供健身房会员资格和现金奖励。

所有这些想法的本质都是游戏化，即将一些有趣的短期小奖励给予进行长期有益行为的人。Vitality 的所有顾客都有能力直接去星巴克买咖啡，但“赢得”某种东西的感觉，能给人带来一种心理价值，这与东西本身的经济价值已经没有关系了。据传闻称，在漫长的一周工作结束后，Vatality 的客户大多都会在街上跑来跑去以实现他们的“游戏目标”。

在另一个完全不同的领域，应用程序多灵国（Duolingo）鼓励用户每天练习外语，其奖励是可以在应用程序内购买游戏点数（Lingots）。虽然这种奖励毫无意义，但却足以让许多用户认真地磨炼他们的语言技能。即使当我们意识到，我们的行为是如何被应用程序或公司操纵时，我们的竞争冲动依然足够强大，以至于即使是毫无意义的游戏积分，也能帮助我们克服惰性，而仅仅是靠所谓“长期利益”来劝说自己是做不到这一点的。米哈里·契克森米哈赖（Mihaly Csikszentmihalyi）在其创造的名为“心流”（Flow）的心理学概念中描述了这种行为模式，即当人们面对的挑战和个人技能相匹配时，竞争冲动就会由此产生，即便这种竞争没有太大的意义。

游戏化与财务管理

什么是游戏化？游戏化可以被视为一种有效推动某些行动的工具。一方面，它为玩家设置分数和成就来激励他们的行为（游戏机制）；另一方面，它控制着这些奖励如何以及何时被解锁，还有精确的奖励计划。畅销书作者、美国前副总统阿尔·戈尔的首席演讲稿撰写人丹尼尔·H. 平克，在他最受欢迎的一本书中描述了游戏化核心原则之一的动机行为模块：

- **自主**——自己控制游戏通关的速度和路径；
- **熟练**——随着时间的推移，通过实践和应用，学习变得更好；
- **目标**——以明确的目标为导向。

契克森米哈赖也认为这可能导致心流体验。现在，有一项致力于如何预测和操纵玩家的决策过程的重要研究，将其导向游戏之外的目标。那么，我们如何将游戏化理念应用到金融领域呢？首先，我们需要解决两个明显矛盾的观点。当游戏化应用简单时，效果往往最好，例如，说服医疗保险客户去散步，而不是坐下来喝啤酒，或者鼓励语言学习者练习波兰语动词，而不是再看一集《权力的游戏》。然而，如果想要理财建议真的有用，需要了解用户的完整财务状况，例如，鼓励人们增加投资通常是好事，但如果他们背负着巨额的信用卡债务，情况就不一样了。

解决办法是鼓励个人上传完整的个人资产负债表。通常情况下，这将是一个冗长的操作，可能需要一个小时，甚至更长时间，许多潜在客户或许会就此放弃。所以，要想成功，这个“引导”过程本身就必须变成一款游戏，奖励的设置是必不可少的，同时还要设计退出保存机制，以便他们在闲暇时重新进行这一操作。人们在玩像《我的世界》或《魔兽世界》这样的游戏时，将会经历相当复杂的设置过程，但他们依旧坚持下去了，因为他们相信接下来的游戏将证明投资的时间是合理的，而且游戏很方便保存和重启。我们必须让所有的财务类应用程序像游戏一样，让客户在引导过程中不会感到煎熬。

几乎所有的智能投顾财富管理人，都使用标准评估程序判断客户的风险容限，其中包括一些假设的问题，如“你更喜欢 6% 的回报，还是 50% 的概率得到 14% 的回报，同时 50% 的概率回报为 0？”如果他们对金融的接触有限，大多数人对这个问题都会感到困惑，或者他们明白问题的意思，但却儿戏般地应付问题。正因如此，游戏化的方法更将有所作为。我们可以使用一个类似游戏的环境来了解人们在面对游戏中的风险时会做些什么，而不是问那些大多数人都不擅长回答的假设性问题。行为比那些假设问题的答案更能准确地反映人们的偏好。

一旦用户上传了完整的财务状况，网站就可以开始分析并推动用户进行小的修改，成功的修改也可以获得奖励。具体的更改由用户的个人状况及其目标共同决定，这些目标在客户引导过程中已经被确定。

随着情况的变化，呈现给用户的特定挑战也会发生变化，这就好比玩家在游戏中通过不同难度的关卡。

用户可以建立一个包括朋友和家人的群，游戏将支持这样的合作与竞争，就像在一个典型的 MMORPG[①] 中，可以通过建立模拟冲击，让用户给自己或朋友的财务状况施加压力，既可以让游戏变得更有趣，同时还提供了风险管理方面的洞见。

结论

我们认为，游戏化既可以有效地针对特定的目标客户群体，也可以为财务管理新手增加吸引力和趣味性。如果人们愿意花时间经营一个虚拟农场，我们就有机会鼓动他们玩一个貌似游戏的自我财务管理工具。

智能投顾的人口结构与人们的认知相悖

莎拉·斯图尔特（Sarah Stewart）
策略视野公司分析师

布雷特·麦克唐纳（Brett McDonald）
CFA，策略视野公司顾问

与许多新兴的基于技术的消费产品和服务一样，智能投顾的使用者通常倾向于年轻一代。就在线财务咨询而言（智能投顾），通过观察发现，产品消费者的使用情况存在类似现象。尽管许多新兴财富管理服务，大多以有财富积累的人群和千禧一代为目标群体，但智能投顾和更广泛的在线财务服务已不只是千禧一代的专属。

千禧一代是智能投顾的目标客户群体

理论上，千禧一代作为新兴的在线咨询服务的目标客户群体是有其必然的深层原因的。从时间的角度，即典型的财务生命周期来看，这一代人中最早出生的那一批，已达到财富积累的年龄阶段。他们处于一个开始有稳定收入、开始建立

① MMORPG 是英文“Massively Multiplayer Online Role Playing Game”的缩写，至今尚未有 MMORPG 的正式中文译名，而在中国比较常见的译法则是"大型多人在线角色扮演游戏"，是电脑游戏中网络游戏的一种。——译者注

家庭、开始购买房屋、开始积累财富、开始将人力资本转化为金融财富的阶段。因为潜在客户积累了足够多的资产，所以这一年龄段也是理财咨询关系形成的阶段，他们满足最低的资产门槛，自然也该引起传统财富管理人的注意。

从消费者规模的角度来看，千禧一代也具备这样的资质。千禧一代的规模因国别而异，他们足以与婴儿潮一代匹敌，成为发达市场规模最大的在世一代。此外，千禧一代可能是所有人当中最具吸引力的，因为他们精通技术，也相对较早采用新兴消费技术。这些综合因素使这一年龄段客户成为各种智能投顾服务最主要的目标。在许多情况下，这些公司也因其卓越的眼光而收获了不少成功。

不幸的是，更年轻一代却未能成为更具吸引力的理财客户，这是因为他们缺乏积累资产所需的时间。虽然年轻一代以更开放的姿态，拥抱基于新技术的服务，而且当测量角度从人口或生命周期价值出发时，这群人也代表了一个相当大的市场，但是从财富管理领域短期内可投资资产总额来衡量，这类人群代表的机会相对较小。

早期使用者和婴儿潮一代：谁说他们相互排斥

在数字服务方面，虽然千禧一代属于较早期的使用者，但市场现实表明，其他几代人也有类似的趋势。因此，从北美的角度来看，尽管千禧一代在客户群体中占比很大，但他们在智能投顾所管理的资产中却只占少数。X 世代、婴儿潮一代及更早的人群构成了当前在线咨询所管理资产的很大一部分，并且将在未来很长一段时间内占据主角地位。事实上，从加拿大的经验来看，从十几岁的青少年到 90 多岁的人都在使用智能投顾服务，其投资者平均年龄约在 45 岁。

对于收入与所管理资产规模挂钩的财富管理分销商来说，这几代人有更多的时间积累资产，从而创造了更大的潜在市场。短期来看，这是很正确的，因为与千禧一代相比，X 世代和婴儿潮一代将更能从代际之间的财富转移中获益。

除了可以按年龄细分市场外，也可以用客户偏好来划分在线咨询服务。对数字化互动的偏爱（相对于面对面的会议）并非一代人所独有，也不是所有的消费者都认同他们刻板的代际印象。随着时间的推移，年龄较大的人群越来越适应使用技术。有些退休人士更喜欢完全数字化的理财咨询服务，就像有些千禧一代更喜欢面对面地与人打交道一样。对交付方式的偏爱存在一个连续统一体，一个动态的、随时间变化的统一体。来自其他数字化行业的数据表明，交付方式的偏好也正在向数字化领域倾斜。

当评估在线咨询服务的市场潜力时，需要考虑客户的另一个偏好，即客户在处理财务事务方面的自主性偏好程度。这一偏好程度的总区间，位于完全自主操作与将所有决策委托给专业顾问之间。

对在线咨询公司来说，客户身处生命周期的财富积累阶段、偏好数字化互动以及倾向自由度较大的委托这三者的结合，无疑是他们最想看到的。

在线咨询与老一辈人的价值主张有共同之处

除了接近传统退休年龄的几代人之外，在线咨询还发现退休人员市场也具有潜力。尽管这一群体中的许多家庭已有长期固定的理财顾问，但他们仍有在线交互咨询服务的需求。

由于越来越多的人开始追求简单化，金融科技因而获得了更广泛的扩张。其实在线咨询并不需要高度的技术悟性，只需要一定程度的数字素养和人性化的在线操作。因为用户界面在设计时已考虑了易用性，而具有基本数字素养的人不需要说明也可以理解。

此外，可访问性服务一直是一个基本要素，这也是许多智能投顾产品的卖点。无论是远程理财顾问、客户支持、教育资源，还是简单的账户信息，访问的便利性对那些不方便外出的客户都有很高的价值。

在线服务还提供了潜在的协作界面和环境，不仅支持智能投顾公司和客户之间的协作，还支持客户与其家庭成员之间的协作。在这种协作中，客户可以通过数字化方式获得访问家庭账户的链接。

也有一些智能投顾公司，他们开发的产品专门针对退休人员市场。这些产品的特点涵盖了以收入为导向的投资组合、以特定月收入水平为目标，以及扩大在退休规划方面具有特定专业知识的职业理财顾问的比例。

当然，老年人通过在线咨询服务也会面临着挑战。客户的财务规划会随着年龄的增长而变得越来越复杂，这可能很难通过纯数字化产品来解决。同时，许多客户可能已经有了咨询关系，这表明他们与现有咨询提供者之间存在一定程度的惰性，而这种惰性很难打破。于是，这就给公众广泛认识智能投顾，并对仍处于起步阶段的服务产生信任感带来了一系列挑战。

未来之路在于能提供跨人口范围的服务

从产品开发的角度来看，在现有在线咨询交付渠道的基础上，可以为老年人探索创造潜在价值的新途径。

相关医疗技术的进步，提供了一些潜在的整合机会，例如，可以使用整合的基于技术的解决方案来测试老年客户的认知能力。房地产规划的元素也被吸引到线上咨询服务中，让那些为未来规划的人能够创建、归档和存储材料，并将这些材料置于数字保险箱中，数字保险箱的价值主张中包含了人们熟悉的可访问性和简便性等元素。很多公司还在研究解决办法，时刻监控银行和投资账户的活动，在发生可疑活动时提醒指定的家人或朋友，帮助他们解决可疑问题。

大部分活动和创新都发生在初创企业中，创业家将会继续寻求解决问题的方法，在线咨询模型也将继续发展，智能投顾与退休群体的相关性也将会持续增加。

尽管许多新兴财富管理服务都瞄准了千禧一代，并为财富储蓄者和财富积累者开发出有价值的解决方案，但在跨人口范围的智能投顾和财富科技上，还可以多下些功夫。

新兴技术将如何改变新兴市场——欢迎智能投顾 X.0!

卡塔琳娜·普鲁佐洛娃（Katarina Prozorova）
IIWOII 智能投顾创始人兼首席执行官

“你为什么那样给文章命名？”千禧一代[①]的妹妹向我喊道。

① 千禧一代被看作颠覆性技术在实施初期的目标受众。

“你是什么意思？”我回答道。

“智能投顾 X.0！”

“你知道，”我说，“X.0 指代算法优化……我的意思是从一些可选的选项中选择最好的。”

“不，不，不，”她打断我，“智能投顾 X.0 听起来像智能投顾在拥抱和接吻。”她大笑道。

“真的吗？”我说，“我并没有这么想过呢，等等，你为什么这么说？”

智能投顾 X.0——拥抱和接吻

智能投顾是一种在线提供理财建议或投资组合管理的理财顾问，很少有人工进行干预。智能投顾提供基于数学规则或算法的数字化财务建议。智能投顾 X.0 将使用人工智能应用程序提供数字化建议，或者更确切地说，在智能投顾 X.0 控制下的人工智能应用程序将代替我们做出决策。智能投顾 X.0 将提供未来的近乎人类化思维模式的财务建议和投资组合管理，与目前作为工具的复杂应用程序的模拟实现和模糊化目标有很大的不同。

数字化将为各行业提供以下社会和业务功能的主流趋势：

- 业务流程自动化；
- 人工智能。

对于财富管理来说，数字化作为一种人力资本和智能密集型产业，发挥着特殊的作用。

如今，量子计算提供了一种技术的可能性，这种技术比现有系统强大数百万倍。例如，量子计算行业领军者之一的首个项目解决了投资组合的设计问题。它致力于在给定的风险容限下产生最大的回报，以帮助基金经理在数千种可用证券中进行选择，并在最少的交易数量中实现最优的投资组合，将交易成本降至最低。技术进步的速度就是如此之快！

另一个例子是一个机器人在不到一秒的时间内复原了一个魔方，而官方认可的人类的纪录是大约五秒。我们应该担心机器人会取代人类的工作吗？数字化颠覆正在改变现有的商业模式和金融生态系统。这将导致两种后果：

- 个人和企业收入生成范式的改变；
- 全民基本收入提案。

数字化颠覆的第一个后果将是个人和企业收入的变化。知识资本（人力）、信息不对称和信任是目前收入产生的主要驱动力。这意味着在快速变化的环境下，知识资本将如预期的那样继续增长下去，未来几年信息不对称的情况将大幅减少。大多数业务活动都可以转换为算法，并实现业务流程的自动化——业务流程将变得透明。

信任、诚实和道德行为在所有领域，尤其是在金融领域，将成为提升个人和企业创造收入能力的主要驱动力。区块链这一新兴技术将彻底改变金融服务行业，它有能力支持全球数百万人立即进行身份验证和交易，而无须收费昂贵的中介机构，从而降低系统性风险和金融欺诈。因此，伦理和新技术将导致未来的智能投顾商业模式从金融机构中独立出去，这将有效地应对代理问题，即在所有关系中，一方被期望为另一方的最佳利益行事而产生的利益冲突。

综上所述，未来智能投顾 X.0 最符合逻辑的商业模式是作为独立的理财顾问存在。

颠覆的第二个结果是关于全民基本收入的提案，或一种社会保障。所有公民或居民都能定期收到无额外条件的资金，这笔资金只可能来自政府或其他公共机构。除此之外，别无他处。这看起来其实也并不遥远。

“全民基本收入提案”提出的前提是，人工智能和机器人能胜任大多数人类工作。改革进程已经开始，一些国家已经在筹划全民基本收入的试行方案。

由于环境的不断变化和日益增长的挑战性，应该有一种解决办法能为人们提供细致可行的财务建议，并产生一种以更有利的方式进行这种转变的工具。我们预计智能投顾 X.0 就是这样一个解决方案。独立的智能投顾 X.0 将照顾到每个人的最大利益，并为每个人创造最佳情境，助其顺利达成自我目标的实现，这将对社会产生重大的影响。智能投顾 X.0 将把焦点从个人或投资组合的当前财务状况转移到促成当前财务状况的若干因素，包括健康、价值体系、人力资本和随机性。换句话说，智能投顾 X.0 将从金融领域延展至我们的生活领域，使我们更富有、更幸福，并将像我们的家人和朋友一样支持我们的生活。

最后，我们能否把智能投顾 X.0 命名为“智能投顾的拥抱和亲吻”？

智能投顾 X.0——数学规划问题与优化解决

对于智能投顾 X.0 来说，一个人本身就是一个可优化的对象。有不同的工具来解决问题，包括线性和非线性规划。在这种情况下，个人信念（决定我们的生活方式）、财务纪律和健康状况（决定医疗支出）等约束因素就会出现并推动优化过程。智能投顾 X.0 将运用颠覆性的创新，如：

- 数据科学、竞价数据分析；
- 高级算法、机器学习、深度学习、人工智能，以及机器人（包括自主学习机器人）；
- 增强现实、虚拟现实（全息）；
- 区块链；
- 量子计算；
- 3D 打印，包括器官打印、人工子宫等；
- 意识－机器接口等。

明确了智能投顾 X.0 的概念，以及指出了解决问题的工具，我们现在就可以开始实现算法了。

智能投顾 X.0——首席执行官

智能投顾 X.0 将全面分析一个人，确定其所有的优势和劣势、面临的机会和威胁，以便描述这个人的收入 / 支出状况，主要包括以下方面：

- 健康；
- 价值观或信仰体系（包括风险）；
- 随机性（显著影响个人理财的生活事件）；
- 当前的财务状况。

然后，运用现代的分析和优化工具，提供理财建议及个性化理财计划。在这个阶段，智能投顾 X.0 将提高客户的财务素养，并阐明风险管理方法。在为客户制定并确认个性化财务计划后，可以自主执行适当的组合步骤。总体而言，智能投顾 X.0 使用创新方法进行投资组合管理，并将自己转变为规划师、理财顾问、执行人员或应用程序的投资组合经理。

总结

在新兴市场经济体中，颠覆性的数字化及其工具为数字化财富管理行业开创了全新的商业模式，并提供了巨大的机遇。

有限的金融基础设施、严格的监管和乏善可陈的透明度、较低的金融素养水平、层出不穷的市场参与者的不道德行为，以及收入水平不平等问题，都是寻找最优智能投顾解决方案过程中的制约因素。

业务流程自动化和人工智能必将推动变革。技术进步的速度在加快，机器人或许在近期或不久之后便会取代人类的工作。这将改变个人和企业创造收入的模式，并导致全民基本收入的提高。此时就必须有一种能为人民提供建议，并以便捷有利的方式进行这种转变的工具。

我们预计智能投顾 X.0 就是这样的工具。智能投顾 X.0 将综合考虑健康、价值体系、人力资本、随机性等因素，将优化对象从个人或投资组合的当前财务状况变为个人自身。对于智能投顾 X.0 而言，投资组合管理将颠覆传统，因为它在其中扮演了规划师、理财顾问、执行人员和投资组合经理等多重角色。它使用最新的技术和科学理念（如大数据分析、高级算法、深度学习、区块链、量子计算、增强现实、虚拟现实、全息技术和意识 – 机器接口等），以便实现个性化决策、以目标为导向的投资、游戏化和 IT 的规模经济。智能投顾将很可能实现每个人的利益最大化（自我实现）。智能投顾 X.0 将提振新兴市场。我们在等你，智能投顾 X.0……

展示技术——在现实和虚拟两个世界中丰富客户体验

柯林·班内特（Colin Bennett）
GAM 投资公司全球数字分销主管

在金融服务领域，通过受监管的渠道提供内容是提供真实的、有指导意义或有教育意义的客户体验的重要部分。随着金融健康、咨询和引导的日益数字化，支撑这种体验的数据将成为推动数字化转型的重中之重。随着技术将数字化世界推向物联网、自动语音控制、增强和混合现实体验，客户也会主动要求我们提供这些服务，包括亲身体验和在线体验。然而，如果内容的元数据不能有效地按受众分类，那么发送符合规则的个性化内容（如文本、视频、音频、图像、可视化内容和图表）将变得越来越困难。最近出台的法规，例如 PSD2，可能会进一步加剧这一问题，因为它要求按照第三方的需要提供新服务和产品，而且必须是合规性的内容。

要将内容呈现给所有的金融受众，那内容就必须既准确又符合与受众相关的法律要求。随着数字化体验变得更加个性化，假如提供的内容不能有效地做到合规，或者在没有引用元数据标记的情况下就与受众进行交互，将直接影响客户体验的质量。为了大范围地提供一流数字化体验，提供自动化建议或丰富客户端交互，行业首先需要获取正确的元数据层，然后解锁客户体验，构建生产流程，通过分发数字化内容来满足将来的实时期望。

大规模地改善客户体验

要让金融服务在新兴用户体验平台的数字化服务方面发挥积极的作用，就需要更好地理解支持大规模发送受监管的内容的关键底层流程，并将其标准化。在现实世界中，现有的办公室、分支机构、会议和活动等很好地处理了这些挑战，因为它们的内容发送是缓慢的、受控制的和缺乏活力的。随着我们对端到端流程的数字化改造，我们也越来越多地需要实时、快速、跨国界地提供数字化服务、材料和体验。老的方法难以适应这种情况，并且在整个行业中也没有得到广泛的标准化。

个性化财务内容

由于金融市场和产品是受管制的，无论发送机制如何，数据和内容都必须与其上下文一起发送出去，并且必须有效适用于与特定的人进行特定的交互。这意味着，金融信息提供商在如何营销或销售基金方面受到严格控制，它们通常根据地区、国家和投资者类型（专业/非专业）制定不同的规则。

为了提供个性化内容以及与产品相关的视频、音频、图表或文本等支撑材料，需要不断形成为管理个人/受众提供服务的内容元数据矩阵：

- 语言/内容翻译；
- 投资者类型（专业/非专业等）；
- 投资者类型认证（自认证或被认证、验证条件）；
- 监管权限（国家、地区）；
- 数据规则和可见性逻辑（显示/隐藏）；
- 法律免责声明。

考虑到所有的受众变量和元数据选择，制作、批准和管理内容变得越来越昂贵和复杂。监管便是其中需要解决的问题，同时还需要明确在线服务的不同类型投资者的权利和义务。对于大多数观察人士来说，这似乎很简单，但是我们不禁想问："为什么我们不能有一个用于基金管理的奈飞？"当然可以有，算法可以轻松地为某些人提供个性化产品信息，但是从更深层次来看，金融服务市场是一个受控制和监管非常严厉的市场。为了复制奈飞公司的做法，金融服务公司还需要尝试比奈飞做得更多一些，复制整个供应链/全球电影行业标准，以及为它们做底层支撑的出版和认证流程。

为了支持各种业务线和客户，B2B 关系通常需要有符合专业受众的内容，B2C 的交流需要零售认可的材料，而 B2B2C 则同时需要专业和零售的内容。目前，理财顾问或客户可以从网站、电子邮件、电子表单或基金平台下载的内容非常有限。随着流程变得更加数字化，内容发送的复杂性将变得更具挑战性。目前，通过智能投顾提供的在线建议往往只针对一两个国家，大规模管理合规内容潜在的复杂性还没有遇到过。

对合规内容的需求增加

在未来，以数字化内容为支撑的金融产品的生产和发送，必须是快速且超链接的方式。这种复杂性要求可能非常苛刻，如果处理不当，将严重限制所有在线金融服务提供商或大型技术平台的灵活性和合规性。这是一个只有跨国大型金融服务提供商才会面临的问题，因为只有它们才能在国际上通过不同的渠道向多种类型的投资者发行大规模产品。即便如此，内容的分类和自动化仍然是脱节且效率极低的，而且不能支持数字客户端体验所需的所有数字媒体内容类型。颠覆的时机已经成熟。每一个理财顾问，无论是智能投顾还是人类，都将选择如何有效地提供内容，同时又符合当地法规。严格地来讲，不同的法规造成了交流的困境，不利于内容的国际化和数字化（从本质上讲，这是无国界的）。

与奈飞公司一样，这些复杂内容的分发、注册和适用性规则，也受到国际法规和当地法规的监管。任何产品、金融营销或教育担保品的提供商面临的营销和服务挑战是，在不违反当地法规的情况下，将正确的内容提供给正确的人。这需要一种数字版权管理形式，通过个人和认证的数字身份或账户，发送正确的、被高度监管的金融产品的促销或支持材料。

一种解决方案

为使发送的内容可以充分支撑整个客户体验，数据需要在所有撰稿方和订阅方之间保持一致。这类似于直通式交易程序（STP），即对端到端流程进行识别、分析和充分理解，对流程输入和输出进行映射、优化并商定自动化标准，通过设置这些标准来实现信息的通用处理。即使应用于今天的客户旅程，自动化原则依然可取。要解决这一数字转型障碍，全球金融业和监管机构需要达成一致，形成并签署：

- 一种用于将金融营销和监管内容分类的开放标准；
- 代表本地最新监管内容的中心规则引擎；
- 一个用于全球发送和监管提交的通用传输“平台”；
- 多媒体支持——适用于所有内容类型和格式；
- 基于产品授权的开放 API 的访问。

在这个问题解决之前，重复和效率低下的情况无法避免。我们将很难向投资者免费提供适当的内容，而客户将蒙受损失。一旦解决了这个问题，我们就可以在网上制作并适当交付内容，以创新方式提供创新服务，提高我们的服务质量。

看看其他行业，或许能找到推动这种转型的答案。2017 年第二季度，流媒体音乐平台声破天收购了 Mediachain，使用区块链解决了音乐版权问题。对于出版物、数字资产和内容，在线金融服务实际上也存在着同样的问题。分布式账本技术是解决（传统）内容分发平台所面临挑战的最优方案。

未来

未来，所有产品供应商会联合起来管控那些文档和内容，它们将进行共同存储和管理，而不是在分离的金融服务环境下，由每个供应商构建和维护自己的内容授权引擎。可能会有一个在线的国际权益代理机构，它可以通过数字身份识别个人，并根据个人档案自动过滤他们应该接收的信息。利用数字身份、分布式账本技术和智能合约的进步，每个个性化交付渠道都可以标记内容，以确保问责制、适当的交付和真实性。

在短短几年的时间内，我们的客户就可以用财务数据增强他们的现实，他们可能会问亚马逊的 Alexa 自身的财务健康状况，以及可用的财务选择和产品，以满足他们的生活目标。但必须对内容进行分类并分配元数据以驱动客户所说的内容，否则它可能会成为第一个不合规的机器人，并且因为提供大规模的不合适建议而被监管机构关闭。

数字化超级力量——人工智能在财富管理中的作用

理查德·皮尔斯（Richard Peers）
行业领先的微软零售、私人、财富银行

凯捷公司 2016 年全球财富报告显示，56% 的净收入面临着风险，原因是缺乏数字化能力导致客户流失。目前有超过三分之二的高净值人士寻求自动化咨询服务。当智能投顾和财富管理人一起工作时，它们能更好地为客户服务，改善体验，提高忠诚度。由于人工智能的规模几乎可以无限制地满足客户所有的需求，员工可以将更多的时间花在与更高优先级客户的交互上，从而节约成本，提高服务质量。

虽然流行文化将 AI 定义为人工智能，但我们认为“增强智能”这个词要准确得多。机器学习、深度学习技术、机器人和智能代理在强大的云计算平台上的结合，开启了计算的新时代。与其说这是机器能够独立完成工作或机器成为人类的替代品，不如说是机器增强了人类的意志和行为，成为无数领域中不知疲倦的辅助者。

我们必须认识到这种新的计算方式什么，不是什么。

- 人工智能不仅仅是一种新工具，它还让技术成为其本该成为的东西。它无处不在却不可见，使用起来简单便捷。
- 人工智能并不是要取代人类。它关乎如何利用人类的集体知识和经验做出更好的决定，并丰富了我们对彼此及世界的理解和联系。
- 人工智能与机器人无关。智能服务可以预见我们的需求，组织我们的工作环境，执行耗时的重复性任务，解放人们的创造力和生产力，让生活变得更容易。

金融服务机构从一开始就与数据纠缠在一起，但展望未来，最具影响力的数据驱动解决方案将远远超越分析，它包括基于深度学习技术的内置智能，将以引人注目的新方式增强组织的能力。使用自然的沟通方式，通过对搜索引擎、新闻、视频等各种来源的海量数据进行强化，来看到、听到、说出和理解我们的需求和情绪的解决方案，进而改变商业的方方面面。

- **看见**。识别人脸、文字和物体，使机器能够不断地探测周围环境，例如，用于安全领域的面部模式识别。
- **听到**。识别语音、语言、关键短语和主题，快速将语音转换为文本，例如，将语音转换为文本的实时翻译服务。
- **说出**。将文本无缝转换为语音，以实现与技术的自然双向对话，例如，将常见问题转换为基于语音的服务。
- **理解**。根据上下文推断意图和情绪，从而将交互和建议个性化，例如，在感知客户受挫时，从冰冷的聊天及时切换到真切的现场问候。

私人和财富管理客户已经开始期待高度个性化的体验，不连接的渠道和系统很难提供这种体验。随着客户期望的不断提高，对快速、安全和高度个性化解决方案的需求变得越来越强烈。可以向财富管理机构大规模提供情境洞察，帮助它们确定当天的优先顺序，吸引客户，识别机会并保持合规，并让它们有能力做自己最擅长的事情，能够以自信的姿态帮助客户解决其最重要的财务问题，建立长期的融洽关系和信任。尽管金融服务业的发展速度、复杂性和规模都在不断加大，但解决方案可以随时控制，从而使每一次互动都具有个性化、关联性、合规性，并且实现规模化。我们不妨考虑以下场景。

- **全方位查看客户投资组合，并使用自动化的建议来改进投资组合或提升客户参与，并竭力使之成为可能。**下一步最好可以利用先进的机器学习算法学习客户关系管理（CRM）系统中的客户数据，了解客户情绪，并通过客户选择使用的所有渠道的完整编排生成相关且有针对性的对话。
- **获得客户关系、偏好和需求的即时状态。**当一件有意义的事发生时，实时洞察结合情感分析和业务网络预警等工具，有助于评估客户是否需要财富管理公司的及时来电。可以利用与客户相关的信息，定制个性化会面，如邀请客户参与并取悦他们。
- **变更管理法规，保持合规。**例如，将法律、公开的沟通信息、文档和记录自动保存。当顾问打电话时，可以监控这一点，而且在需要进一步的建议之前，关键词可以提示顾问需要签署某些文件。
- **使用基于人工智能的防欺诈技术减少错误警报。**当一个明显的欺诈事件触发人工智能模型时，智能投顾会向客户发送警报，告知客户正在采取风险措施。
- **开发新的业务模型，创建新的产品和服务，并基于数据以前所未有的速度做出决策。**例如，新型财富咨询服务结合人工智能，能够以相当低的成本提供高质量的咨询，作为人类咨询顾问的辅助，这有望实现技术与人类智力的最佳结合。
- **全语言支持和瞬时定位可以从根本上简化如何向全球范围内新的地区或国内以前服务不足的社区扩展。**这些服务将大大缩短新功能的上架时间，为投资创新提供更多的资金。

金融服务行业已经意识到机器人应用程序为客户带来的价值，并且可以在不增加成本的情况下，在以下方面提高客户参与度：

- 内部知识库机器人帮助员工搜索文档、策略和定位客户信息；
- 自助聊天机器人可以回答客户的问题，并将其导向最佳资源，以便在投资组合状态、预约、流程状态更新、新报告和事件等场景中进一步提供帮助；
- 事务机器人可以回答简单的问题，并为标记的事件（如何时需要缴纳税款或交易订单何时关闭）发送警报；
- 安全身份验证机器人通过安全通道进行自动身份验证。

越来越多的投资者为了满足基本的投资需求，正转向由智能投顾进行补充的咨询服务，因为它们方便、易用、实惠和透明。它们可以提供一系列咨询服务，从个性化、自动化、基于算法的投资组合管理，到复杂的税收策略和风险管理，所有这些服务的成本都明显低于传统的咨询模式。短期内它们不会取代传统的咨询顾问，但它们将帮助人类专家扩大客户的接触范围，使他们能够更好地利用相关信息源，并为入门级投资需求提供急需的支持。

通过这种方式，财富管理服务变得更容易进入大众市场，为那些不太富裕的人提供长期积累财富所需的工具。与此同时，更复杂的需求可以由财富管理公司来满足，它们拥有更好的洞察力，并通过手、耳和眼来进行服务。

如果你很好奇这样的传递是如何做到的，那以下四大部分就是传递的关键所在。

- **助理**。例如，微软公司的数字助理小娜，使得与技术交互变得像对话一样简单。它可以在 iOS 和安卓设备上工作，通常在你需要之前，就会提供有关你在工作和生活中的日常任务的信息。你用得越频繁，你的体验就越个性化。到目前为止，小娜已经收到了 120 亿个查询或问题，活跃用户超过 1.45 亿。
- **应用程序**。在任何时间、任何设备上与我们交互的每一个应用程序都必须注入智能。我们正在构建以效率、沟通以及业务流程为核心的应用程序，以便员工将注意力集中在最重要的事情上。当所有应用程序都由共享的智能驱动时，整个组织就可以被整合起来，变得有条不紊，并可以在全世界任何地方运用与智能相关的数据模型。

- **服务。**我们将把这些内置于我们的应用程序中的智能功能，提供给世界上每个应用程序开发人员。人类与科技以及周遭世界互动的每一个界面都很重要。当我们将智能构建到一切事物当中，无论是键盘、相机还是商业应用程序时，我们都是在教导应用程序去看、去听、去预测、去学习和去行动。在 Skype Translator、Cortana 和我们的认知服务 API 和 Bot 框架中，可以找到许多多年来国际上开展的语音和视觉研发工作的相关成果。
- **基础设施。**我们正在建造可以让任何人使用的世界上最强大的人工智能超级计算机。人工智能需要对底层基础设施——从硅芯一直到云端，进行彻底的转换。在我们改进全球超大规模云基础设施的性能、规模和复杂性时，正在开创以前根本不可能实现的场景。

尽管这不是一个财富管理的例子，但依然有必要思考一下微软公司最近是如何将其整个套件迁移到云端的。如今，微软公司价值 1000 亿美元的资产正通过 Azure 云进行管理，包括财富应用程序、分析工具和交易账簿，而且人工智能是被作为决策制定中心启用的：

- 在 191 个国家开展业务，使用 30 多种货币；
- 每年有超过 3000 亿美元的现金流动；
- 大约 2000 家银行和托管账户，以及与 95 家银行存在关系；
- 每年有 18 000 宗投资组合交易，总值约 6000 亿美元；
- 每年处理一万多笔电汇。

对这个行业来说，这是一个前所未有的时代，监管审查极其严格。随着金融服务业对推动产品、服务和商业模式创新方式寻求，以及降低成本的迫切需要，云计算显然为开创一个新的时代提供了绝佳的机会，特别是考虑到其按需扩展的潜力时。与此同时，信任是一个关键问题。云解决方案必须满足该行业在数据安全、隐私和监管合规方面的高标准要求，毕竟网络攻击的频率和复杂性日益提高并成为一种新常态。客户日益全球化和移动化，他们希望随时随地享受到透明、便捷和平等的服务。这意味着，当今领先的金融机构如果想在未来依然保持行业领袖地位，就必须找到能更好地了解客户和有效扩大服务的方法。

将人工智能应用于财富管理

霍尔格·波什奇（Holger Boschke）
TME 公司董事长

与区块链一样，人工智能也是银行业最流行的词汇之一，很可能重塑当今金融服务的呈现方式。但究竟什么是人工智能？人工智能如何应用到财富管理中？它的风险是什么？它能取代人类的智力吗？

什么是人工智能

1955 年，美国计算机科学家约翰·麦卡锡（John McCarthy）提出了人工智能这一概念，他认为“从原则上讲，每一领域的学习、每一方面的智力都可以被非常精确地描述，因此可以制造一台机器来模拟它”。

其他的概念，如机器学习、智能自动化、认知计算和自助分析都与人工智能密切相关。这些概念的共同之处在于，它们都具备学习大量复杂、非结构化（实时）数据的能力，使计算机能够读、写、说、听、看和解释数据。

为了利用这种能力，人工智能平台需要访问海量与常规交易相关的高质量数据。推动大数据革命的主要因素是数据量、数据处理速度和数据种类的多样性。同时，整个财富管理行业仍存在数据的价值和有效性问题。

亚马逊、苹果、Facebook 和谷歌等科技巨头使用人工智能技术已有一段时间了。相比之下，银行对人工智能利用的进程却非常缓慢。人工智能领域开始带来越来越多的实用好处。

- 营销是一件大事，很多公司（如黑石集团、德意志银行、瑞银和富国银行）都在使用人工智能引擎分析人们的数字化足迹和行为，预测人们最可能想买哪些产品和服务。
- 监管科技的解决方案还可以改善风险管理，帮助银行了解客户、监管报告（如 MiFID2）、风险评分、炒单等，并将这些信息用于营销。
- 此外，人工智能还可以通过提高客户端的安全性和使用生物识别技术（如触觉识别、面部和虹膜识别，甚至通过可穿戴设备的心跳识别）来反欺诈，从而帮助客户降低操作风险。

如何在财富管理中运用人工智能

虽然这些例子都与更高效和有效的流程相关，但从客户的角度来看，他们更看重更好（即更快、更客观和更个性化）、更便宜（自动化成本更低）和更方便（随时随地）等要素。尽管智能投顾很好地展示了数字化是如何提升金融服务的，但是就财富管理的主要组成部分来看，还需要大量使用人工智能。

客户引导和客户概况分析

客户概况分析系统可以通过行为分析进行具体的性格分析，如向客户提出简单、可视的问题，或者使用语音识别软件评估客户的风险偏好。

为了帮助理财顾问更好地了解他们的客户，一些银行已开始使用人工智能系统，例如 IBM 公司使用沃森（在《危险的边缘》节目比赛中获胜的超级计算机）和聊天机器人来创建财务档案，为用户提供个性化交易策略。

全球最大的资产管理公司黑石集团已建立了自己的人工智能引擎阿拉丁，其他一些金融服务提供商也在使用该引擎，它可以（不仅仅）运行某些“假设”分析。

这些工具将变得越来越强大，最终能够为各种不同的投资组合模拟相关的场景，以促进更好的客户交互。

项目组合构建和管理

人工智能在投资组合管理中已经运用了很长时间了，并将在未来发挥更大的作用。

高频率交易、情绪分析、投资组合优化的网络分析等，尽管早先存在诸如很难区分女演员安妮·哈撒韦和沃伦·巴菲特的伯克希尔·哈撒韦二者的相关新闻，但仍有很多其他积极的例子。

经济学家和分析师目前所做的大量工作，将被 Kensho 等人工智能驱动的研究平台所取代。高盛公司正在利用 Kensho 等平台分析历史数据、市场模式和市场依赖之间的关系。

最终，这甚至可能会改变我们看待投资组合管理的方式。尽管过去有过基本面与宏观分析、被动与主动投资的争论，但这次人工智能将用全新的东西取代现代投资组合理论。

沟通和报告

金融公司拥有一支由研究分析师、策略师和投资组合经理组成的强大团队，但它们都难以用既相关又便捷的方式将他们的产出提供给客户。人工智能将利用语音或视觉处理技术，在改变金融信息的传播方式中发挥重要作用。

聊天机器人不仅可以作为主要元素用于自动化客户交互中，为客户提供最新的见解和业绩报告，还将为个人投资组合和资产提供警报。

通过提供综合财富观点，金融服务公司将能够提供全面的建议，同时获得有关其他地方所持资金的宝贵营销方案。支付领域已存在 PSD2，而在财富管理领域，可能还需要几年的时间才能看到类似情况，但是针对投资组合（强制）开放 API 可能会破坏现有的市场结构。

使用人工智能有什么风险

当谈及人工智能和自动化流程时，总有一些关于系统风险和过度依赖计算机模型的担忧。毕竟过去算法交易程序曾造成资产价格剧烈波动及瞬间暴跌，如 21 世纪初华尔街发明的量化定价模型，它被证明是典型的基于次贷建立的失败模型。

为了防止类似情况再次发生，首要任务应该是通过无休止的测试场景来验证机器思维，并设置必要的限制条件和程序中止条件。例如，关于自动驾驶汽车的争论，因为自动驾驶汽车不是百分之百安全（它们永远也不会百分之百安全），在驾驶辅助系统中使用的许多技术（已经被用于防止事故）也被认为有待斟酌。

为了解决这个问题，公司需要决定人工智能的使用方式和程度，具体取决于所涉及的工作：只有靠它才能制定更好、更快、更明智的决策，或仅仅用它来监督人类所做的工作（或者相反），抑或制定委托决策。

人工智能会取代人类智能吗

消费是一件非常情绪化的事情，有时是完全不理性的。在提供情感支持和处理情感方面，理财顾问仍然比机器有优势。

与此同时，为了给客户提供良好的建议，许多理财顾问都在努力掌握所需的信息，而为获取这些信息，他们花了很多的时间。然而，使用人工智能可以让他们节省时间，将更多的精力集中在客户关系等其他方面。

此外，人工智能和自动化被认为不够个性化，但人们现在可以轻松推翻这一论点。因为事实证明，与迄今提供的许多标准化解决方案相比，人工智能给出的建议更具个性化。

因此，只有那些注重个性并带着同理心使用新技术，或者将新技术与客户顾问结合使用的公司，才能充分发挥新技术的潜力。

结论

人工智能将发挥巨大的作用，帮助财富管理公司更好地沟通和表达它们的价值主张，同时结合最佳的客户关系管理、投资组合和风险管理工具，为客户提供更好的服务和更有根据的建议。

整合和使用人工智能的能力，将成为一家公司未来五年保持竞争力的关键因素。与此同时，新技术将吸引新的市场参与者，使一些银行看起来更像 IT 提供商，而另一些银行将通过利用人工智能成为产品创新者。

作为新的服务模式的一部分，人工智能需要对现有流程进行重新设计，并需要适应整个数字化业务战略。它还需要清楚地了解产品和设计特性，以及如何获取这些特性。

如果说我们可以从当前的经历中学到什么的话，那就是金融服务技术的提高不会成为行业发展的限制因素。即使在银行业，数据也将成为一种新的货币而大行其道。

2020 年数字化资产管理的七大命题

拉尔夫·海姆（Ralf Heim）

Fincite 公司联合首席执行官

“金融产品是用来出售的，而不是被购买的。”这一基本信念在金融业中非常普遍。许多调查都支持一个事实，即如果普通客户在大街上被问及相关问题时，他们既不知道自己的投资业绩，也不知道投资成本。我们是否相信新的数字化应用程序（所谓的智能投顾）、低成本金融产品（如 ETF）和即将出台的监管要求，会改变我们的投资方式？如果是这样，这些应用程序将会是什么样子？将如何改变资产管理行业的市场结构？我们将用七大命题来探讨这些问题。

三年前，当我们在讲台上发言时，经常被问道：“（银行或初创企业）将有多少智能投顾进入这个市场？”“我们相信，每一个在线下销售金融产品的人，都能在网上提供这些产品，就像 20 世纪 90 年代的网站一样。”做出这样的回答时，我们常常想知道观众会有多惊讶。现在，许多公告表明，大多数银行将很快提供智能投顾。为了简单起见，我们将使用“智能投顾”来表示任何支持客户开启投资旅程的数字化应用程序，无论它是由初创企业还是银行提供的，也不论它是否符合监管术语“投资建议”。此外，当谈到银行时，同样的话可能适用于保险公司、资产管理公司或咨询公司。

智能投顾的建议将是“混合型”的

智能投顾的建议将如何影响线下？在“线下”的建议中，很难得知“玻璃门”后说的是什么。标准协议是唯一的证据，但它通常读起来晦涩难懂。购买基金后，普通客户只能在纸质报告或网上银行看到自己当前的投资组合价值，很少看到关于业绩、成本或风险等的重要信息。这与在线上的流程截然不同。在线上，客户首先回答一些通用问题，同时根据他们的个人资料获得资产配置和投资产品选项。线下所“说”的这一切都可以通过互联网找到。

线上和线下两种方法将如何共存？当我们和银行一起开始投资“旅程”时，在线咨询通常只被看作一个附带的实验。在 MiFID2 等法规的推动下，这种情况在 2017 年发生了改变。与现实世界不同，智能投顾可以直接采用新的监管要求，而无须对员工进行严格培训或更换材料。在法规实施之前（甚至在其被完全定义之前），它们可以实现诸如适用性检查或产品管理之类的需求。通过采取这样的做法，智能投顾可以收集对于法律变更和合规性交叉部分进行管理的早期反馈。

我们期望这将塑造出银行内部的“普适咨询（the general concept of advice）”这一概念。现在许多人想要做到两全其美。这意味着需要将随时随地、简单快速的数字化流程（线上），诸如社交互动等，与场景（线下）结合在一起，形成所谓的“混合型建议”。

第三代智能投顾变得更加聪明

到目前为止，我们已经看到了三代智能投顾：第一代是简单的入门工具，它通过 5 到 10 个问题，分析得出风险得分，之后会从 10 个投资组合模型中选一个推荐给客户；第二代提供了可自由支配的投资组合管理，包括常规的资产再平衡和用于监控投资组合的仪表盘；第三代则是可以综合考虑客户各种价值的应用程序。应用场景是，通过在线对话，客户可以自动链接到他们所有银行的现金和投资组合账户。

在后台，为获取这些信息，会触发调用所有银行的 API。客户手动提交自己的房产、养老保险等信息。应用程序将它们与金融市场数据（如投资产品的表现、房地产价格等）进行匹配，为在线理财打下坚实的基础。

那这项技术对市场的影响如何呢？银行可以提供投资组合的核查，帮助客户发现投资组合中业绩不良、未充分进行多样化、风险和成本很高的产品。简单来说就是，A 银行说 “你看，B 银行卖给你的产品价格过高，成本率是 X，它的表现比我们的产品 Y 差，不够多样化，不能满足你的风险要求。我可以给你更好的。你感兴趣吗？”账户的可访问性使客户能够不费力地获得第二种意见。由于银行持有的客户账户不再重要，市场壁垒也就会不断缩小。

智能投顾转变为“全能金融”

与线下世界的演变类似，我们预计智能投顾将被用于金融的全部领域。第一步，我们已经看到，智能投顾提供了替代投资的可能。例如，由金融科技公司创建的可以在网上投资的资产类别，比如 P2P 信贷平台的贷款组合投资、房地产项目融资或贸易融资贷款。第二步，我们发现，智能投顾加大了对资产管理产品的关注，例如人寿保险或企业养老金。第三步，智能投顾可能实现“跨平台产品”的整合型，或有望重新配置投资资产。假设你将所有资产和账户链接到同一个应用程序，由于潜在数据的存在，加上财务问题的相互关联，同一应用程序既可以为你的资产配置提供建议，同时当你买房时可提供合适的贷款方案。

专业智能投顾将崛起

起初，大多数智能投顾的目标客户都是年轻的数字化时代原住民。这使我们得到了两大教训。第一，我们几乎总是低估客户的平均年龄，低估的具体数值甚至超过 10 岁。第二，很难让那群年轻的数字化时代原住民对金融产生兴趣，所以智能投顾首先应该瞄准富人或资深客户。

我们希望很快就能看到更多为职业或特定生命周期设计的应用。以退休计划为例，虽然一位 25 岁的年轻人或许想看看自己的储蓄或养老金预计会带来什么影响，但一位拥有房产、保单和养老金等多种资产的 60 岁老人可能会提出不同的问题，他们可能会问：“我的财富能支撑多久？我们应该卖掉房子搬到更好的地方吗？我可以留下多少遗产？”这些问题仍未得到充分解答。

此外，机构投资者是另一个没有被充分开发服务的群体。当然，智能投顾在这一群体的应用会更复杂。机构投资者想知道其所提供的资产管理策略是否适合他们那些复杂的投资组合。他们对监管报告、可持续性得分或特征（如按基本面、股票或地区将行业列入黑名单）都有额外要求。

金融教育正在提升

我们曾在一次基金会议上开玩笑地讲，在设计团队的帮助下，我们从谷歌购物中截图并“搜索”了一只特定的鞋子，谷歌向我们展示了鞋子的不同价格及相应的店铺链接。之后设计团队将谷歌搜索替换为一只著名的共同基金，将鞋子图片替换为显示风险和回报的绩效曲线，在展示结果中，我们用成本比率［如经营现金流量（OCF）或总费用率（TER）］取代了价格。同时，我们在右边显示了其他人所买基金的列表。虽然这些基金的绩效曲线更优且成本更低，但是听众们似乎并不买账，很多人直接拿起手机搜索前者。为什么？因为从用户体验来看，用户完全可以像原来那样购买，不需要任何改变。

我们已经注意到，互联网推动了 ETF 的流行。类似“没有人能打败市场”或“沃伦·巴菲特推荐指数基金”等一些比较直观的投资观点，通过互联网迅速广泛地传播。同时，金融门户网站不断发展，教导人们对产品和策略的看法。金融教育变得更现实、直接，在谷歌上搜索不知道的东西已经成为一种习惯。

保持合规将决定智能投顾的成败

在智能投顾行业中，监管扮演着核心角色。一方面，监管为市场进入设置了门槛。无论是自我执行还是自由组合管理，智能投顾高管都需要知道哪些要求将满足他们的业务模式。由于在线商务的性质，不遵守规定会立即引起公众的注意。因此，了解适用性是否符合 MiFID2 标准、产品要求或规定，尤其是数据保护方面的规定，是至关重要的。监管部门为相关公司提供了一个机会做到这一点，新规则时常会为构建新服务创造可能性，例如，PSD2 内的账户访问（XS2A）。因此，谁更早达到合规要求，谁就有可能领先。

大众零售资产管理力求零边际成本

现在的资产管理行业很复杂。价值链涵盖了研究、产品创立、产品打包和分销的几个步骤，其中包括经纪商、顾问、保险公司和银行等多个参与者。这种复杂性增加了客户需要承担的成本。

过去十年里，像杰里米·里夫金这样的未来学家，提出了零边际成本社会的概念。他们指出，不含稀缺资源的价值创造过程，可能会被完全自动化。遵循这一理念，智能投顾通常与被动式 ETF 投资结合使用，为顾客的利益降低边际成本。然而，降低客户获取成本仍具有挑战性。智能投顾赢得一个客户的平均花费在 100~400 美元之间，这引发了一种担忧，即客户获取成本相对较低的公司，比如谷歌、亚马逊、Facebook、苹果或先锋等公司，往往是具有强大的产品品牌的公司。

客户获取成本较低或客户接触点足够多的公司，在触达率和转化率方面，可能会超过大型线下销售团队，而且无须承担固定成本。归根结底，这是为了触达客户并扩大规模，推动零售资产管理向零边际成本的方向发展，所以说“金融产品是用来出售的，而不是被购买的”。

综上所述，我们相信目前的数字化发展只完成了1%，而预测未来的最好方法就是创造未来。

数字化咨询个性化和私人咨询数字化同样重要

莎什蒂法·巴哈（Shashidhar Bhat）
花旗银行欧洲、中东和非洲前银行数字化主管

昆瑙·高克兰尼（Kunal Goklany）
花旗银行运营和技术总监

财富管理的客户是需求远远超出基本金融产品的个人。吸引这些客户并留住他们是非常具有挑战性的，但他们也可能是所有客户中能带来最大回报的群体。在全球范围内，我们从未见过如此多的财富被如此广泛地分散在如此多的家庭中。在高收益和强劲投资回报的推动下，这种增长预期将继续下去。

根据《经济学人》信息部的研究，如图2–9所示，自2010年以来，新财富创造者（NWB）和高净值人士两个群体的增长速度一直高于大众市场（家庭金融资产 <10万美元）。这一强劲的财富创造趋势似乎将继续下去，很快新财富创造者的财富平均增长值将与规模小得多的高净值人群的增长相当；相反，大众市场人数（可投资资产低于10万美元）正在萎缩。

从历史视角看，财富管理是靠私人咨询发展起来的，如同富人有能力满足所有个人服务需求一样，最初只有富人能够负担得起这些咨询。正如有人说：“如果你想看到未来，它已经在这里了，而富人们正在享受它。”随着技术的发展和通信成本的降低，在管理财富方面，不同形式的自动化工具也占据了优先地位。此外，千禧一代消费者对技术更为适应，这就增加了基于技术的投资机遇。这一机遇也加快了风险资本对财富管理金融科技的投资（如图2–10所示）。

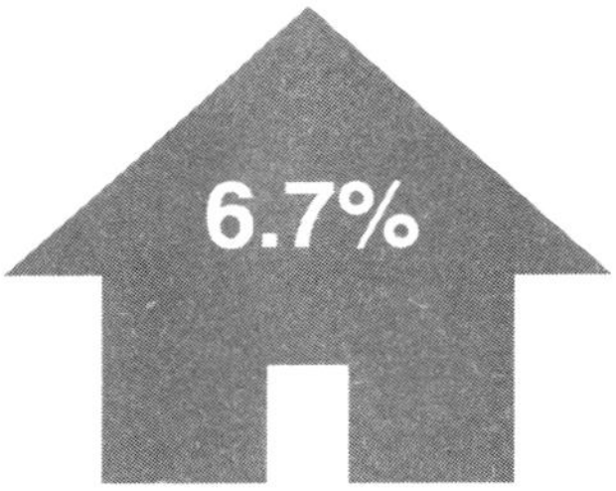

新财富创造者数量的年复合增长率

	2010–2014	2010–2020
高净值人士	4.2%	7.5%
新财富创造者	6.1%	6.7%
大众市场	–0.2%	–0.8%

图 2–9 新财富创造者（2015 年）

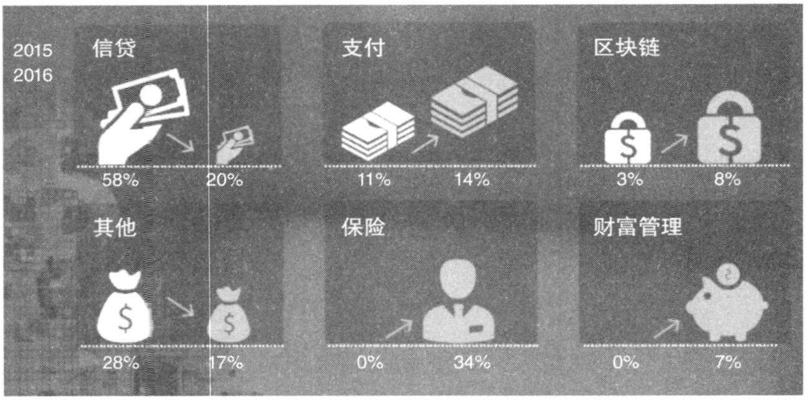

图 2–10 美国金融科技风投公司

花旗银行的研究表明，财富管理方面的风险投资正与区块链方面的投资同步，而后者是一个存在更多炒作的领域。当然，这也是一个能获得回报机会的信号。

面对这一挑战，银行需要继续保留这些客户。同时我们认识到，从某种意义上说，财富科技的未来取决于现有的基础。

1. 客户对这一业务的重视程度和信任程度远远超过任何其他财务关系（如图 2–11 所示），相对于其他进入者，银行具有很大的优势。信任因素是金融服务领域迟迟没有出现重大的颠覆的原因之一。在财富管理中，这也延伸到对财富咨询顾问的信任，机构和个人想要赢得这种信任都需要相当长的时间。

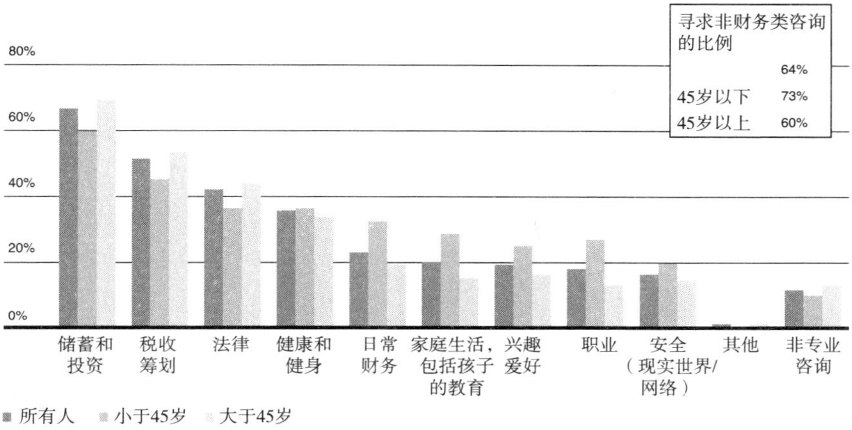

图 2–11 接收到的专业咨询

2. 以客户为中心的财富战略必须首先关注财富的保值，之后才是财富的增值。德勤公司将这种新的投资类别定义为“重塑投资者”。它们以不同的视角看待风险：将风险视为资产价格的下行风险，而非波动性。

因此，投资顾问不得不强调资本市场和对冲策略，这些策略可以避免资产价格下行的风险，而不是寻求多元化管理风险的传统投资组合配置。对客户而言，投资回报和其他因素相对不那么重要，他们更重视信任和关系，这一点应该引起投资顾问的重视。

让我们进一步讨论一下当前财富管理领域的各种表现。

1. **理财顾问工作效率低下。**我们发现理财顾问的大部分时间用于培训和学习监管规定。这些时间本该用于提高咨询效果，了解客户的理财目标，进而提供合适的产品。这意味着提升各种服务和管理自动化、使用各种技术手段提高效率是非常必要的。
2. **信任。**金融危机后，公众对银行整体的不信任情绪正蔓延至金融领域，他们对金融顾问缺乏信任。各种各样的不当销售丑闻，以及随之而来的巨额罚款（这些丑闻已成为各大报纸的头条）、合规问题都导致了人们对银行及其员工的信任感下降。银行家不是一个受人欢迎的职位。银行和他们的员工正努力重拾人们的信任，但这一过程任重而道远。

3. **法规及其对过程的影响**。金融危机不可避免带来了大量的监管，而且这种监管直到今天还未减弱。不同的监管机构正面临着日益扩大的分歧，换句话说，每个监管机构都在研究如何对本地银行进行监管。就像要求所有银行都应该遵守共同的标准那样，这对全球化的银行尤其是个挑战。监管规定带来了技术和流程上的挑战，并影响着理财顾问的工作效率。
4. **各细分客户的盈利能力**。虽然财富行业蕴藏着巨大的机遇，但并非所有细分领域的利润都是相等的，每种细分领域客户带来的利润都在不断变化。挑战在于如何在不断变化的产品供应中，维持住长期关系。服务模式应根据服务成本、适用性和风险状况的不同，更具多样化。
5. **技术和旧系统的拖累**。系统应该拥有对机会做出积极反应，而不受规则限制的能力，竞争的差异就表现在此处。
6. **数据**。数据能提供来自不同系统和实时数据源的信息、流程和人员的综合视图。银行和外部来源都有大量可用的数据，将这些数据组合在一起以供理财顾问使用是至关重要的。
7. **全球收入和税收**。各国政府正寻求实施海外账户纳税法案的共同报告标准，并打击避税行为。鉴于当今的客户很可能在全球获得收入，避税行为在财富管理领域具有特殊意义。这对报告、了解客户 / 反洗钱和税务咨询软件都有影响。

在上述背景下，未来的技术趋势将包括以下几个方面。

- **继续关注咨询顾问的工作效率，包括虚拟会议、无纸化流程和其他数字化功能。**测评功能将提高理财顾问的工作效率，为理财顾问和客户提供相同的信息和功能视图。鉴于监管要求（包括全球税收）日益复杂，启用合适的工具［例如，了解客户（KYC）、风险分析］将更为关键。
- **先进的数据可视化产品将使顾问能够更好地与客户沟通**。它还能迅速进行财务规划会议，从而再次提高理财顾问的工作效率，并将理财顾问和客户的交互与自我管理的投资区分开来。在理解客户需要并创建更好的倾向模型方面，数据将发挥巨大的作用。
- **服务和管理任务的数字化 / 自动化**。将客户管理财富的难度最小化，这是使顾问 – 客户的交互聚焦于增值规划方面的对话的理想方式。诸如通知之类的服务（让客户在执行的基础上，拥有自我管理某些资产类别的能力）以及新闻和市场数据信息的可获得性，都是数字化有助于增强信任、使关系透明化的例子。

- **支持应用程序界面的平台分布。**众包式创新是科技的未来。花旗银行已经有超过三分之一的应用程序集中在其财富产品上，并正与合作伙伴签约从而为财富客户提供创新体验，包括投资组合表现、利率、交易细节和投资等。

在消费者钱包中，智能投顾产品的份额将会越来越大。智能投顾会像指数基金一样，占据资金流的很大一部分。然而，同指数基金一样，智能投顾也拥有优点和局限性。它的优点是成本低、服务周到、操作简单。然而，在极端时期或需要对财务目标进行详细评估时，该模型却不起作用，这也正是它的局限性。此外，一项针对金融咨询顾问的调查（如图 2–12 所示）显示，他们并不太担心智能投顾取代自己。

对于这一结果，我们并不感到吃惊。我们认为，不依靠人类的智能顾问市场份额将达到稳定水平。对客户来说，混合型咨询模型才是最好的结果，因为它将针对特定目标的智能投顾的低成本与为其他目标提供数字授权的理财顾问很好地整合在了一起。

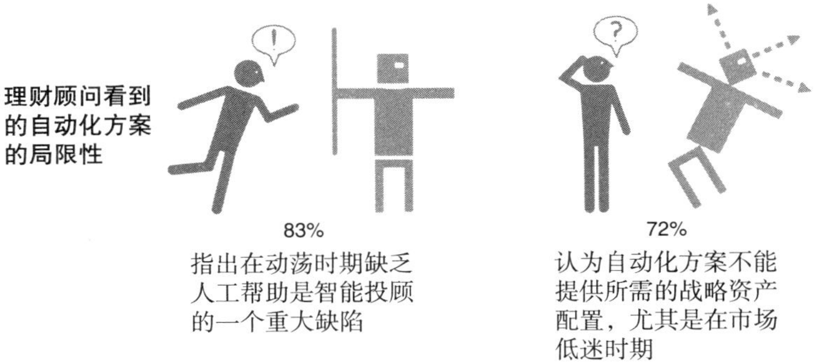

图 2–12　自动化设备的局限性

结论

综上所述，数字化咨询个性化和私人咨询数字化同样重要。鉴于产品的复杂性、客户需求以及各种投资的可选择性，财富管理需要更高层次的个人互动，包括最初的互动和持续的互动。因此，财富科技的未来将是以技术为基础，提供以客户为中心的服务，该服务既支持咨询产品，也支持自助服务本身。

The WEALTHTECH Book

03 数字化财富管理

摘要

财富管理业务涉及所有与客户和供应商相关的流程。一般来说，财富管理行业的运营模式是一个抽象的概念，它是指一个组织如何跨流程、组织和技术领域进行运营，以完善其抽象的功能。这与银行的运营模式不同，银行的商业模式描述了一个组织如何为其客户创造、交付和获取价值，并在此过程中维持自身的盈利。商业模式考虑收入、成本和由此产生的盈利能力，而运营模式则把成本作为主要目标，注重效率。在成本类别中，员工成本所占比例最大，而不同情况下的成本收入比也有所不同：在瑞士大约为 80%，德国为 70%，美国为 60%，瑞典和卢森堡为 50%，新加坡为 40%，中国为 30%。员工成本占银行成本的近 60%。除此之外，IT 成本是第二大成本，约为 20%。一般而言，在所有行业中，银行的 IT 成本相对于其收入而言是最高的。银行的新运营模式有以下三个发展趋势。

- **加强监管。**许多银行的项目组合都包含了超过总数额 50% 的项目监管成本。例如，了解客户（KYC）、客户引导和服务自动化执行等项目。
- **加强分散化。**许多银行仍未将其运营模式从垂直整合的价值链转变为更灵活、更分散的模式，例如汽车行业。因此，银行仍有较高的内部“生产能力”，在瑞

数字化架构是实现实体业务的前提

传统思维阻碍了公司的发展

数字化**不仅仅是**一个很酷的**应用**

管理整个**客户生命周期**

数字化的四大支柱

- 整体数据集成
- 开放式数仓架构
- 灵活的数据可视化
- 超个性化

基于人工智能和自动执行的**财务算法**

作为竞争优势的**安全性**

所有可供消费者使用的渠道……它们被连接在了一起

士私人银行中，这一比例最高可达 90%。

- **加强产业化。**产业化的四项原则是未来财富管理业务的基石，而技术是所有这些原则强有力的推动者。例如，只有在所有渠道的服务都标准化后，全渠道管理才可能实现。

虽然产业化和外包是前面提到的三个领域众所周知的原则，但是数字货币和区块链应用还不适用于这两个原则，它们需要额外的要素，如网络服务、分布式账本等。我们还不清楚未来 20 年数字财富管理业务将是什么样子，但似乎数字货币、资产及其相应的分布式账本基础设施将对未来的基础设施发挥重要的作用。它们促进了分散化和产业化的 IT 基础设施的开发，从而能更有效、自动化地实现监管需求。

综上所述，本部分着重于介绍如何通过使用财富科技更好地进行财富管理。

世代媒人财富管理业务的数字商业模式

劳拉·埃姆勒（Laura Irmler）
ARKADIA 管理顾问公司高级顾问

财富管理行业面临的压力越来越大，虽然以传统且高度保守的方法在一段时间里能满足客户的需求，但是越来越多的客户被更能满足他们投资需求的创新性方案所吸引（众多财富科技初创公司在不同领域向现有参与者发起攻击）。财富科技活动可分为六类：自动化投资和智能投顾、社交交易和复制交易、众投、分析和信息、存款和养老金、平台，其中最先进的是智能投顾。目前的市场分析表明，2017 年，智能投顾领域的全球投资额将在 2021 年增加约 2030 亿欧元，达到近 9580 亿欧元，其中美国处于领先地位。然而，与管理全球资产的整体市场相比，这几乎可以忽略不计（截至今天）。与美国的发展一样，全球未来能提供智能投顾业务的企业有望进一步快速增长。

它具有低成本 / 高价值吗

智能投顾服务具有更高的工作效率、更快的速度，并且不受情感影响，这是它的关键优势。此外，智能投顾解决方案也有利于财富管理机构，它们使现有的企业能够以较低的成本服务于新的客户群体（例如，高盛公司最近宣布，新的智能技术不仅为超级富豪服务，还将为更多的客户服务）。为了吸引年轻一代（包括著名的千禧一代），财富管理机构也已开始测试数字化投资方案。可以观察到在整个市场中，无论年龄高低，将会有越来越多的客户采用这种更具创新性的方式。然而，这种方式的发展势头在全球范围内各不相同。

这对财富管理业务来讲意味着什么

财富管理机构应在其绩效范围内创建数字技术，并通过多个渠道（即提供真正的全渠道服务）来解决客户的问题，这是整个过程成功的关键。想象一下，一个人通过在线平台可以用 iPad 购买亚洲的股票，而他的祖父仍通过给理财顾问打电话购买道琼斯股票。一边是经常接触技术和数字化的千禧一代，一边是越来越多的已经工作多年并为退休存钱的老年人，这些老人习惯了传统人工咨询，但不应过高估计他们所占的比例。许多高净值人群仍依赖并完全信任于高水平的人工投资理财顾问。无论年龄大小，客户都会关注成本、回报、基础技术支持以及不同渠道的选择等。因此，如何服务于具有不同需求的不同代人，同时服务于同一代人的不同需求，将是财富管理业务面临的巨大挑战之一。

新口号——全渠道零售

与此同时，并非每个千禧一代都需要智能建议和创新想法。一般而言，财富管理机构应从供应商的角度转变为消费者市场的角度。虽然目前仍是银行向客户具体说明它们会提供什么，但总有一天，客户会告诉银行应该提供什么。为此，需要一系列可以适应客户需求变化的灵活的沟通渠道，所以要将全渠道零售的方式融入数字财富管理业务模式中。这是一个跨越所有渠道的商业逻辑，即无论提供多少前端，它们都需要基于同一组信息和逻辑。因此，所有前端都应该可以在自动化的后端流程中无缝管理，这意味着数据中心必须是独立的，在理想情况下，甚至可以跨越国界。在这个设置中，可以全天候跟踪客户旅程，即财富管理机构可以随时了解任何渠道中的任何交易，而客户也可以在各渠道之间随时切换。如在上面的例子中，孙子在购买股票时，如果也想与理财顾问直接沟通，那就可以无缝切换到该渠道。

超越系统和信息技术的“大格局”

然而，提供所有可能的渠道并不是解决方案，而是公司在其商业模式和数字战略间找到一个完美的契合点。困难的是通过以下几个问题来定义一个框架：

- 客户群。谁是客户，应该提供哪些增值服务？
- 产品和定价。渠道和客户群的产品和服务是什么？怎样才能盈利？
- 业务流程和 IT。如何构建最佳流程？应该提供哪些渠道来满足相关客户群？

为了提供一致的业务模型，每个三角形的要求必须相互一致，如图 3–1 所示。

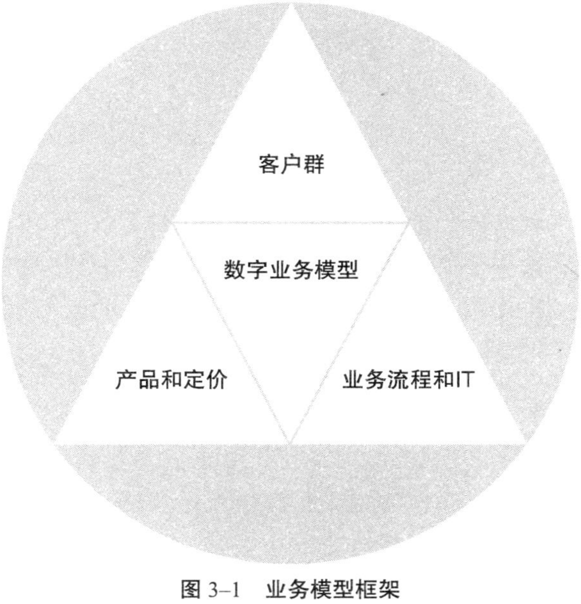

图 3–1 业务模型框架

业务视角的整合

对每个财富管理机构来说，细分客户群都至关重要。在设计流程和 IT 体系结构中，财富管理机构需要知道它们当前的基础架构状态。不同的系统、系统生成、财富管理机构的规模和经营时间都决定了数字化转型过程中所需的工作量和实现速度。此外，客户使用的各种设备以及银行的分公司和子公司数量，也决定了转型过程中的复杂性。

复杂性和收益性的平衡

根据客户的支付意愿进行细分，确保为低支付意愿的客户提供成本较低的流程服务（完全自动化、在线）。根据支付意愿和各自的运营成本确定价格类别，是确保盈利的必要条件。为了更加灵活地切换渠道，需要创建多个服务模块，这代表着用户可单独预订服务包（例如，在每个给定时间段中，在线“智能投顾”模块有一个小时的私人咨询时间）。对于客户来说，渠道之间的切换必须是无缝的。更重要的是，人工顾问可以跟踪整个客户旅程。这种灵活性也应反映在定价中，例如，单个服务模块的价格可以由预订的咨询服务模块的范围决定。对于上面例子中购买股票的孙子来说，这意味着，根据定价方案，他可能需要支付额外的费用才能从在线切换到顾问服务。

没有“一刀切”的方法

数字化商业模式没有完美的蓝图，人们更愿意谈论数字化转型过程中关键的成功因素。财富管理业务需要明确重点，确定业务模式的实现过程。因此，整个过程将比革命更具进化性，甚至个别情况下不排除彻底的改变，但它更可能是一个快速的进化。根据我们的经验，为确保转型成功，应该考虑以下几个方面。

- **以客户为中心。**数字化转型过程应该符合服务客户群的需求。
- **领导力。**数字化转型需要高管层的全力支持。
- **文化 / 员工。**财富管理机构需要建立创新文化，并促进员工心态的改变。
- **战略。**数字化应成为财富管理机构企业战略的核心要素，而不仅仅被视为一个额外的销售渠道。
- **流程。**流程格局需要在通信渠道之间保持完全灵活且一致。
- **技术。**灵活的 IT 基础架构以及敏捷开发方法是任何数字化计划的关键。
- **产品 / 价格。**产品 / 服务以及相应的定价方案需要反映个人客户的消费行为。

显然，最佳的数字商业模式不仅仅包含 IT，它还包括领导力、合作、流程、产品、客户群体和技术等。这个目标要求必须在整体系统的意义上创建一个完全灵活的组织。即便没有万能的方法，但为了匹配所有世代的财富管理，理应有一个基于客户渠道导向的个人数字商业模式。

数字架构如何带来切实的经营成果

安琪莉可·斯考滕（Angelique Schouten）
Ohpen 公司文化总监兼全球董事会成员

金融服务业正迅速成为一个以客户为中心的行业，但还存在很多问题。数以十亿计的资金投入前端，如构建精美的网站、应用程序，以及便于访问的投资组合。从长远来看，全面的数字架构将更好地服务于客户、金融机构和监管机构。

传统思维模式阻碍了我们

不可否认的是，银行、财富和资产管理机构于 20 世纪 70 年代、80 年代和 90 年代安装的（核心）系统，已经无力满足当今的客户及其对功能、灵活性和可扩展性的要求。IT 支出高达数十亿美元，但主要集中在建立投资组合等在线功能。因此，银行无法借此“东风”降低成本，而客户也仍在接收相同标准的电子邮件、查看相同的在线（营销）内容、获得相同的机器人脚本服务（例如，地址更改处理缓慢），一切均如往常一样，毫无变化。

数字化不仅仅是一个很酷的应用程序

如今，大多数数字化项目都旨在改善前端和提高客户体验，如外观好看的网站、移动应用程序和智能投顾，但这些数字化项目往往缺乏真正的“数字化概念”，它们未能创建一个真正全面的数字架构——这个数字架构至少具有高度的 STP、可访问数据和审计跟踪。审计跟踪不会为（监管）当局或合规部门提供有价值的数据，应用基本分析甚至可以帮助你创建改进的新服务并降低成本。

实现可量化的经营成果

真正的数字架构和数字化参与工具可以用来管理客户的期望，减少损耗并实现效率。简而言之，它可以提供有形的经营收益。在实现真正的数字架构后，财富管理机构的整个业务领域可以降低 40% 以上的成本，提高转化率，降低客户的平均年龄，并只需一小部分员工就能管理财富目标。

管理客户生命周期

在单个数字化过程中，注重零售客户的整个生命周期，即从定位阶段、客户引导、客户和服务维护到关系结束，是实现可量化经营成果的关键。

客户引导是重要的一部分

引导很重要，因为你与客户的实际关系从这里开始。只要在正确的时间询问正确的信息，那改善客户旅程就可以很容易实现。

数字化使各类客户受益

几年前，金融服务行业的大多数营销人员认为，只有新一代才会接受数字产品，却没有想到老一辈人在互联网上会变得越来越活跃。数字化业务的确吸引了年轻客户群，但老一代也被精心定制的在线业务所吸引，并适应了数字化世界。

建议：你知道吗？当访问者在网上开设账户时，被要求提供电子邮件地址，这个过程就算得上推动了数字化发展。如果这个简单的领域实现了自动化工作，那么你或许可以留住最初拒绝这项流程的 25% 的访问者。

方便客户，方便自己

协调利益不仅要了解客户，还要了解他们生活中发生的事情，并思考这些事件是否可以成为接触点。所有处于成熟市场的政府都正在减少社会保障金和退休金，这导致个人需要承担更多的经济责任，如从为教育储蓄到为买房储蓄，而这种责任贯穿了整个生命周期。

为什么大多数人都理解却未预料到呢？一方面是因为我们生活在消费和信贷驱动的经济环境中，另一方面是已经懒得采取行动了。

客户服务与维护

英国脱欧公投第二天，还有多少英国人持有他们原有的投资组合？基于一些简单的业务规则，真正的数字架构可以预测并公布相关结果。

如今已是数据时代。客户希望获得预警提示，从而保障自己的财务安全。通过授予客户决策权，金融机构既可以提高客户满意度，又能履行管理义务并减少运营工作量和投诉现象。

财务经理境内电话的年拨打量同比减少了30%，这是因为客户感觉自己对数字化概念的理解程度更高了，而这与净推荐值的显著提高密切相关。

合规部门和监管机构也是基础的一部分

如果系统处理了大多数操作合规性行为（控制），那银行就可以开始考虑从根本上改变合规性角色。在一个真正的数字化世界中，合规部门是相互竞争的合作伙伴和业务推动者，他们可以展望未来，提供智能投顾解决方案，并回答以下问题：为了提供服务，需要持有多少可行的投资组合，又或者应该在销售周期的哪个阶段询问潜在客户和客户信息？

数字化创造了数字化审计跟踪。优化的审计跟踪可以为分析、预测和解释提供更多的数据。

> 当拥有真正的数字架构，采取自动化工作流程，运用数据的强大功能，同时最大限度地使用数字化功能并保证运营合规性时，合规部门的工作人员数量可以从原来的50人减少到大约15人。

在数字化环境中，合规部门和监管机构永远不会因产品开发创新无效或不透明而受到指责。从这个意义上讲，数字化带来了创新。

我们的经验表明，当拥有真正的数字架构、采取自动化工作流程并运用数据的强大功能时，合规部门的工作人员数量真的可以从原来的50人减少到大约15人。

IT 是一切的基石

真正的数字架构意味着有一个现代的、基于 API 的基础设施，该体系结构将 STP 核心应用程序数字化，用于管理投资账户、报告模块、管理客户关系、构建投资组合和管理工作流程。

我们的注意力应集中在一个集成的灵活架构上，该架构具有连接所有数据的高度数字化 STP。审计跟踪的基础是拥有可访问的集成数据，它可以捕获客户行为、投资组合、技术行为和员工行为。出于多种原因，这比以往任何时候都更重要，但是由于传统系统仍适用于大多数团体，因此尚难以实现。数据分析将有助于管理客户预期、减少损耗、实现效率和改进结果。

确定业务的实用程序部分

大多数财富管理机构、银行或资产管理公司都会说，它们的运营流程与其他金融机构有很大不同，是独一无二的。这种说法导致了整个行业毫无创新，仍在旧硬件上运行已有的定制（传统）方案。当然也有人会对此产生怀疑，他们可能会问，不同金融机构的会计调节过程或利息计算过程真的不同吗？毕竟在大多数情况下，“储蓄账户就是储蓄账户”“投资账户就是投资账户”，这在每家机构并无太大差别。

与其寻找理由解释为什么不同机构是有区别的并且有不同的运作流程，金融机构倒不如回答这三个问题：

- 希望在哪方面为客户实现增值？
- 作为一家企业，其核心职能是什么？
- 哪些流程是通用的，哪些流程没有增值，哪些流程不是核心的？

金融机构可以向世界大型零售品牌学习，学习如何专注于一个特定的价值准则，并围绕它建立一个自主品牌，苹果、耐克和 Zappos 都已经做到了这一点，并成为各自领域的领导者。

就像上面提到的公司一样，金融机构应该坚持核心职能，并回答上述三个问题。如果他们认为有必要以不同的方式思考，而不必在业务的每个方面追求不同，那就会产生不同的结果。一方面，定义附加价值和核心能力；另一方面，评估哪些过程仅仅是一种实用工具，应该外包出去。这是设计数字骨干并找到可以帮助构建数字骨干合作伙伴的第一步。

支持你的财务概念

创新和技术是前进的必要条件。越来越多的金融服务机构提出了数字化概念，如智能投资，其形式可能只是执行、建议，又或者是可自由决定的资产管理组合。在线引导属于常规流程，并已被优化，可以实现高转化率。

重点举措是向现有客户群灌输数字化概念，瞄准新客户并使用独特的品牌来接触特定客户群。但是数字架构未来应该成为每项财务目标的支柱，因为这将会为客户、监管机构、员工和股东带来更多的利益。

没有数字化核心的数字化主张，就如同没有根基的房子。因此，所有这些应用程序，以及华而不实的投资组合不应该是数字化的开始，而应该是数字化的逻辑结果。

个性化支柱

约翰·怀斯（John Wise）
InvestCloud 公司联合创始人兼首席执行官

数字化正在彻底改变财富管理，它创造了前所未有的机会，首当其冲的是“超个性化”。

正如零售营销通过利用数字内容和数据分析技术的进步来实现飞跃一样，超个性化是与财富管理客户沟通的下一个增值步骤。超个性化有望以更低的成本，取得更高的客户满意度。

行业状况

抵制数字化的财富管理机构，将来受到的威胁不容小觑。因为即使在收入缩水的情况下，客户对财富管理公司的期望也会越来越高。此外，财富管理在数字化方面总体上落后，不发展就意味着死亡。

高净值人群通常对财富管理机构提供的数字服务不感兴趣，包括理财顾问利用数据提供的优质服务。相关数据显示，大约三分之二的客户不会采纳理财经理的建议，并且不会使用数据来进行决策。

高净值人群精通数字技术，他们知道大量的数字金融服务渠道，他们中 69% 的人会使用在线或移动银行，40% 的人会使用投资组合评估服务。尽管今天只有 14% 的高净值人群使用智能服务，但是大约 47%（这一比例高得惊人）的人表示会考虑将来使用智能投顾服务。这一趋势在年轻的高净值人群和亚洲地区的高净值人群中更为明显。所有这些证据都表明，高净值人群对数字化的期望在不断上升。

然而，在数字化方面，财富管理机构往往不成熟，并低估了其重要性。许多顾问坚持认为，数字化对财富管理业务并不重要，高净值客户不需要数字化工具。因此，除了电话和电子邮件之外，四分之三的财富管理机构不提供数字通信服务也就不足为奇了。

传统客户服务的费用没有降低，但收费模式正在被大幅压缩，这意味着利润率正在下降。众所周知，佣金下降了，其实对收费的财务建议也反映出了这一点。虽然顾问服务的毛利率和净利润率仍相当不错，但这是不可持续的，尤其是人们越来越多地将传统顾问与机器人进行比较，最终运营将变得无利可图。

数字化的四大支柱

数字化是解决日益精通技术的客户和合同费用基础的途径。数字化实践意味着什么？可以从以下四个角度来准确定义数字化的领导支柱：

- 整体数据集成；
- 开放式数仓架构；
- 灵活的数据可视化；
- 超个性化。

整体数据集成是指整合内部系统、私人数据源和第三方金融机构的信息，形成综合的财务视图。大多数公司利用“屏幕抓取”和“HTTP-Post”技术来获取数据，其结果往往是获得的数据不完整、不可靠、可用性有限。相比之下，采用综合方法集成数据，即通过APIs和开放式金融交易（OFX）技术直接访问金融机构的数据，是行业中最可靠和最值得信赖的方法。

开放式数仓架构使理财顾问能够对基金经理管理的不断变化的金融工具进行跟踪和报告。它采用量身定制且价格合理的技术解决方案来处理复杂的大型数据集，使公司不会被绑定到单一的会计系统、托管人或基金经理，而且能够对所有集成数据源提供可靠保管。

开放式数仓架构所管理的数据包含结构化数据（交易、持有）和非结构化数据（视频、PDF、社交媒体）。它所管理的数据横跨数个时间维度，从而可以支持实时业务分析和历史数据审查。

InvestCloud的数字聚合是由综合数据集成和开放式数仓架构共同构成的。

数据可视化的灵活性意味着利用数字聚合的强大功能来形成数千个功能强大且丰富的数据集视图。高净值人群越来越希望能够定制他们的视图，然后存储和调用这些视图，包括简单地添加或删减数据列、将视图剥离到单独的应用程序中，还包括允许用户组装个性化仪表盘。客户对数字体验的自由度越高，服务成本就越低，他们也就越满足。

前三个支柱对实现数字化至关重要，但客户体验取决于理财顾问展示情报的水平，这是以超个性化的形式出现的。

在数字财富背景下，有两个要素构成了超个性化：

- 让数字体验变得温暖而富有魅力；
- 尊重客户的个性。

这看起来似乎有违直觉，但数字体验确实可以是个性化的。抛开人工智能幻想不谈，摩根大通资产管理公司首席执行官玛莉•埃尔多斯（Mary Erdoes）等数字财富领域的领军人物正越来越多地倡导一种混合解决方案。英国《金融时报》援引埃尔多斯女士的话说：“大众需要有人向他们解释世界。”她也证实，摩根大通的数字理财产品将涵盖其服务的所有财富管理领域，甚至包括高净值人群阶层的“超级”阶层。

最终，为了提供最佳的数字体验，资产管理公司需要得到投资授权，同时在需要时提供人力资源，这可能用于临时会议（例如，审查投资组合构建）或提供特殊服务（例如，设定信托），但理财顾问并不需要专门向高净值人士提交报告，这一过程可以而且应该是自动化的。

我们生活在一个充满讽刺性的时代，理财顾问们常常批评数字体验不够个性化，而与此同时，他们却向高净值客户提供“一刀切”的报告。如果你问任何一位理财顾问，他的客户是不是一样的，他将响亮地回答“不”。确实，每个客户都应被视为一个独立的个体。

有了合适的技术支持，数字体验可以而且应该是高度个性化的，也就是说要做到直观性、高参与度和个性化。

直观的设计意味着用户能够依靠普遍知识来使用门户及其工具，且无须手动操作。简单、直接和真诚的设计将帮助用户专注于所呈现的数据。

涉及的门户以数字方式吸引客户，例如组织内容、新闻和聊天，以增强门户对客户的价值，从而提高门户的使用频率。最终，促使门户成为客户处理日常事务的一部分。

个性化意味着为客户量身定制个性化的数字体验，以便门户和应用程序直接“满足”客户的要求和需求。

理财经理们都知道尽管每个客户都是独一无二的，但他们目前的体验都是相似的。数字化提供了区分每个客户的机会，因此吸引了当今的高净值人群。对于那些仍然重视人工服务的客户而言，数字体验只是一种补充。对于许多高净值人士而言，理财顾问仍是非常重要的一部分，超个性化将成为顾问的黏合剂或独特的卖点。从技术上讲，理财经理有很多挖掘客户潜在数据的机会。

利用超个性化

合适的合作伙伴和方法，使得实现数字化变得比较容易。在高净值客户群中识别和发掘个性化是至关重要的（例如，测量他们对数字技术的精通程度和“高接触”程度）。这些个性化应与用户组匹配，以确保最大限度地尊重个性。

数字体验需要与角色相匹配，以达到用低成本进行大规模个性化的目标。这项技术的例子包括：

- 动态的客户端门户界面，基于用户组的不同的品牌、应用程序和功能呈现；
- 根据用户群体信息需求和财富管理机构“服务水平”（如黄金，白金等）来定制高净值人群客户报告；
- 灵活的报告界面允许理财顾问甚至高净值客户动态创建和发布自定义报告；
- 针对高净值人群量身定制移动应用程序，甚至每个客户可以拥有不止一个理财顾问。

真正的个性化服务

在部署超个性化服务时，财富管理机构应该能够真正实现运营现代化，成为具有前瞻性的、了解高净值客户的个性和需求的服务供应商，这会提升用户的忠诚度和满意度。人与人之间的交流仍会存在，但是只有在需要的时候才会出现，这使企业能够增加每个顾问服务的客户数量，降低单位成本和总成本。

高净值客户各有不同，他们的需求也已经发生了变化。尽管财富管理行业开始意识到这一点，但仍有一段路要走。虽然财富管理中的传统管理标准很重要，但它们的交付成本很高，同时高净值客户如今想要的服务也更多。因此，这个行业要想真正满足客户需求并作为一种商业模式生存下去的话，传统的服务模式就必须与数字体验相结合，做到超个性化。

数字化正在彻底改变财富管理，这创造了几年前几乎不可能实现的飞跃。最值得一提的就是“超个性化”。

正如零售营销通过利用数字内容和数据分析技术的进步实现了飞跃一样，超个性化将是与财富客户沟通的下一个增值步骤，它有望以更低的成本提供更高的客户满意度。

数字化财富管理

哈拉尔德·郝文（Harald Helnwein）
NOVOFINA 公司首席执行官

一眨眼的功夫

想象一下自己坐在汽车里，行驶在乡村小路上，心里想着“商务会议可能要迟到”“东西都带全了吗”“这是一个重要的演讲！”你正在背诵演讲稿，路边的树木飞掠而过，在下一个转弯处，突然一台拖拉机不知从哪里冒了出来，在车道上挡住了你！你一个反射动作，躲开了拖拉机，却撞向一棵巨大的树。过了一会儿，你死了，或者你没有死，因为瞬间打开的安全气囊救了你一命！

既然你没有死，那就往后仰，放松。也就是一眨眼的功夫，只需要 100 毫秒（1/10 秒），安全气囊就能拯救你的生命，而在同样短的时间内，现代股票市场可能会涨停或暴跌。

一眨眼的功夫，证券交易所可能已经完成了数百万笔交易，这些交易不是通过场内经纪人大声叫嚷或特定的手势进行的，而是通过机器进行的。

财富管理已经实现数字化

数字财富管理不仅仅是一种想象，现在已经可以实现了。理财顾问、基金经理、银行家仍然认为客户的资金只是“OPM”（其他人的钱），因此没有为客户的利益实施金融技术，而这一现象很快就会成为过去。在金融行业，推动这类技术发展的驱动力，正在从通过高频交易（HFT）等手段提高自身净回报率，转变为需要更好的投资解决方案的自信而精明的客户。毕竟，面临风险的是客户的钱。这种风险最终不仅可以通过所谓的经验（或直觉）来管理，还可以通过风险分析、回溯测试、人工智能以及现在可用的许多金融科技工具来规避。

如今我们都选择购买有 ABS 系统、安全带、头枕或安全气囊的汽车，甚至选择具有盲点检测、自适应大灯、碰撞警告等更多电子安全功能的汽车。我们不会冒着生命危险，无视交通工具中的现代高科技。同样，我们也不会将辛辛苦苦攒下来的积蓄，交给有风险的财富管理，而无视智能所提供的建议：

- 基于事实的算法取代了由情绪引发的自由交易，也避免了贪婪、恐惧等心理因素的影响；
- 精确、高效、自动执行（理想的基于算法的）交易和投资策略。

在进一步研究上述两种财富科技解决方案之前，我们一起快速总结一下迄今为止智能投顾所经历的不同阶段。这一观点类似于德勤公司在其 2016 年的报告《财富管理领域智能投顾的扩张》中得出的结论。

第一阶段，客户可以在线填写表格，然后得到所谓的风险或投资概况，并据此选择推荐的产品；第二阶段则为客户选择产品；第三阶段，现在基本上提供的是一种动态的产品捆绑形式。

与人工提供的建议相比，第三阶段的智能投顾提供的建议是好还是坏呢？实际上，几乎是一样的，因为计算机只是简单地将客户情况与人类预定义的投资组合相匹配，这并没有多复杂。此外，ETF 主要是捆绑销售的，而且没有提供积极的、直接的股票投资或投资组合管理，而这一事实经常受到批评。ETF 还存在外部成本和内部成本，而客户往往不知道有这些成本。

第四阶段，不再仅仅是捆绑销售现成的产品。这一阶段，无论是强大、简单，还是高度复杂的前沿技术算法都可以构建投资产品或解决方案。算法创建投资组合，对万亿字节或实时数据做出反应，在理想情况下能以更好的价格和更低的成本为客户执行订单。

金融算法——数字财富管理下一阶段的第一支柱

积累财富很容易，如我们买入股票、基金、房地产、黄金、石油等，然后在特定时间以更高的价格卖出，随后重复，再重复。不过，失去财富更容易，如我们以较低的价格或在较晚的时间点卖出。

高级数字财富管理应该用基于事实的、可重复的规则（算法）取代自我的主观决定（投机、期望）。在绩效方面，达到更切合实际的期望很重要，当然也要注重风险。要知道，糟糕的算法可能会像糟糕的人类顾问一样，让客户快速失去所有的钱。

在股票交易中，关于如何更好地预测哪些股票会上涨的讨论从未间断过。我们基于交易经验、基本面分析、价值投资、投资组合理论、有效市场意识形态、情绪分析或技术分析等方面进行了此类猜测。上述的一种、部分或所有方法都可以成为财富科技的一部分，而不仅仅是技术分析（一个很大的误解）。重要的是将事实（科学）与实践经验结合起来。机器在其中就显得至关重要了，特别是对于人工智能而言，但它们毕竟只是工具，用于鉴别哪种投资方法（主要来自经验丰富的交易员、投资组合经理和量化分析师的想法）有用，哪种没有用。

回溯测试有助于深入挖掘，并通过对真实历史数据的测试来量化某个想法背后的原理。最重要的目标不是找到必杀技（你不会找到的），而是要找到不起作用的东西。例如，什么会导致你赔钱？当你看到 100 种投资方法中的 99 种在特定时间或市场条件下失败了（即使这些方法听起来合乎逻辑或者可以在数十本权威投资书中找到），你就会真正了解回溯测试的力量。在可以量化真实的风险之前，你都不用再拿自己和客户的钱去冒险了。

如今，我们使用互联网搜索和 GPS 导航，而不是像 20 世纪 80 年代一样从印刷的纸质街道地图上寻找餐馆。GPS 需要很多太空卫星，并且使用爱因斯坦引力理论中光的偏转计算位置。许多可自由支配的投资方法就如同 20 世纪 80 年代或更早的街道地图（如 1952 年所谓的“现代”投资组合理论），它可能起作用，也可能不起作用，或者 100 次中有 99 次没有发挥应有的作用。

自动化执行——下一阶段数字财富管理的第二支柱

如果正确的策略（或算法）是关键，那么完美、快速和高效地执行该策略（即证券交易所的实际进场和出场）有多重要？你会说 95% 依赖于战略本身，5% 取决于执行，还是说执行的相关性更大或更小？

再想象一下，在去约会的路上又一次撞到了那棵树。汽车中的安全气囊需要做什么才能拯救我们的生命？第一部分类似于策略或算法部分，将它与我们的交易类比，一些传感器向车载计算机报告了“碰撞”的相关数据。在交易中，我们会收到股票的买入或卖出信号，但是在这次“事故”中，汽车得到了“立即释放气体”的信号，从而开启阀门，将气体喷射到安全气囊中。

如果那个阀门的开启，换句话说，那个碰撞信号的执行没有奏效，或者又被延迟了 100 毫秒，尽管最后正确启动了安全气囊，我们仍然无法幸免。我们的钱也是如此。如果由于缺乏精确、可靠的执行，我们没有按照计划准确地进场和退场，我们的钱也会遭受损失。

高频交易不仅仅是一个流行语，它还对目前“正常”进场或退场的每一个股票头寸产生了负面影响，无论你是为自己购买 10 股还是想为养老基金累积 100 万股。举一个高频交易的例子，提前交易（Front Running）可能意味着一个好的策略，但最终会导致 5% 的损失，而不是公平交易所产生的 5% 的利润（无论是基于可自由支配的策略还是基于算法的战略）。

现代投资和交易策略的实际结果仅与其执行部分的 25%~75%（或更多）有关，因此只知道该做什么是不够的，还需要精确而高效地完成。在交易大厅，紧跟热点下临时订单，或者午餐后让经纪人随意打电话购买股票的时代已经结束了。

数字化财富管理发展迅速

将在线输入的个人风险概况与一组捆绑的 ETF 相匹配的智能投顾，只是数字财富管理的开始。金融超级算法和智能、精确的指令执行是未来发展的方向，可喜的是，一些财富科技公司已经开始谋划这样的未来。

适者生存——网络的弹性

克莱夫·洛安乔（Clyve Lo-A-Njoe）

Blue Arca 网络安全公司，CISSP 认证首席执行官

理查德·贝茨（Richard Beetz）

Blue Arca 网络安全公司顾问兼 Exicon Mobile 项目经理

据《世界财富报告》（*The World Wealth Report*）显示，亚太地区是全球高净值人士数量最多、高净值人群个人财富平均金额最高的地区。尽管世界各地都对

数字能力有很高的需求，但亚太地区所占份额最大。因此，我们对数字化财富管理业务的看法深受该地区的影响，但我们认为这种影响适用于整个行业。在亚太地区，精通科技的新的、富有的千禧一代要求财富管理公司提供多渠道交付模式。客户更愿意使用低成本的高端数字产品（比如智能投顾服务）。对于那些仍在依赖传统服务模式的财富管理公司来说，这敲响了严厉的警钟。财富管理公司要么接受数字技术，要么接受对其业务的潜在不利后果。与此同时，不断变化的交付模式为财富管理公司创造了新的机会，使它们能够在竞争中脱颖而出。毫无疑问，拥有长期客户关系的传统企业会领先一步。另外，在将财富管理业务数字化的同时，维护客户的信任还需要实施强有力的网络安全控制。

网络安全是财富管理公司的竞争优势

财富管理公司必须认识到网络安全对其数字业务的重要性，以及可能对其品牌和声誉造成的影响。要成为有远见的商业领袖，就必须了解数字环境如何影响其运营。这包括数字威胁的潜在陷阱和复杂性，以及恶意黑客入侵将成为“新常态”。因此，网络安全不再是一个 IT 风险，而是一种操作风险。在发生数据泄露的情况下，董事会有责任采取适当的安全措施。

数字化财富管理运营意味着卓越的服务和丰富的经验。这包括确保个人数据和信息的保密性、完整性和可用性。财富管理公司面临的挑战是在一个比以往变化更快的环境中应对网络安全问题。不幸的是，网络安全通常被视为商业创新的阻力。然而，我们发现客户越来越意识到网络风险。财富管理公司必须实施更严格的网络安全控制，其评判标准是它们应对网络攻击的技术、政策和程序。尽管人们似乎普遍认为这种威胁是无法消除的，但仅注重保护措施是不够的，财富管理公司还需要在数据泄露之前、期间和之后做好充分准备，以赢得公司最重要客户的信任，确保公司更具竞争优势。

采取网络弹性策略

网络弹性策略允许开放和互联的数字财富管理操作。这个策略确保网络安全控制支持业务成果，它结合了信息安全、业务连续性和组织弹性的优势。如果财富管理公司将网络弹性框架应用于数字运营业务，那么它就将安全性与基于风险的方法结合了起来。这种方法是独特的，是为数字财富管理公司的运营和业务目标量身定制的。在这种网络弹性策略中，公司考虑到：

- 数据泄露不是“如果”的问题，而是“何时”的问题；
- 人（即“人的因素”）是网络安全链中最薄弱的环节。

网络弹性策略不同于传统的、过时的、只注重保护的网络安全策略，即在企业和外部世界之间建立隔离墙，网络弹性策略使财富管理公司能够接受潜在的失败，从而使其业务蓬勃发展，操作风险将降低到预先确定的可接受的最小值。在这种背景下，财富管理公司开始着手提升建设能力，以确保更好地预防、检测网络攻击和从网络攻击中恢复。采用双因素身份验证和高级持久性威胁（APT）解决方案的复杂访问控制，可以防止恶意黑客和进入公司的网络流量。这些解决方案在第二代安全运营中心（SOC）实施全天候监控，以确保攻击及时被发现。这些公司同时实施集成的 IT 和业务连续性程序，以确保备份数据和系统能够及时恢复，并且在出现漏洞时对业务进行有限的中断。

通过网络弹性提升客户体验

网络弹性策略与更好的客户体验密切相关。网络弹性策略使终端客户高枕无忧。反过来，它增加了客户对数字产品、服务或平台的信任度和满意度。我们注意到成功的财富管理公司以客户为中心设计网络安全及其数字商业模式。它们能够重新构想客户关系和网络安全的优化方式。这就与顾客建立了一种安全的联系。提高客户体验和信任的例子有：

- 明确沟通公司的网络弹性策略；
- 允许用户在不同安全级别（例如使用生物识别技术而不是密码）之间进行选择，同时维护公司的安全基线；
- 针对网络安全相关问题（如密码重置）提供出色的客户服务。

确定网络安全投资的方向

在调整网络弹性策略时，财富管理公司必须优先考虑其网络安全支出，根据数字化战略建立正确的网络安全功能。这意味着财富管理公司应该退后一步，看看公司目前的状况和未来的预期。它们还需要明白应该针对哪些领域进行网络安全支出。许多财富管理公司会发现 IT 预算不仅不足，而且投资效率还很低下。

强大的网络弹性策略包括技术和业务专长，因此需要进行管理改革。董事会和高管层必须认识到数字化和网络安全是首要任务。应该通过使用预防措施并建立对整体事件的应对能力，从业务角度减轻风险。重点是投资于能够应对人员、流程和技术方面的风险的能力。

网络弹性策略应以客户为中心

以客户为导向的策略确保了数字和情感上的联系。我们观察到银行正在摒弃“一刀切”的方式来保护自己的业务。关于客户体验和安全性的讨论，通常会导致用户访问控制。用户访问控制是一种用于管理数字环境中资源的认证和授权的安全技术。为了满足客户的特定需求，银行在其安全模型中使用客户细分方法。我们认为财富管理公司应遵循同样的路线。通过使用数据智能，财富管理公司可以分析和了解客户如何看待在数字环境中网络安全的交互作用，关键是要消除终端客户的网络风险，并帮助客户做出最安全的决策，以赢得客户的信任。

为此，我们引入了基线安全模型。要实施客户细分方法，建立基线至关重要。基线是风险承受能力和最低安全防护水平的结果，由高管层预先确定。我们可以将基线想象为一条水平的阈值线（如“安全级别 -1”）。在基线下，我们将发现对复杂安全功能的投资，例如针对内部威胁的行为分析、云访问安全代理（用于云解决方案的用户身份验证）以及防止勒索软件和钓鱼攻击的网络情报。它们允许对威胁进行早期预防、检测和响应。在基线之上，我们可以让客户在数字环境中选择他们自己的安全偏好（如“安全级别 -2”“安全级别 -3”等）。

然而，这会使客户无法区分安全性的好坏。一旦客户被划分为不同的组，我们很可能找到更喜欢便捷性或安全性终端的用户以及一群不介意以任何方式权衡终端的用户。从表面上看，这个过程似乎是一项艰巨的任务，但事实并非如此。这确实意味着在新产品 / 解决方案以及客户旅程的设计中，尽早引入网络安全是至关重要的。

财富管理公司应该向科技公司学习

在本章中，我们讨论了数字化，主要强调安全性、可扩展性和用户体验。网络安全既是一种成本，又是一种投资考虑因素。如果仅从事后的角度处理，由于持续的应用更新和补丁是较昂贵的，它可能成为一个重要的成本因素，减慢操作速度，而且对确定的恶意黑客来说，通常是无效的。财富管理公司应该从大型银行和科技公司获得启发。许多已实施数字化运营的公司，正将自己视为一家科技公司。例如，摩根大通和德意志银行认为自己是拥有银行牌照的科技公司。

从网络风险的角度来看，所有的大型银行和科技公司都有办法测试其网络弹性策略。这也是财富管理公司的起点，测试公司的网络安全控制并主动搜索公司 IT 网络中可利用的高级威胁，就是所谓的威胁追踪。任何不测试组织所有层的网络弹性策略都是低效甚至无效的。大型银行和科技公司的安全性，由技术渗透测试人员、社会工程专家和 IT 审计人员定期进行结构性测试。这些专家根据最佳实践评估人员、流程和技术，从黑客的角度利用他们的经验和创造力来发现漏洞。

最后，我们认为数字化带来的变化应该是整体的而非循序渐进的。这意味着我们从一开始就应该做好网络安全工作。

The WEALTHTECH Book

04

数字平台、产品和生态系统

摘要

财富管理行业正面临着监管要求不断提高、投资组合回报率较低和行业竞争激烈的巨大压力。人们越来越需要降低成本，并提出工业规模的财富管理主张。为了保持和扩大市场份额，财富管理公司需要提高投资组合回报，适应监管要求，并在投资过程中产生成本和规模效益。本部分将介绍金融服务业的一些趋势和变化，以及资产管理公司如何（或应该）进行转型，以保持相关性和“领先”。这将包括对不同技术，如人工智能、机器学习和云计算等的概述。

众所周知，PSD2 将从根本上改变银行业格局，我们认为这是迈向金融业开放的第一步。平台战略是一种通过创造高价值市场来展示其价值的解决方案。这一战略可能对每家公司都不同，但需要高管层具有接受未知事物的领导力和意识。财富管理行业一直是抵制创新的最后堡垒之一，投资经理和私人银行应将 PSD2 视为它们的警钟。我们还将讨论客户行为的变化以及这些变化对传统财富管理的需求。

本部分有一节会专门讨论另类贷款。过去 10 年诞生的许多金融科技公司，在另类贷款方面都有创新的解决方案，目的是通过取代银行贷款，扩大市场份

财富管理平台

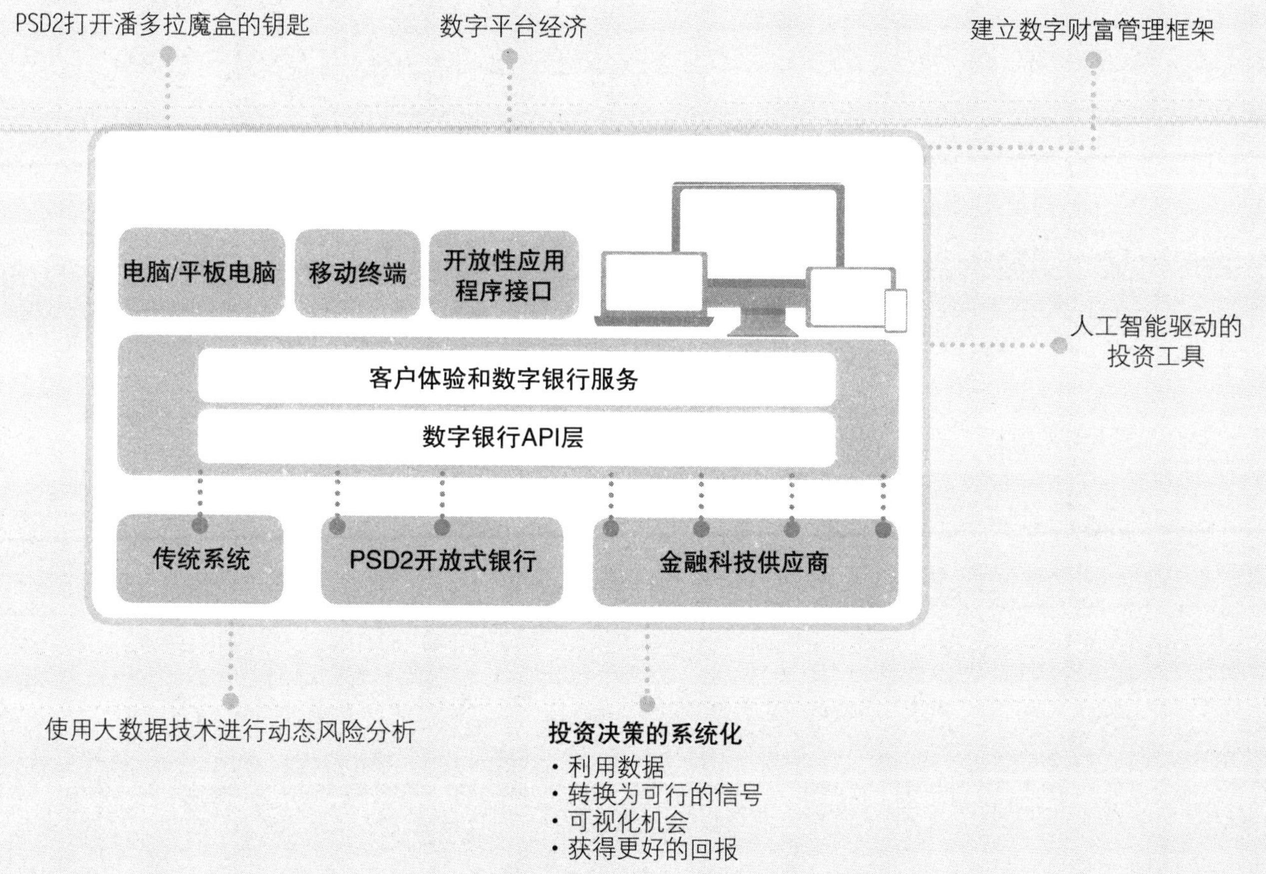

PSD2打开潘多拉魔盒的钥匙
数字平台经济
建立数字财富管理框架
电脑/平板电脑
移动终端
开放性应用程序接口
人工智能驱动的投资工具
客户体验和数字银行服务
数字银行API层
传统系统
PSD2开放式银行
金融科技供应商
使用大数据技术进行动态风险分析
投资决策的系统化
· 利用数据
· 转换为可行的信号
· 可视化机会
· 获得更好的回报

额。这是一个具有吸引力的价值主张。然而，扩大规模仍是一个挑战，只有少数几家公司成功地扩展了它们的业务。本章解释了如何在另类贷款中获得市场份额，并描述了成功的最重要的因素。

人工智能正在改变人类生活的方方面面，创造出以前不可能实现的精确解决方案。个人理财的应用使大众也能获得高质量的建议，并改变人们储蓄、投资和思考未来财务状况的方式。资本市场是一个数据量不断增加的复杂系统，它超越了已有的理论，无法用传统模型来解释和预测，需要适应性强的自学系统来模拟和预测不断变化的市场。人工智能和深度学习使我们能够在没有人为假设的情况下对市场进行建模，并识别股票市场数据中的模式和关系，从而生成排名预测。这些预测为投资者在管理财富时提供了重要的见解，也被用于开发人工智能驱动的交易和配置策略以及构建相应的投资工具。

计算机可能很聪明，但它们肯定缺乏内在的自我意识、人性或行为信托能力。在智能投顾之后，机器人选择（robot -selection）因与共同基金的选择和研究有关，将会成为金融科技的下一个前沿领域。随着越来越多的资产转向基于指数的系统化策略，基金研究的动态正在发生变化。这部分中的一节将重点介绍机器人选择如何将客户端置于其他客户端之上。

最后，我们将解决金融多样性不足的问题。随着彭博社性别平等指数（GEI）的推出，我们看到了可测量的行动。本部分最后一节将概述 GEI 的开发和创建以及从数据中获得的见解，还将讨论如何鼓励跨行业的信息披露，正如 GEI 在金融服务领域所做的那样，通过促进良性循环，使我们更接近性别平等。信息披露和透明度可导致实践和行为的改变。当行为发生改变时，文化也随之改变；当文化发生改变时，现实也随之改变。

财富管理平台——PSD2 的新业务架构

皮埃尔·珍·哈纳德（Pierre-Jean Hanard）
创业平台思达派创业成长合伙人咨询师

平台正在接管世界

优步、Facebook、亚马逊、eBay、YouTube、维基百科和 Instagram 等家喻户晓的品牌都有一些共同点：它们都是不久前才出现的，并且发展迅速，在没有促使其成功的必备资源的情况下，接管了长期存在的竞争者。它们之所以席卷行业，是因为它们将参与者（人员和组织）与各自的资源联系了起来，并允许参与者使用技术进行互动。它们是一个平台，通过在平台上进行的所有互动和操作提取价值（例如，Facebook 在平台上收集用户数据）。

外部资源管理

平台的独特之处在于它们如何使用外部资源。实际上，在传统的商业模式中，公司利用内部资源来生产基于市场调查的产品和服务。另一方面，平台并不拥有或控制任何资源。相反，它们是市场，允许参与者不仅可以为其他参与者提供资源，还可以在不同的时间点同时充当“生产者”和“消费者”两个角色。例如，在爱彼迎的网站，任何公寓的所有者（生产者）都可以向寻找租赁的个人（消费者）提供他们的公寓（价值），而当公寓业主在国外度假时，他也可以申请租房。通过无摩擦的访问和供应 / 需求，消费者可以获得更多的产品和服务。随着平台上消费者群体的增长，反馈机制（比如评级）起到了过滤器的作用，确保了最佳产品和服务的存在。

网络效应

解释平台成功的一个关键特征是网络效应的存在。爱彼迎就是网络效应的一个典型例子。越来越多的人以客人身份加入这一平台，越来越多的公寓业主被鼓励成为房东，从而带来了更多的竞争压力，推动了价格下降。反过来，较低的价格会吸引更多的客人，最终实现大规模的市场采用。这是一个关于网络效应的经典案例，平台两端在相互加强（正反馈循环）时保持增长。另外，网络负效应是一种负反馈循环，一些用户离开平台，会导致越来越多的用户相继离开。例如，在黑莓成功的高峰期，自满情绪与 iPhone 的出现让一些用户放弃了黑莓，进而引发更多的用户放弃了黑莓。

为什么银行业没有作为一个平台出现

银行和平台：并非新鲜事物

银行是一个将资本提供者（贷方）与接受者（借款人）联结起来的平台。然而，银行没有允许市场力量来推动约定条款（利率），而是自己制定约定条款。随着新产品和服务以及新的业务领域的增加，银行业的成长主要集中在紧密结合的流程、程序和政策上，它不仅拥有价值创造的所有权，而且拥有完全控制权。随着时间的推移，技术变得越来越复杂，银行开始将部分价值创造外包给第三方（“采购”），以降低和控制成本。但总的来说，银行是控制方。

网络效应的缺失

虽然自动取款机是大型分行网络获取更多存款的典范，但它们也是唯一的一个。在当前的组织体系结构中，随着客户和银行数量的增长，客户不会再从银行中获取更多的价值。

竞争环境薄弱

创新的动力往往与当地市场的激烈程度有关。在英国，少数几家银行控制着 80% 的市场份额，尽管银行尽了最大努力但很难创新，因为它的市场份额稳定，没有与竞争对手展开“战争”的动力。因此，银行未能真正改变客户体验的原因显而易见，而它的客户都是千禧一代——如今西方世界最大的客户群体。

这一代人是伴随着 Facebook 这个拥有无与伦比的用户界面的社交网络一起成长的，他们从未经历过电脑死机，想做什么就做什么。然而，当银行提及其产品的数字化时，它们的体验对象实际上是指千禧一代的父母一辈。

未能理解创新的本质

创新实验室 / 中心往往作为一种模仿形式出现，其存在高管层报告书不够完善、财务资源不足、关键绩效指标（及其频率）不切实际的缺点。此外，这些实验室中几乎没有人有创业经验，因此在与初创企业打交道时，没有敏捷的、深度的文化意识，导致反应迟缓、沟通不畅、入职流程烦琐耗时且法律负担较重。

PSD2：打开潘多拉的盒子

自 2018 年 1 月起生效的 PSD2，旨在协调欧盟支付格局与共同法律框架。在客户同意的情况下，它允许拥有可信许可证的第三方应用程序访问银行账户数据和支付系统。PSD2 具有较强的革命性，因为它迫使银行向第三方开放客户数据，使客户数据更有利于客户本身，促使现有银行加快创新，并为客户提供更多的选择和无缝体验来增加竞争力。

银行常常将 PSD2 视为另一个需要解决的合规问题。在不了解其对收入影响的情况下，可能会出现脱媒现象，即融资的非中介化，这是因为第三方解决方案将接管客户关系，而传统公司将提供基础设施服务（如果它们仍然存在，收入将下降但固定成本将会上升）。PSD2 还提供了一个独特的机会来改进体系结构，向新客户开放通道，并提供补充服务，从而为银行创造新的收入来源。

将 PSD2 视为零售银行业务是目光短浅的。毕竟，财富管理是一项高度复杂和个性化的零售银行业务，这两个业务种类共享相同的产品和服务，包括支付。我们认为 PSD2 是金融业一系列强制开放措施的第一步。财富管理公司还应该意识到，如果不对其架构进行适当的审查，那它们的业务模式就会面临风险。

平台路线图

对于战略、文化、安全这些问题，平台要保持开放心态，不要妄想提前解决所有的问题。这是解决脱媒问题的可靠方案。

战略考量

在更高层面上，需要进行以下三个方面的讨论。

公司愿景和核心焦点

- 公司的愿景可能是最困难的对话之一。财富管理是一个“老式”行业，人们很容易继续用旧的思维方式、客户描述、量身定制的强调公司价值的财富管理解决方案和特定的细分市场来定义公司。千禧一代是下一代，习惯于全天候的可用性、社交网络、互联互通性和互操作性，并期望出现前几代客户不曾见到的消费产品以及不同的服务方式、时间和地点。

- 定义核心焦点至关重要，需要强硬而诚实的态度，因为一些财富管理公司更可能控制整个价值链。正如我们前面解释的，现在价值存在于数据中，因此企业应该关注价值链的每个阶段，并分析它是否能够通过数据建立可持续的、累积的竞争优势。风险管理能力是所有公司的标配，但每家公司都有自己特有的功能，服务于自己的客户群。一旦确定了核心资产，它就应该成为平台的核心，新技术和 API 应该建立在核心资产之上，而不是与之整合。事实上，随着消费者的需求和技术的发展，公司希望通过保持核心资产的技术中立来保持灵活性。

开放程度

成功的平台是真正开放的，允许任何服务的生产者和消费者加入它们。可以设想以下三种情景。

- 缺乏开放性。在这种情况下，公司的战略和任何有资格获得 API 的第三方合作伙伴都是被动的，存在被非中介化的风险。
- 公司范围内开放。公司通过积极寻求价值链各个阶段的开放（匿名）数据来创建 API 生态系统，从而用第三方应用程序补充其现有服务产品或为现有内部流程提供更有效的替代方案，例如，了解客户（KYC）和人工智能，从而创建自己的应用程序商店。苹果公司的 iPhone 及其应用程序商店就是一个很好的例子。
- 全行业开放。所有财富管理公司都在其行业 API 的共同标准上进行合作。谷歌的安卓系统就是一个很好的例子，这个操作系统和应用程序现在被许多品牌和手机设备所使用。

参与规则

平台想要获得成功，任何参与者都应该能轻松加入平台。随着第三方解决方案数量的增加，在平台上生成数据并因此产生价值的交互也在增加。然而，一些第三方可能在这个过程中质量较差并且价值受损。如果不能快速识别，这些解决方案可能会损害平台，因此适当的管理和参与规则是必不可少的。作为主流平台，财富管理平台应该依靠自己的用户群进行审核和评级。

文化考量

随着财富管理公司即将进入一个新时代，高管层的自我意识将是一个决定性的成功因素。没有人知道正确的做法是什么，直到它经过测试和验证。因此，有必要建立一种实验文化和战术赌注，以发现什么适合公司。在接受未知事物时，迅速失败往往是所有财富管理公司所面临的魔咒。

安全考量

网络安全值得用一章去描述。当客户与第三方共享其银行账户凭证时，仍面临身份被盗窃的风险。因此，强大的客户身份验证和安全通信至关重要。

结论

我们相信 PSD2 将改变整个金融行业。我们预计现有银行最开始会遇到一些阻力，将增加网络安全风险和消费者保护作为削弱现行指令的理由。最终，正如我们今天所知道的一样，PSD2 将从根本上改变银行业格局，我们将其视为迈向金融业“强制开放”的第一步。在一个开放的世界里，平台战略是一种通过创建有限资产所有权的高价值市场来展示其价值的解决方案。对于每家公司来说，这种战略可能会有所不同，但都需要高管层的领导力和接受未知的自我意识。财富管理行业是抵制创新的最后堡垒之一，应该把 PSD2 视为唤醒它的警钟。

财富管理——为数字革命做准备

斯蒂芬·昂（Stephen Ong ）
The Hub Exchange 创始合伙人

财富管理是一个最新的、面对技术颠覆带来的机遇和挑战的金融行业，诸如“传统财富管理已经消失”等新闻标题指向了历史上从未透明的行业的转型。数字革命正在推动企业破译现有行业的转型方式，以及传统财富管理如何在这一快速发展的世界中茁壮成长。

推动变革的两个最基本的力量是客户行为的转变和技术的发展，这两种力量往往在变化的步伐中相辅相成，交织在一起，相互影响。

改变客户行为

千禧一代日益富裕是财富管理行业未来成功的关键点。这些千禧一代已经进入劳动大军，开始积累财富。据估计，在未来几十年，他们通过代际转移还将继承 30 万亿美元。

为了使财富管理公司保持相关性，现有企业面临着继续服务现有客户的挑战，以及适应新的客户行为并战略性地定位自身，以吸引下一代的挑战。一个常见的误解是，千禧一代几乎只利用社交媒体和数字工具进行参与。虽然他们以移动为中心，并且谙熟技术，但关键是了解他们并让他们习惯于从领先的社交媒体接收服务。

我们需要对千禧一代的动机进行更细致的调查，同时调整数字技术的应用，以满足这些需求。千禧一代被称为“怀疑论者”，他们往往不信任传统的金融服务。自 2008 年以来，学生债务以及最近与金融和银行相关的丑闻等都引起了业界的怀疑。因此，透明度是千禧一代要求财富管理具备的关键品质。过去，理财公司与客户保持一定的距离，且仅依靠“财富管理人是专家”的观念来与客户建立信任。然而，这种做法已不被金融专业人士认可，未来理财公司或顾问需要增加价值来吸引客户。

千禧一代成长于一个相对透明的信息世界，也可以免费访问信息世界。与许多其他行业一样，金融和财富管理机构会设置信息障碍，使客户陷入困境，从而通过增加财富管理机构的费用，让客户感受到更高的价值而大量获利。新一代通过技术打破这些障碍，获取新的信息渠道，同时技术成为新一代直接参与管理自身财富的工具。现有企业正在寻求向竞争对手，即新兴财富管理学习的机会，那么它们最好在完全转向和避开现有客户群之间取得平衡。

新一代人的典型行为特征包括选择易变性，并希望通过参与方式产生影响力。传统财富管理一直关注长期关系，通常采用长期投资策略。然而，千禧一代倾向于随心所欲地更换供应商，并希望直接参与投资选择，因此财富管理的角色正向咨询角色转变，同时为终端客户提供执行工具。随着投资产品变得越来越商品化和易获取，财富管理机构需要加倍努力寻找独特而有趣的投资来展示其价值。

此外，合规性对财富管理公司来说是一个越来越沉重的负担，合规性推高了公司的成本。从历史上看，行业投资大多投资于客户关系管理，导致其运营不良。随着监管的加强、客户基础的变化（客户关系的重要性不如以往）以及对实时服务的需求，高瞻远瞩的财富管理公司正专注于投资自己的业务，而技术对这些业务的影响最大。

新技术的出现

智能投顾和另类投资平台的出现缓解了效率低下的问题并降低了运营成本，同时为下一代提供了数字和移动投资渠道。技术，特别是智能投顾，通过为规模较小的投资者提供服务，来扩大财富管理机构的潜在市场。对于之前因为投资回报率低而避开的客户群，技术允许财富管理机构通过更自动化的方式向不富裕的个人提供相关产品。像 Wealthfront、Betterment 和 WiseBanyan 这样的新兴科技公司，现在已成为严重依赖人工操作的传统财富管理公司的重要竞争者。

许多具有前瞻性的财富管理机构发现，通过将智能投顾与面对面的客户管理相结合，可以实现低运营成本的个人接触。随着智能投顾变得日益复杂，接受的人越来越多，更多的高净值人士（富裕人士）开始采用自动化途径来进行投资。技术将许多流程（如数据处理）自动化，使得财富管理机构有更多的时间分析投资机会并为客户提供价值。

除了上述来自更高层级的力量之外，在一些特定的领域，技术也正在改进财富管理行业的效率。

1. 数字客户引导流程

客户引导是一个重要的过程，对于识别和建立新客户与产品间的适用性至关重要。从历史上看，引导流程需要大量的人工，并且客户需要与顾问进行大量的面对面交流，这样做的成本很高。此外，不断增加的监管要求匹配自动化技术、文档管理和分析以及新兴的移动功能的进步，这些都推动了客户引导数字化的趋势。数字化单点解决方案涵盖了一系列流程，包括欺诈检测、身份验证、分析、电子签名和客户沟通管理。因此，数字自动化客户引导流程有助于提高效率，通过更好地分配资源来增加收入。

2. 使用大数据技术进行动态风险分析

基于过去数据和人类主观互动推断估计，相对而言，传统风险分析较基础和静态。当对投资组合进行场景分析和压力测试时，大数据技术能够处理大量数据，从而实现动态、近实时更新，并提供更准确的分析。技术进步使财富管理机构能够通过不断评估其现有投资组合来动态地对客户进行风险评估，并根据实际市场情况调整客户对风险的态度和风险承受能力，进行实时风险价值调整。

3. 开放 API 方法

单点解决方案［如了解客户（KYC）/反洗钱（AML）］的出现，通过 API 实现了财务数据集成。开放的 API 允许多个应用程序自由链接，消除手动数据输入、数据传输和更新期间的有限错误。现在大多数平台供应商和市场都在构建自己的基础架构，因此可以通过 API 集成实现单点解决方案。开放的 API 加速了新应用程序的开发，并暴露了新的参与渠道。在日益一体化的数字化世界中，开放的 API 支持更新的解决方案，在更大的框架之上，以集成、无缝的方式发展和改进现有的服务，从而鼓励创新。事实已经证明，围绕它们构建生态系统解决方案的公司，已为终端用户提供了广泛的解决方案和更受欢迎的服务，更能敏锐地捕捉到不断变化的消费者趋势。这些第三方开发项目通过开放式 API 链接，提供了诸多好处，如将开发人员转变为品牌拥护者。

4. 对投资后管理工具的需求增加

客户对透明度的需求导致了新工具的增长，这些工具涵盖三个领域：市场情报和报告、投资者关系以及沟通。创新的数量巨大，包括跟踪行业发展的宏观因素，确定投资者用来测量价值的指标，分析和评估公司自身以及竞争对手，获得投资者分析解决方案，以及活动监控和绩效基准等。新技术可以提供传统流程所提供的投资后管理工具，而这些工具允许客户通过移动设备及时对公司事务投票，无须等数周后的股东邮件回复，这缩短了公司做出决策的时间。

数字平台经济的出现

单点解决方案的市场日益饱和，越来越需要通过框架来组织市场，这导致了具有开放架构平台的出现。谷歌和 Facebook 等公司已创建了应用程序生态系统，这些应用程序可以从社区中发展壮大。然而，由于监管的复杂性和行业内的变革阻力，在财富管理市场中，具有开放式架构和经过深思熟虑的平台尚未普及。通过标准化和手动流程自动化来提高效率的安全平台，将改变我们今天的市场。

The Hub Exchange 便是这类平台，它可以提供一个较为私人的、只有在接受邀请时才能注册的，将所有工具用于管理整个投资环境的安全平台。该技术将投资者的偏好与可实现的机会相匹配，确保相关性，可以节省投资者的时间，并提高投资的可能性。投资者可以表达他们感兴趣的投资机会，甚至登记注册他们所感兴趣的内容来出售他们的头寸，为二级市场提供基础。与大多数平台不同，我们不向大众推销投资产品，而是限制向交易发起人进行推销的权限，使他们始终能够控制谁可以看到。

银行财富管理如何数字化

萨沙·福莱穆勒（Sascha Freimueller）
Dufour Capital 公司管理合伙人和创始人

瑞安·赫尔德（Ryan Held）博士
Dufour Capital 执行合伙人和创始人

罗曼·蒂姆（Roman Timm）博士
Dufour Capital 公司合伙人

数字金融战场

主导财富管理市场的老牌银行的数字化活动与智能投顾等新进入者的数字化活动截然不同。智能投顾在渠道（网络和移动）和内容（建议的起源）上实现数字化，而银行的数字化工作主要集中在客户接口（渠道）和节约成本的后台自动化上。然而，财富管理决策（如资产配置、投资选择和投资组合 / 风险管理）是根据专家的人为判断且以传统方式完成的。使用算法来运行核心业务流程，似乎并不是银行的当务之急。然而，面对以数据和创新为驱动的新进入者或早已适应潮流的银行，坚持传统财富管理方法的银行将会处于不利地位。财富管理的数字化如今正在全面展开，并将从根本上改变金融业的格局。

传统的财富管理框架受到冲击

按照传统财富管理概念的要求来预测市场发展是一项具有挑战性的任务，往往达不到预期。人类的情感（如贪婪和恐惧）、动态的资金流动、信息传递的速度和金融市场的复杂性，常常会导致误导性评估。2000 年的科技泡沫、2008 年的金融危机以及其他事件，表明了金融专业人士在预测市场反应时具有局限性。由于预测非常困难，银行的传统投资解决方案往往不太活跃，这限制了它们区分产品的能力。它们通常会密切关注被动基准，以降低“出错”的风险。然而，由于银行需要承担高昂的固定成本，因此这些产品被推广为有收益的资产，且对终端客户而言相当昂贵。激烈的数字竞争和投资者对替代品的认知，给制定产品战略带来了压力。今天，这种模式遭到基金层面的颠覆者（ETF 和指数基金）以及资产配置 / 投资组合建设服务层面（由初创企业以及先锋指数基金等全球巨头运营的智能投顾）的冲击，这些颠覆者只需很少的成本就能提供类似的解决方案。

出于这个原因，仅通过数字渠道提供传统解决方案是不够的。在注重客户满意度、盈利能力和竞争力的数字世界中，银行要想茁壮成长，就需要新的数字财富管理框架，并将这些框架融入新业务模式中，从而转变其财富管理业务。

数字财富管理框架：新的强大战略工具

不同于传统概念，数字框架是基于算法的。由于数字框架没有情感且不依赖于不确定的市场预测，因此它们适用于偏离被动基准的主动投资解决方案。例如，这些解决方案可以在危机中保护资本或者在牛市获利。为实现这一目标，数字财富管理框架必须整合战略和战术、资产分配、安全选择、投资组合管理和风险管理。创建投资组合可以在适当的情况下从简单的构建模块（如 ETF、单一股票或主动型基金）开始，这使新应用程序和解决方案能够与终端客户和银行的需求保持一致。这种数字框架使银行能够为客户提供量身定制的解决方案，以满足客户的需求。由于流程自动化以及在单一框架内覆盖了广泛的投资领域，这一数字框架具有高度可扩展性并且成本较低。这种数字框架可以为自导向和委托客户授权提供数字解决方案。因此，它们能很好地融入当今的银行产品和服务中。数字框架开始扎根，最终将进入主流财富管理领域。

在财富管理中生存：银行的混合转型选择

如果银行想要确保自己在未来数字财富管理领域的地位甚至塑造整个行业，那它们不仅需要将其财富管理的核心业务流程进行转型，还需要执行新的数字框架和业务模式。转型不仅需要对产品送达客户的方式（从传统到混合，再到数字）进行整合，还需要对建议和产品的创建框架和起源（从传统到数字）进行整合。

具有数字创意的解决方案可以以直接和增值的方式被整合到综合财富管理的业务模型中（如图 4–1 所示）。数字化解决方案可以通过传统客户渠道、数字移动（非面向客户）和网络渠道，或者通过结合个人建议、数字辅助和数字财富管理解决方案，以先进的混合形式送达客户群。这将使银行能够通过其首选渠道，为客户和潜在客户提供传统的或新的数字产品和服务。笔者认为，行业领先的银行将会选择一种先进的、高度互动的且涵盖经典和数字内容的模式。先进的混合方法将成为主流，因为基于机器的建议将把客户体验提升到新的水平。

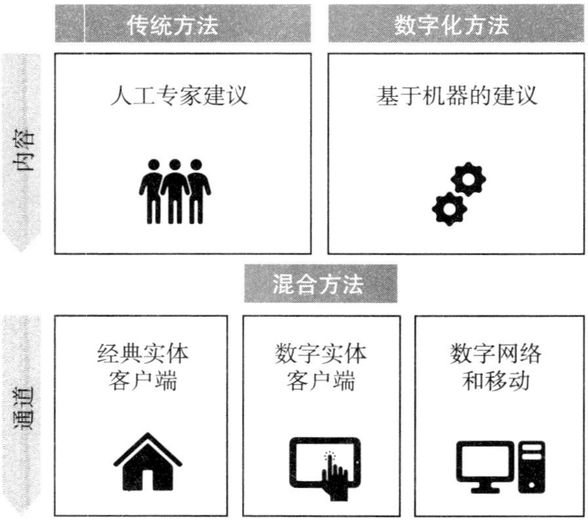

图 4–1 银行财富管理的新兴最佳实践商业模式

因此，管理中的理财专家和客户关系经理不会被算法或机器取代，但是他们的角色必须依据其专业知识进行调整，以适应开发和管理流程，便于与客户和其他利益相关者沟通，并做出解释。

商业模式中的“数字”元素涵盖了新的客户需求，从而提供了增长机会。流程自动化的可扩展性提高了银行的成本收入比，从而增强了其盈利能力和竞争力。这远远超出了当今的智能投顾所能提供的范围。目前，它们只专注于低成本的被动数字解决方案和分销。因此，二者之间有明显的区别。这种转变也使银行在与创新型新进入者竞争时处于有利地位。

商业模式的数字化转型始终具有挑战性。然而，银行有一个非常好的开端，因为银行已经拥有了大量的客户、资本和已建立的品牌认知，而这些基本要素都为所需的转型提供了强大动力，使其地位能够可持续发展。

构建数字财富管理框架：应对金融市场的复杂性

金融市场复杂且持续动态变化，使得投资成功非常具有挑战性。对于构建数字框架，“基于规则”的方法是可选项。这是一个快速增长的投资类别，投资决策是基于明确的和可论证的（即已证明有效的）规则构建出来的。这种方法满足以下三个关键要求。

- **自动化。**规则可以被编码成算法。
- **稳健性。**与复杂的量化模型（模型参数用历史数据不断重新校准）或人工智能方法（投资决策是由基于未知标准的算法确定）不同，这个规则是固定的，追求简洁且易于理解。因此，它们不是“黑匣子”。规则的简单性使其在应对高度复杂的金融市场时，更加稳健。
- **成本效率、透明度和流动性。**投资组合可以由大量可用的 ETF、指数基金或单一股票和债券组成。

构建数字财富管理框架的三个步骤

一个合适的框架必须能够生成各种有效、增值和量身定制的投资解决方案（如图 4–2 所示）。此外，合适的框架必须是模块化和可扩展的。框架可以分三步构建：

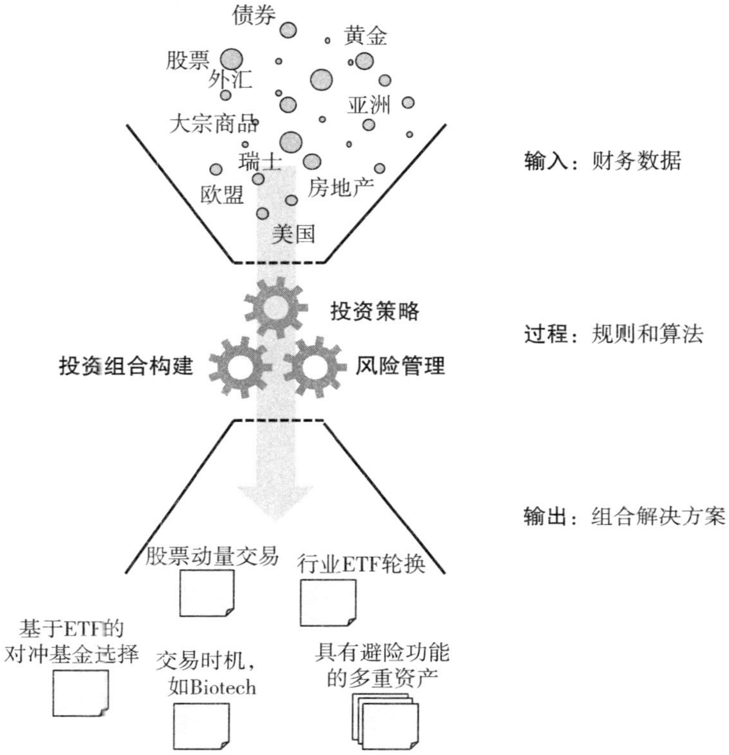

图 4-2　数字财富管理框架的图示

- 访问金融/新闻数据；
- 从数据中提取有价值的信息（噪声滤波器）；
- 构建投资组合解决方案。

构建框架的第一步是获取金融市场数据，第二步是数据被用作基于规则的投资策略的输入值。这些策略必须涵盖所有投资组合级别，并集体引导长期战略资产配置、战术资产配置（低估和高估市场以管理风险和回报）以及（如果需要）安全选择（如高股息或动量股）。策略必须完全基于规则，从而消除决策过程中的情绪。在开发阶段，在不同市场中测试和确保战略的有效性至关重要。第三步是将策略整合到投资组合中。单一策略的权重取决于投资目标并且必须与其保持一致（策略用作投资组合的“构建模块”）。例如，如果资本保值是一个重要目标，那么在战略上应该高度重视可以降低市场风险的策略。不同策略的投资组合根据不同的规则（“多策略”）进行管理，但在资产类别之外进行多元化，可增强稳健性。综合风险管理流程可确保投资组合符合所需的风险水平（如集中限制或波动性）。最后，对投资组合的持续管理，包括定期调整战略结果，有时还包括再平衡。

保持“产品上市时间短”非常重要

开发和构建数字框架的时间必须尽可能短，以便在执行转型战略时可以迅速取得进展。根据笔者的观察，以及与许多金融机构合作得到的经验，两个关键手段可推动“上市时间”。

一是，战略转型方案必须从上到下推动，自下而上的创新不起作用，因为需要将这些方案适当整合到全业务范围的战略中。同时，对竞争方法的恐惧会导致组织中的政治阻力。

二是，即使是资源充足的银行也需要几年时间来开发数字框架和必要的 IT 系统，专业采购供应商可以大大加速这一过程。

获取市场份额和另类借贷规模的关键成功因素

加布里埃拉·金德特（Gabriella Kindert）
NNIP 信贷负责人

过去十年诞生的许多金融科技公司在另类借贷领域拥有新产品和创新理念，旨在扩大市场份额并取代银行。表面上，作为一个原型，它们似乎更好、更快、更有效，而且价值主张颇具吸引力。然而，取得初步成功仍然面临着挑战。全球有 2000 多家金融科技初创公司，但只有少数几家成功拓展了业务。也只有几家有前途的公司达到所谓的临界点。

那么，如何在另类借贷中获得市场份额呢？有没有制胜之道？最重要的因素是什么？

本节内容基于广泛的研究，并参考了众多见解，这些研究和见解主要来自对20多位一级另类借贷平台和行业内的思想领袖的采访。他们独特的经验和观察使我确定了几个共同的主题，我将在图4–3中概述这些主题。

实现规模化的关键要素：TVFO

信任（Trust）

由于金融产品无形且通常很复杂，因此信任仍然是行业的命脉。然而，在金融危机爆发近十年后，人们对该行业的信心仍处于非常低的水平。尽管许多市场贷款机构试图将自己定位为与传统商业模式不同的企业，但对于新的参与者来说，这个处境是相同的，而且可能更严峻。许多投资者对另类贷款机构的贷款发放和尽职调查流程感到担忧。新数据来源的相关性尚未得到证实，风险定价模型也是如此。在面对不道德的商业行为时，大规模投资者甚至连风险最低的产品都会拒绝。

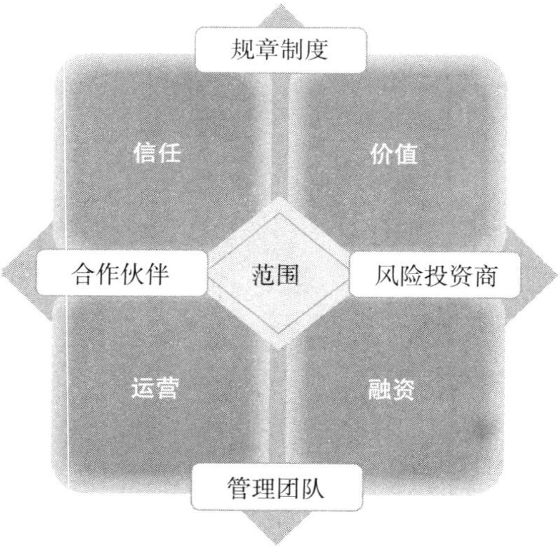

图4–3 在另类领域中获得市场份额

市场贷款机构可以通过多种方式建立信任。例如，提高透明度和披露程度有助于风险评估和提高跨平台的可比性。原则上，通过市场贷款机构进行投资，评估贷款所需要的资源应该更少。要做到这一点，平台需要披露有关其信用评估流程和贷款组合的综合信息。全行业的标准化也可以增强信任。当人们对待新鲜事物时，通常会持怀疑态度。实际上，许多平台报告表明，顾客的担忧仍然是一个重大障碍。平台可以通过注重熟悉程度来对抗这些遗留的障碍，这种熟悉程度基于现有的可信任度。中小型企业习惯以特定的方式处理事物，而且通常更习惯处理当前可信赖的生态系统而非促进变革。

从正确的角度接触公司应该成为一项战术。例如，会计师和其他专业人员如果熟悉涉及敏感数据的流程，那么他们更容易接受平台产品。零售客户可能会选择其中最大的平台，也就是那些看起来最熟悉、历史最悠久、被朋友所接受的平台。潜在的欺诈、网络犯罪和隐私问题加剧了信任问题，特别是考虑到市场贷款机构缺乏可靠的跟踪记录。因此，安全仍然是建立更大信任的关键因素。为了具有可伸缩性，市场贷款机构应在合规协议和风险管理方面具有强大的标准，他们应该不断改进他们的安全系统和协议，并能够针对与公司形象相关的特定威胁进行调整。

价值（Value）

平台需要具有颠覆性和可伸缩性的产品。

- **提供明确的增值主张（更便宜、更快捷、更方便）。**核心产品应具有可持续的竞争优势（有待消费者和投资者检验）。价值提供还可能意味着利基策略，即针对最容易接受其产品的特定群体制定方案。它们还可以专注于自己最擅长的业务（如发放和承销贷款），而将其他业务流程外包给能更经济有效地完成这些业务的金融技术公司，并从中受益。例如，平台可以将报告基础架构外包给 Orchard 等外部服务提供商，而不是自己花钱构建报告基础架构。Orchard 公司能够以更低的成本完成报告，因为它们也为许多其他贷款机构提供了相同的服务。如果平台愿意放弃价值链的某一部分并将其外包，那么平台就可以使自己的业务更有利可图。
- **可伸缩性。**在最初提出一个可伸缩的主张。小型区域市场无法吸引最好的资本公司、投资者和供应商。
- **向上移动。**获得先发优势（涉及资金、开放式架构）。

市场贷款机构通常关注其平台的技术层面。然而，深层次的财务能力仍然是一个关键的因素（改进风险定价模型）。

融资（Funding）

金融科技领域的创业者花了大量时间来吸引资本。我们知道，在成千上万的公司中，只有一些公司能够生存下来。缺乏充足资金的商业计划可能会追逐大型投资者，以请求它们对其价值主张予以适当考虑。通过及早获得顶级资本提供者的投资，创业公司的风险可以得到缓解。从领先的风险资本提供者那里获得资金，还可以产生规模效应。由于内部资源的限制，许多投资者无法看到一定规模以下的投资机会。对许多人来说，现阶段网上借贷市场的规模还没有达到他们考虑采用的地步。

我的建议是：展示价值、透明度、可伸缩性并以最佳方式工作。我们正生活在这样一个世界里，即做二流企业是不会获得回报的。投资商没有时间去寻找并确认你在和谁一起工作，谁是你的供应商，谁在资助你，而这些都可以转化为谁信任你。

运营（Operation）

有计划却没有出色地执行，也是毫无意义的。敏捷性在 IT 和营销方面也至关重要。平台经常发现自身缺乏运营灵活的商业模式，无法快速适应需求和供应的突然激增。我观察到许多另类贷款机构都低估了借款人收购策略的重要性。

它们严重依赖于投资者 / 贷款机构的增长，即他们能够吸引多少投资者进入自己的平台。这种方法限制了它们的增长潜力。平台应发展借贷和投资双方的“开关”能力，确保两者始终处于平衡状态，努力使运营更具灵活性。只有这样，它们才能保持增长势头，不至于因缺乏贷款或投资而受阻。

与现有的参与者不同，市场贷款机构没有现有的客户群，需要从头开始构建。这突出了具有成本效益的客户获取策略以及在单位基础上寻找具有积极贡献的、可伸缩的客户获取渠道的重要性。平台需要十分了解其营销预算，优化其渠道组合，这将需要巧妙地使用数据、技术的能力，鼓励不怕犯错的企业文化，测试思维和转型能力。例如，通过利用数字营销能力，平台可以开发智能营销模型，允许它们在短时间内改变自己的信息，从而在规模和价格之间创造良好的相互作用。

有关实现规模的关键要素的概述，请参见表 4–1。

表 4–1 获得市场份额的关键成功因素

因素	涵义	如何实现
信任	透明度 安全性 熟悉度	一致的透明设置（退货披露） 由顶级公司审计 参与现有生态系统的认证 作为业务合作伙伴和供应商的领先金融行业参与者不妥协的标准、风险管理和合规性 促进易于理解的流程
价值	为客户提供什么（更便宜、更方便） 优势可扩展吗	提供并维护可持续的竞争优势 对价值主张的批判性评估（它是否真的比现状更好） 大胆思考，通过先发优势保护价值 具有“插入”功能的开放式架构
融资	依靠资金来实现规模化 公司是否可以以适当的成本水平获得资金	可扩展业务理念：整个业务将建立在可伸缩的业务主张之上 网络影响：从领先的风险投资商和业界知名企业（英特尔风投、科斯拉风险投资公司、指数投资公司、凯鹏华盈、红杉资本、阿塞尔伙伴公司）获得融资 与有机会获得增长型资本的人士组成咨询委员会 在承担和控制风险与避免积极的里程碑之间取得适当的平衡
运营	公司是否有能力将想法变为现实 营销是否通过适当的行动支持商业计划	敏捷、灵活但纪律严明的管理风格 市场营销的灵活性和客户获取的强烈关注 客户获取价格和执行 管理利益冲突

连接引脚和启动器：PRVM

上面提到的信任、价值、融资、运营并非独立因素。平台应该从整体上着手处理。基于研究和访谈，我确定了四个关键因素，用于提高规模化能力。

合作伙伴（Partnership）

与知名企业建立合作伙伴关系可以增强人们对平台的信任。这里有几个例子：英国商业银行 – 瑞特塞特（British Business Bank-Rate Setter）；贷款俱乐部 – 联合银行（Lending Club-Union Bank）；基金圈 – 桑坦德（Funding Circle-Santander）；摩根大通 -OnDeck（JP Morgan-OnDeck）。这些合作伙伴可以是供应商、IT 系统供应商、后台设施和投资者，他们还可以成为营销渠道或帮助吸引资金，从而有助于建立信任，随后促使规模变得更大。与更大的老牌公司合作不仅可以促进更好的信息披露，还可以尽早识别平台安全和运营流程中的潜在违规行为，因为老牌公司可以进行强有力的尽职调查。

规章制度（Regulations）

规章制度增强了人们对该部门的信任，同时也为建立健全的生态系统提供了一个基本框架。目前，关于未来监管发展的不确定性是主要的障碍之一。监管的复杂性往往难以驾驭，尤其在多个司法管辖区开展业务时。在零售投资领域，由于人们评估信贷风险的程度有限，监管可以起到“批准认可”并保护生态系统的作用。最近，一些平台（如 Zopa）申请了银行牌照，这表明了建立信任并通过在银行内投资获得安全感的重要性，缺乏任何形式的授权都可能阻止某类投资者参与其中。

风险投资商（Venture Capital Providers）

平台需要两种形式的资本：借贷资本和股权资本。对于后者来说，与合适的风险投资商和私募股权投资方合作是非常重要的，因为它们不仅带来了资本，还带来了认可、验证、经验和技能。企业家往往会喜欢它们的想法，但也存在一些偏见。通过一家声誉卓著的外部公司（该公司会评估数千个商业计划并选择少数商业计划）对一个商业想法进行早期风险投资，这可能是一项重大成就。倘若吸引了凯鹏华盈、红杉、安德森•霍洛维茨、科斯拉风投、星火资本等风投公司，便可以在后期的营销、运营和融资渠道方面获得关键支持。与商业公司类似，一些商学院，如欧洲工商管理学院（INSEAD）、IESE 商学院（IESE business school）和斯坦福大学拥有风险投资部门，这些部门可以凭借其独特的洞察力和极其宝贵的人脉，为该商业计划背书。

管理团队（Management Team）

最后，只有多元化的管理团队才能发挥作用。最有能力的创业者可能会看到自身的局限性。创业需要的技能与扩展业务所需的技能完全不同。这可能是一种情绪化的决策，许多创始人难以意识到这一点。由于资源限制和情感依恋，想让带有客观看法的专业人士参与进来，通常说起来容易做，做起来难。尽管如此，没有人能够掌握运营一个成功的另类借贷平台需要的所有技能。那些与掌握丰富专业知识的团队分享优势的创业者最有可能取得成功。

生态系统中的相互依赖：易受传染

市场借贷是一个相对较新的领域，尚未经过整个经济周期的检验（见图4–4）。这些平台是在经济环境良好时出现的，如果经济形势恶化的话，许多机构投资者对它们的表现表示担忧。最近，一些平台报告披露了更高的贷款违约率，而当利率开始上升时这一问题仍然存在，这一事实加剧了人们的担忧。另类借贷的商业模式仍然脆弱，由于信任问题，它们极易受到传染，而一家公司的破产可能会破坏整个生态系统。

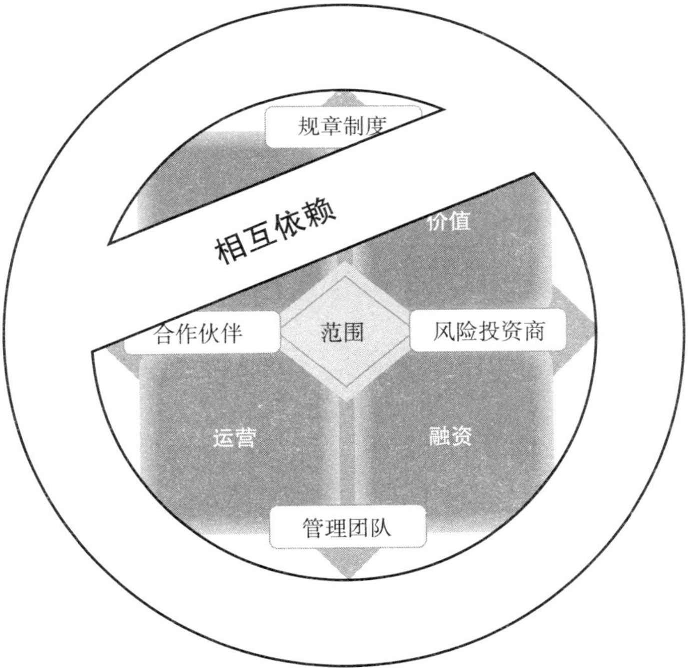

图 4–4　生态系统中的相互依赖性

平台应致力于创建一个强大的生态系统，以抵御不利的经济和声誉损害。目前，高声誉风险（如洗钱）可能会阻止投资者参与平台。对许多人来说，这可能不值得。平台应努力与利益相关者（尤其是借款人）建立更深层次的关系，努力实现更加一致的披露，减少信息失衡并确保提供有关潜在风险的明确信息。对于价值链中涉及的所有参与者，保持纪律和高标准至关重要。我们应当清楚这一新兴产业仍处于起步阶段，许多领域需要进一步研究先发优势的重要性、测量关键成功因素、了解和测评合作伙伴的作用。

结论

颠覆性产品可能为利益相关者带来了比以往更好的价值主张，它们的成功往往归结为它们扩大规模以确保其业务可持续性的能力。实现规模化是一项艰巨的挑战，许多因素都表明这一领域存在明显的先发优势。通过培养上述正确的组成部分，另类贷款机构可以大大增加实现这一目标的机会。

我的建议是：确保你拥有能提供明确的价值，能够与一级利益相关者合作，从最佳企业那里获得资金，并不断地挑战信念的产品。我们生活在一个自满和平庸无法获胜的世界里。

个人理财智能——人工智能与资金管理的未来

凯瑟琳·弗拉克斯（Catherine Flax）
Pefin 首席执行官

人工智能的出现为消费者的生活带来了许多创新，但并没有明显改变人们的理财方式。我们将以一种完全不同的方式处理个人理财，以激发良好的长期习惯。害怕破产、希望有足够的资金退休、缺乏供孩子上大学的资金支持，对许多人来说，指望股市上涨是当前解决这些重要问题的（但却是错误的）方式。怀揣希望不是一种策略。对破产的恐惧、对退休后有足够资金的期望、对无法供孩子上大学的担忧，促使很多人指望股市上涨。这是当前人们遇到资金问题时的主要解决方式，但这是错误的。希望不会成为一种策略。

现在，我们之所以可以影响与货币互动的方式，是因为我们对个人财务状况、目标、经济、市场、税收规则和许多其他因素的复杂方程式的深刻理解。我们可以通过一种新模式，了解人们如何与自己的财务状况建立起知情关系，并控制生活中这一重要的方面。一种新的信息和教育形式可以在经济上为广大公众所接受，从而使他们形成新的习惯。困扰作为经济文盲的社会大多数人，甚至是受过最高教育的公民的问题，都可以用人工智能来解决。如今，只有拥有巨额净资产的个人，才能获得专业理财顾问的服务，并接近这一服务水平；但即便是专业服务，也不像当今计算机和机器学习能力那样全面或量身定制。人力理财顾问无法同时处理客户做出的数百项理财决策，更不用说在这些决策之上再考虑州和联邦税法、通货膨胀、股市和许多其他变量的变化，以及这些变量之间的相互作用。只有能够处理每个客户端数百万个数据点的高级计算技术，才能充分消化并理解这张相互关联的信息网。因为每个人在经济上都是独一无二的，所以没有“经验法则”或一般指导方针可以为每个人提供正确的建议，这些必须高度定制才能有价值。

由于技术的变革（包括计算能力、云存储、智能手机和交互式浏览器技术），我们即将使用众所周知的人工智能技术为公众提供低成本、全天候的信托人工智能理财建议。一些重要的人工智能方法如下所示。

- **前馈神经网络。**它们模拟人类大脑的工作原理，能够处理相互关联的信息，并理解许多不同变量之间的复杂关系，而人类只能分析有限数量的关系。然而，当我们做决定时总是模仿前馈神经网络。直观地理解就是，如果我们想送孩子去上学费昂贵的大学，那我们可能就买不起自己想要的房子，而且可能会延迟退休时间。考虑到人类大脑的局限性，我们无法做到将其他不断变化的因素分层，如通货膨胀率、税率和其他费用的变化，以快速确定所有的可选择范围和最优组合。这些技术还能够考虑短期与长期权衡，这是财务决策中固有的。简而言之，前馈神经网络是一个高度复杂的“大脑”，它可以处理近无限个变量及其相互之间的关系，并做出最优决策。
- **强化学习。**可以添加到人工智能方法中，真正为每个用户提供个性化的特定建议。强化学习可以获取个人行为的详细信息，并将其输入机器学习算法中，从而深入了解该个人用户的目标和行为模式。机器学习的这个方面根植于行为心理学，对于从一般建议转向具有独特结果的更复杂的解决问题方案非常重要。
- **协同过滤。**这个词你可能不太熟悉，但是我们都已经非常习惯了它在我们生活中的工作模式，比如亚马逊网站上以“如果你喜欢这本书，你可能也会喜欢这些”的形式推荐的书。它通过收集许多用户的偏好来预测用户的兴趣，这在生活的许多方面都很重要，包括管理费用、计划家庭度假或确定投资目标等。虽然从大量的一般信息样本中推断出人们的偏好是一个良好的开端，但它并不适用于制定适当的理财规划。每个人需要的理财建议必须基于他们自己独特的数据和情况。

- **用于语音和语言的人工智能界面的扩散**。简单的人工智能界面是用户在日常生活体验中比较熟悉的一部分。考虑一下语音电话“bot”，当你打电话给银行或其他大公司时，你可以在浏览自动菜单选项时说出自己的信息。虽然今天大多数人工智能程序都在试图理解并传达一些简单的指令，比如“我的余额是多少”或“我在咖啡上花了多少钱”，但是现在我们应该尝试回答更复杂的问题，比如“我存够钱了吗”“我能负担得起我的孩子上常春藤盟校的费用吗”或“我可以在60岁而不是65岁退休吗”。将人工智能界面与人工智能计算链接起来，既能理解问题，又能提供详细的推理，以及复杂的答案。

这些界面与人工智能理财顾问相结合是一项突破性的重要进步，因为人们希望以熟悉的方式接收信息，就像他们与人类交谈一样。利用亚马逊的Alexa或Siri等工具提升舒适度，这对于视力受损或灵活性不好的用户来说也是一项重大进步。从根本上说，当人们不再区分他们是在与人类对话还是在与机器对话时，机器更容易实现低成本、大规模、跨多国语言使用。

机器在遇到问题时能够主动伸出援手，这将改变人们必须仔细检查他们的财务账目，以确定是否需要担心某件事的局面，例如，计算机、电话或Alexa可以告诉你“嘿，看看你的银行账户，你可能对某笔账支付了两次款”，或者“国会刚刚通过的新税法将对你的退休储蓄产生负面影响，除非你考虑在一个有利于税收的司法管辖区退休，否则你会比预期更快地花光所有的钱”。这是我们真正需要的一种“推动”——由自动化人工智能驱动理财顾问，这一点我们即将实现。

计算能力的提升是使用数据并改变人工智能融入生活的主要驱动力之一。云计算的出现使得廉价的大量计算成为可能，它使企业级基础设施安全标准和军用加密变得更容易访问，使各种规模的公司拥有更高的安全级别。值得注意的是，许多大公司必须重做几十年来相对开放的安全性技术，而新公司可以从一开始就使用复杂的加密技术和其他增强安全性的方法。

监管如何跟上这些技术变革？许多监管机构最初认为，先进的技术最有希望提供公正的、适当的受托人建议，例如美国劳工部（DOL）信托裁决所的规则，该规则扩大了根据《雇员退休收入保障法》(*Employee Retirement Income Security Act*)定义的“受托人的投资建议”。即使人力理财顾问出于好意，也难免带有偏见，而人工智能理财顾问则与之不同，它可以被设定为受托人，并且必须通过设计提供无偏见的建议。这对金融服务消费者来说是一个巨大的保护，也是技术对这一领域最重要的影响之一。我们将人力理财顾问提供的建议与基于人工智能的理财顾问提供的建议进行比较，发现人工咨询的成本变得越来越复杂，这就像投资管理一样。研究表明，在过去的20年中，高达92%的采取主动型管理方案的共同基金表现不如其基准指数。

智能地利用这些工具的强大功能，提供基于人工智能用户的友好型解决方案，尤其是针对整体理财建议等复杂而昂贵的问题，这才是未来的关键之处。人们迫切需要依据合理定价来解决其财务问题，只有人工智能才能提供这种服务。因此，个性化的人工智能是理财建议的未来，想象中的力量让不可能的事情发生了。

21世纪财务预测与投资组合优化

杰瑞米·索萨波夫斯基(Jeremy Sosabowski)博士
AlgoDynamix 首席执行官

俗话说：“多样化是唯一的免费午餐。”真的如此吗？如果不是这样，在传统资产管理行业中，新技术如何改变，或如何更有可能改变和颠覆？

本节将着眼于金融服务业的一些持续的趋势和变化，以及资产管理公司如何(或应该)进行转型以保持相关性和走在时代的前沿。这将包括对不同技术的概述，包括机器学习和云计算等流行词。主要焦点将集中在活跃于股票市场的资产管理公司，因为这类资产一再显示出资本的长期增长潜力，这显然取决于适当的投资组合管理，包括在适当的时候降低风险并使用正确的技术选择。

技术的时间简史

技术进步一直处于金融服务的最前沿，特别是这些解决方案能够展现出明显的竞争和经济优势。早在克里米亚战争时期，通过使用信鸽而不是马匹来提高通信速度，就可以获得竞争优势。现代的等价物可以在证券交易所之间建立直接的微波无线电点对点连接，以避免光纤电缆带来的延迟。物理定律表明，这种“军备竞赛”现在可能已经结束了。下一个要讨论的新事物可能是量子纠缠，尽管这种零延迟通信概念目前仍只是学术和哲学领域辩论的一部分。

同样，计算处理一直是金融服务的大部分领域的支持工具，在资产管理行业中更是如此。研究、投资组合构建、随机建模、情景测试、概率（风险）计算和许多数学模型（包括与期权相关的计算）都属于密集型计算。

技术再一次拯救了我们，云计算正在简化现有的基础架构，同时支持许多过去难以想象或无法实现的新应用程序。如果没有这种计算资源的普及，许多金融科技初创企业就不会存在。除了目前可用的近乎无限的、随需应变的云计算之外，量子计算机的最新进展可能很快就会为计算处理带来颠覆性的创新。

“量化基金”、机器学习等趋势技术

像许多其他领域一样，目前尚不清楚其未来的具体发展，它可能会与技术创新有关，包括机器学习（它能够推动更普遍的量化基金的出现），反之亦然。 趋势显而易见，甚至像 Blackrock1 和摩根士丹利这样家喻户晓的大公司，也从可自由选股和股票分析转向越来越多的“软件驱动”的资产管理决策。

无论采用何种方法和技术，资产管理投资目标通常包括长期的超额业绩和适当的多元化，以降低投资组合的风险和减少短期的波动。那么，机器学习如何帮助实现这些总体目标呢?

在深入研究更多的资产管理细节之前，让我们先详细探讨一下机器学习的细微差别。这不仅有助于揭开一些概念和术语的神秘面纱，而且还有助于识别更多的“增值”自动化带来实质性好处的领域。机器学习有时更普遍地被称为人工智能，这是一个包罗万象的术语，常常引发终端式机器失控的想法。失控的自学习算法肯定会造成严重的破坏，就像生活中的其他事情一样，它永远不会是黑白分明的，尽管流行媒体总喜欢暗示它是黑白分明的。同任何其他进入“日常生活”的新技术一样，采用阶段和变革意义并不总是明确的，当然也不符合每个人的最佳短期利益。不出所料，某些方面会遇到阻力，就像过去的勒德分子一样。请注意，技术带来的经济繁荣和生产力提升是相辅相成的。这也意味着，在采用此类技术方面行动迟缓的公司，可能会发现自己处于竞争劣势，进而在收益上处于劣势。

有监督机器学习

监督机器学习是机器学习技术最普遍的形式，它是与“自学习”和“自我强化”最相关的技术。这些算法依赖于某些人工元素来标记输入数据（即向数据添加一些结构），然后对机器学习算法进行训练，最好使用尽可能多的相关输入数据。输入数据通常被分为学习数据集和验证数据集。一旦经过适当的培训，经过训练的算法，其实时样本的外性能能够提供强大的长期预测能力，但这些能力需要进行（或正在进行）调整和再培训。有监督机器技术的实际应用包括“语音字符和图像识别”和“搜索和推荐”，其电子商务中的应用尤其显著。

这些训练有素的算法的预测能力取决于许多因素，但通常来说，只要没有“体制转换”，性能就会随着更高质量的输入数据而提高。在上面的例子中，如果算法接受了英语训练，当有人开始使用一种新的语言时，就是一个“体制转换”，很可能需要新的训练数据。监督技术的另一个限制是固有假设，即未来的模式是历史数据的合并或重复。

无监督机器学习

不幸的是，许多金融时间序列很容易出现体制转换，而过去并不总是预示未来事件的好兆头（或者实际上并非如此）。体制转换的例子可能包括利率的变化（甚至是现在的负利率）、之前从未见过的量化宽松政策、新法规以及新金融产品（CDO 等）的推出。一般来说，输入数据的随机性越强，重复性越低，就越难从过去学到东西。

值得庆幸的是，并非所有的机器学习算法都需要历史数据集训练、人工标记和非体制转换数据集。除了有监督的机器学习技术，在金融市场的实际应用领域中，更新的、更近的无监督机器学习技术表现得格外出色。基于布朗（“随机”）运动模型描述交易型金融工具的某些定价行为的假设，我们能否使用无监督机器学习来进行预测？答案是“能”，特别是在金融市场经历“体制转换”的情况下，并非脱离非布朗运动状态的时候，答案才会是“能”。AlgoDynamix 公司正利用全球金融交易所的限价订单簿信息、复杂的聚类和表征算法以及分布式云计算，为全球资产管理公司和其他全球金融机构提供预测解决方案。

全力以赴，面向 21 世纪的投资组合科学

那么，史密斯的“看不见的手”、有效市场假说和投资组合多元化，这些概念还适用吗？可能会。就像其他事物一样，很多事情在很多时候都起作用……金融市场中的极端事件，也就是尾部风险损失（或回报），一直以来都不可能以一致的标准来预测，而且大部分钱不是赚了就是赔了。展望未来，现在可以（甚至更重要的是）停止使用基于现有模型和过去事件的预测技术。包括 AlgoDynamix 定向市场风险预测解决方案在内的新技术，都已被全球资产管理公司和其他金融机构所采用。看看当前的金融科技革命，加上金融服务各领域的技术采用率正在不断提高，未来在适当的地方使用适合的人工智能，看上去有着不错的前景。

人工智能驱动的财富管理产品和投资工具

亚龙·戈尔弗（Yaron Golgher）
I Know First 联合创始人兼首席执行官

利帕·罗伊特曼（Lipa Roitman）博士
创始人、I Know First 合伙人

德米特里·涅金斯基（Dmitry Neginsky）
I Know First 高级研究和战略分析师

金融市场与大数据的复杂性

机构投资者、个人投资者，以及理财顾问正在寻找一些不仅能帮助他们更有信心地制定投资决策或建议，而且还能提供不同金融市场视角的先进技术。资本

市场构成了一个非常复杂的系统，它不断超越现有的理论，因此传统模型无法充分解释和预测。此外，市场参与者被越来越多的（大）数据压垮了，这些数据都需要消化和理解，以便能够成功地在各种市场环境中导航。

即使是最优秀的专业人士，似乎也无法快速适应技术的进步、竞争的加剧，以及市场新信息的不断流动。这可以从对冲基金回报的不规则性和过去 15 年中产生阿尔法的能力的下降中看出。因此，为了对金融市场进行建模并适应金融市场不断发生的变化，需要更复杂的自学习系统。

人工智能和深度学习：适应性强、自学能力强的资本市场建模与预测

金融科技公司 I Know First 的系统集成了多层神经网络，使得它可以在不需要人为假设的情况下，对市场进行建模并保持灵活性。它运用人工智能和机器学习技术，查找大量历史股票市场数据中的模式，并以此为基础生成排名预测。该算法学习最新的数据并随之演变。它适应新的条件和特点，并具有足够的学习经验和能力，能够在以前没有观察到的情况下做出预测。

该预测算法将市场建模升级为具有分形特性的非平稳混沌系统。它使用多重表达形式，即每个预测都有多个视点和多个数据变体，并通过数据清理来显示一些重要的特性。通过显示规则化过程，引入附加信息，以解决不适定问题或防止过度拟合问题，同时在机器学习过程中，优化学习过程中的适应度因子，从而能够根据算法未暴露的新数据进行预测。此外，用主成分分析识别重要的（信息携带）输入，并将它们与不重要的输入分开，这使数据易于探索、可视化和学习。

然后，自适应遗传算法不断改进预测池，用于创建预测的集合。遗传算法通过反复修改个体预测变量的群体，选择最佳预测变量并剔除最差的预测变量。当适应度函数发生变化时，它会适应新的环境。这种解决优化问题的方法是基于自然选择的，灵感来源于生物进化。

部分与纯人工智能驱动的投资

在交易和投资管理的背景下，存在两种人工智能的主要用例。第一种用例的主要目标在于对资本市场数据进行某种分析，例如匹配价格和交易量模式、检测市场各种异常，以及通过自然语言处理（NLP）解释情绪并找到关系，从而得出

一组基于当前市场环境的输出。在这种情况下，大数据被有效地压缩成更小、更有意义的信息。然后可以通过人工过滤器（管理器）或人工智能模块外部严格定义的规则来解释第一级分析，并最终转换为操作指令。需要注意的一点是，在决定人工智能模块的设置时，应事先明确输出的目的及其未来应用，以便了解如何利用机器学到知识。

从商业角度来看，机器处理和压缩信息以及相应的描述，已经说明其可以为市场提供额外的洞察，因此可以将其定制为产品，销售给终端用户，这些终端客户对整合这些产品很有兴趣，并以此制定投资决策。

在 I Know First 公司，每日更新的股票市场预测就是压缩的信息片段。通过不同强度的正面或负面信号来表示，以评估投资机会以及每种资产和预测时间框架的可预测水平。

相应信号的置信度 / 质量度量是独特的可预测性指标，它根据算法识别并跟踪最可预测的资产，从而实现调整风险后的超额绩效。

先进的算法预测系统有助于发现最佳投资机会，同时有助于在整合到客户投资流程中时监控当前的投资组合。金融机构（如银行、财富管理公司和顾问、经纪人、网上交易平台）可以灵活地根据自己的需求定制预测范围，并将预测整合到它们的研究和咨询过程中，或者将其作为交易想法为它们的客户生成工具。其他标准化的订阅服务，通过人工智能的预测，进一步增强了个人投资者的能力，而这些个人投资者通常不具备开发、维护和利用人工智能技术管理财富所需的资源和专业知识。

AI-Powered 投资工具

上述类型的“智能”产品可以扩展到投资工具中。在这种情况下，客户本身并不使用人工智能分析，而是依赖于其在投资工具中获得最优的附加价值，这些工具很容易进行投资。在这里，可以使用人工智能构建投资组合。算法预测指标用于制定系统性长期偏好或多 / 空头交易和配置策略。根据所选择的风险以及交易活动情况，这些策略可用于推出对冲基金、共同基金，构建 smart-beta 或主动管理的 ETF。

在每日更新预测中，机会主义的、更主动的、更平衡的策略会将最新变化考虑在内，并将重点放在提供更高上行空间的最可预测的资产上。

“AI–Smart”–Beta ETFs

相比之下，smart-beta 产品常投资于一些预定义的公司，这些公司通常是某一（行业）指数的成分股，或从根本上来说是“高质量”的公司。然而，在这些公司中根据预测性人工智能算法发现的机会，调整默认的市值配置。再测量是以预定义的频率发生，或是在预测的重大变化超过阈值的情况下发生。因此，与被动型指数跟踪（部门）ETF 的资产一样，风险敞口也是通过调整权重利用人工智能驱动的预测功能来获得的。

通过这些算法的预测和排名系统，可以通过可预测性水平、信号方向和强度来评估投资机会，这些可预测性水平、信号方向和强度是针对所涵盖的每个资产的不同时间段生成的。

人工智能驱动行业轮动策略

“自下而上”构建的系统使我们能够分别跟踪各个证券走势，并将这些走势按部门和行业分组，从而得出“宏观”的结论和趋势。通过这种“汇总”走势可以做出更高水平的配置决策，并最终作为一个行业（ETF）轮动策略实现。在这里，ETF 投资组合是通过投资更有前景的行业来构建的，正如人工智能预测系统在成分股层面上所建议的那样。

有自主权的、纯人工智能的对冲基金和强化学习

到目前为止，我们已经介绍了人工智能和机器学习技术在大型复杂数据集上的应用，以便产生可以提供更多见解的输出，然后由投资经理和推荐流程中的顾问在外部使用。合乎逻辑的下一步是构建一个完整且封闭的基于人工智能的“从分析到决策再到执行”的系统，以缩减基金经理的投入量。强化学习被用于转换交易信号，它可以被视为监督学习和反向测试的整合。

然而，在监督学习中，适应度函数在学习过程中由包含输入输出示例训练的数据集进行优化。强化学习类似于儿童从错误中学习。机器在给定的环境中探

索可能的操作，并学习哪些操作可以得到期望的结果。奖励函数用来测量学习的成功程度，它可以是单数的（一次一步），也可以是累积的。在任何给定的状态（当前的投资组合）下，最好的决策都是由算法根据目前的学习经验制定和执行的。这样的系统不是简单的识别，而是预测和适应趋势，实时做出决策，从而消除经理对投资过程的随意控制。当然，这可能会导致一定的透明度，从而引发监管问题，使得公开上市交易基金进行完整的纯人工智能交易变得不太可行。

多种不相关的人工智能和替代数据驱动策略

知名对冲基金行业研究机构尤里卡对冲（EurekaHedge）最近对人工智能/机器学习对冲基金自 2011 年以来的表现进行了研究，结果显示，人工智能/机器学习对冲基金的表现与趋势跟踪策略和对冲基金两者的平均回报，均存在低相关甚至负相关关系，这就证明了基于人工智能的技术能够在未被传统模型识别且未在基于静态规则的策略中使用的数据中找到模式和关系。通过利用快速增长的计算能力和不断增加的新数据源，可以预计未来推出的不相关的机器学习策略和相应基金将更加多样化。

替代数据，例如，高质量的卫星图像可以显示零售商的停车场交通、油罐车和其他货物的运输、工业区的设施和车辆数量、农田作物颜色等，这对零售市场、制造业、农业等领域具有预测价值。此外，NLP 的进步使我们能够更好地理解、检查一致性，并使用来自大量非结构化（非组织的、文本密集的）数据的有价值的和可预测的信息。通过机器分析和解读，从不同新闻、文章、报告和博客、社交网络和共享应用程序中提取的数据，可以经济高效地测量投资者和消费者的情绪变化。到目前为止，如果这些数据点能通过人工智能被及时正确且全面地提取、解释、分析和交易，那么这些未充分利用或忽略的数据点将具有领先优势，这些信息将被金融市场“消化”并产生额外收益。

人工智能与金融的未来

人工智能在投资管理行业中的作用正在增加，并将成为行业标准，例如，独立应用人工智能生成的预测信息和交易策略帮助市场参与者进行积极的投资决策和交易策略，利用它在更多被动投资工具中构建更智能的人工智能和替代数据驱动的配置方案，或者允许机器接管决策并从经验中学习。因此，如果不了解且不能立即开始采用这种技术，无论是寻找新的阿尔法源、检测风险，还是节省成本和降低费用，都很难保持竞争力。

财富管理机构可以通过数据驱动的投资流程提供有效结果

吉尔斯·阿杜（Giles Adu）
ClearMacro 联合创始人

财富管理行业的核心在于根据客户对风险的态度，提供特定的投资方案。数百万储蓄者及其退休计划，是财富管理机构改进投资流程和决策方法的重要驱动因素。虽然财富管理行业正在继续成长，但它面临的监管要求和低回报环境带来的压力也越来越多。随着行业竞争逐渐变得激烈，低成本的智能投顾也面临着越来越大的威胁。为了保持和增加市场份额，财富管理机构需要提高投资组合回报，适应监管要求，并在投资流程中产生成本和规模效益。最近的创新降低了财富管理机构的成本，并通过规范系统流程，提高了投资组合的回报效益。先进的应用程序和工具使财富管理机构能够持续获取更广泛的机会，以维持长期的投资组合回报。

为了实时处理投资组合机会及相应的威胁，维持投资组合绩效，行业需要解决数据来源、处理和可视化的高效性。目前，最佳实践可以采用数据驱动的投资方法，对分析和决策过程进行系统化，以驱动投资组合收益、增强沟通并减少业务风险。

投资决策系统化

财富管理机构需要将投资管理团队系统化，将数据转换为可操作的信号，并对全球多元资产投资机会进行可视化管理。那些能够有效利用多个数据集来提取前瞻性信息内容的投资者将会成为赢家。这些前瞻性信息内容可以在一个强大的、规范的框架内进行分析，在控制风险的同时产生频繁的、高质量的投资组合。

目前，投资经理面对着大量无效数据，导致投资组合的配置不理想。决策通常基于“声音最大的信息”，它们往往来自多个数据源和媒体，包含多种类型和格式。这些信息由多个未链接的系统和低效的人工分析处理。对复杂信息的次优数据的处理和评估，导致投资经理难以有效地将有噪声的数据转换为可操作的信号，从而限制了投资组合的投资业绩。投资经理将需要采取前所未有的方式积极考虑如何处理数据。他们必须解决以下问题：

- 哪些数据集对投资组合收益的影响最大？
- 哪些数据集传达了具有高影响力的信息内容，哪些数据集没有？
- 如何获取有效数据？
- 哪些数据集应该纳入其投资模型中？
- 如何处理数据并将其转换成可靠有效的信号？

鉴于这些压力，要想取得成效，需要重新构思和设计财富管理机构的投资决策过程。

目前，技术解决方案可用于定制投资组合解决方案，以便财富管理机构利用最佳数据，推动一个全球化的、具有多资产配置战略，以及战术资产配置决策的完整框架。这可使财富管理机构的投资过程实现产业化，从而更经济有效地提供高质量、灵活的客户组合解决方案。

投资经理可以获得系统的、透明的、可追溯的、可验证的信号，以提供可靠的投入，从而提高投资组合收益。财富管理机构可以产生显著的运营效率并提高投资决策质量。

研究和数据

MiFID2 是欧盟投资中介机构的立法框架，自 2018 年 1 月开始生效。这意味着财富管理机构将面临新的约束，并承受着分拆研究和执行服务的沉重负担。财富管理机构不能再用执行费来换取费用。现在，客户投资组合的利益研究费用必须由财富管理机构来支付，或者对客户投资组合收取费用。财富管理机构将被要求体现其量化研究和数据成本，以及它们首次为投资组合提供的价值。

一流的财富管理机构可以抓住机遇，通过利用智能技术进行创新来提高效率、降低研究和数据成本。那些知道如何有效地利用来自“传统”的新“大数据”爆炸性增长问题的人，将会成为赢家。人工智能和机器学习衍生集，已经在影响预测技术，并被纳入分析。财富管理机构需要高效、低成本的分析，以便在降低自身成本的同时，继续提供可接受的客户回报。

有效利用大数据的技能和工具，将成为财富和投资行业中管理团队最重要的技能之一，该行业拥有不断增长的数据，且增长速度越来越快。

想象一下，财富管理机构通过一个集成的应用程序访问最具洞察力的数据提供商，在这个应用程序中，数据被转换为完全透明的、经过反复测试的市场预测信号。这些前瞻性信号可提高性能，并提供竞争优势（见图 4–5 和图 4–6）。

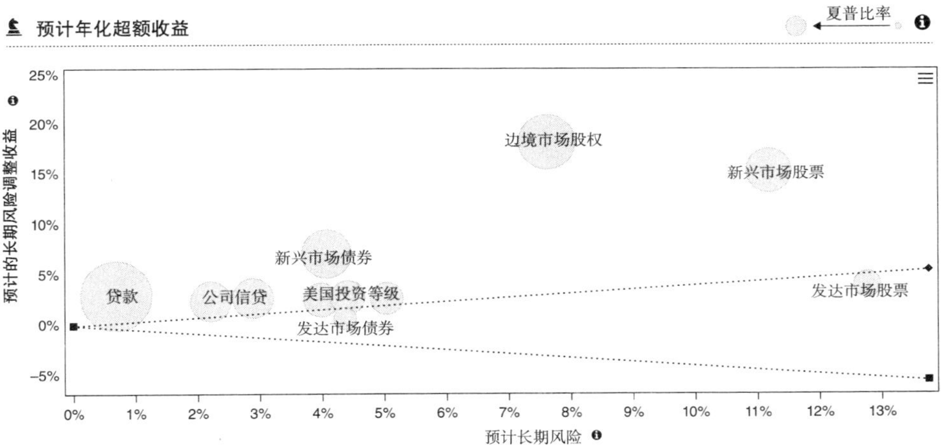

图 4–5 预计的长期风险调整回报

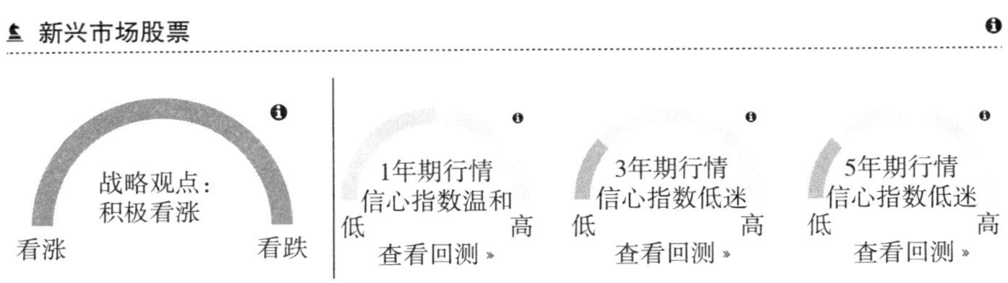

图 4–6 新兴市场的股票

该分析平台整合了经过精心策划的、最优秀的数据内容，包括人工智能、机器学习和社交媒体，涵盖财富管理机构在评估战术性市场机会（如资本流动、流动性流动、通货膨胀和全球经济活动）时会考虑的所有信息类别。

投资者能够通过清晰、高影响力的可视化，快速有效地评估和排列数据集，并分析哪些数据集对资产类别、市场和行业影响最大（见图 4–7）。

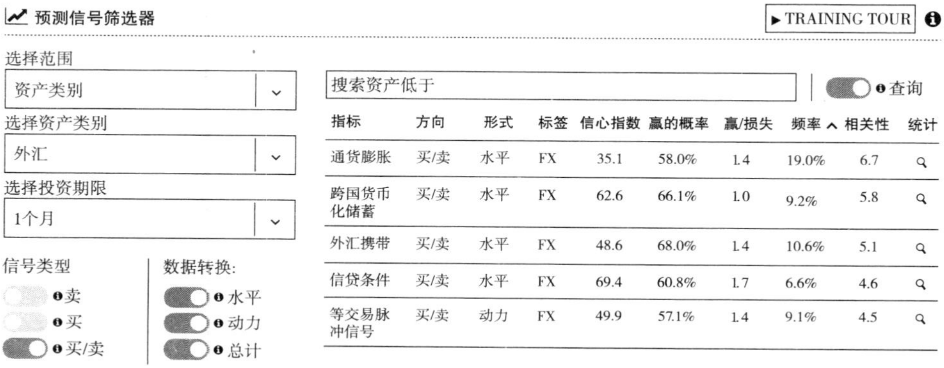

图 4–7　预测信号筛选器

想象一下，财富管理机构使用专门的、量身定制的、有影响力的数据，来反映其内部投资方法、理念和要求，以最大限度地提高实现客户投资组合目标的可能性。

其结果是财富管理企业的研究和数据订阅成本大幅下降。工具可以用来精确评估哪些数据有助于投资决策和增加投资组合回报，这个功能将使财富管理机构符合即将到来的 MiFID 研究预算账户的要求，并展示研究预算中数据提供者的价值。它们将获得一个严格的遵守纪律的流程，同时减少投资过程中的人为行为偏差。

想象一下，创新是通过一个透明的、定制的、跨越战略和战术资产配置过程（该过程能使投资经理“把点连接起来”）的资产配置框架实现的。投资经理可以捕捉并定期获得高质量的投资组合机会。

投资技术与通信

财富管理本质上是一项以人为本的业务。内部团队和外部顾问互动以形成投资观点，理财顾问与客户沟通以发展和维护关系。技术可以提高这些沟通过程的质量和结果。财富管理机构通常会缓慢地做出投资决策，而市场机会则会迅速发生，这可能导致次优性能。如果财富管理机构可以加快投资决策，它们就可以捕捉更多的投资组合机会。

想象一下，财富管理机构的投资决策者可以获得精选的、定制的、高质量的数据和分析，并将其转化为透明的、可操作的和前瞻性的信号。决策者能够在一个由有效数据驱动的单一用户界面，访问跨资产类别、战略和战术框架的全球机会数据集。

投资决策者和投资委员会可以通过强大、完整的分析，以及由数据驱动的清晰可视化界面，为投资组合配置建立信心。委员会可以花更多的时间讨论战略和高影响力的投资组合问题和实施策略，而不是整理预测和辩论不同的理论假设。

这将会大大节省时间，使得沟通质量更高，有助于做出更高质量的、透明可靠的决策。

想象一下，理财顾问访问根据预定的客户适用性而量身定制的实时客户组合内容。带有场景分析的强大可视化和能解决潜在威胁的投资组合升级建议，可以通过面对面会议、平板电脑或移动设备获得。通过实时访问客户投资组合信息、建立基于前瞻性内容库和数据驱动的分析工具的投资组合和建议，可以显著提高客户交互的质量。

降低风险

通过将定制的系统性“适用性”规则纳入投资决策过程，可以避免最近针对财富管理机构对英国监管机构提出的“不合适”建议的监管谴责。

想象一下，理财顾问访问数据驱动的、无意见的战略和战术投资建议，而这些建议只有在客户“符合”特定账户持有人标准时，才能分配给客户。理财顾问永远不会在无意中将客户组合分配给“不合适”的交易。理财顾问可以更有效地管理他们的客户账户，因为这样既可以满足适用性要求，又可以增加客户数量和投入质量。

通过一种高度灵活的解决方案，财富管理机构大幅降低了受到谴责和声誉受损的风险。

财富管理机构可以利用技术，通过数据分析和可验证的投资决策，对客户的建议实施事后问责。因此，决策将是可靠的和透明的。

总之，在监管和竞争加剧的世界中，财富管理机构可以通过数据驱动工具，提高投资组合回报和业务盈利能力，从而使投资决策流程系统化，并实现产业化。系统化的数据驱动流程可增强和简化沟通，同时最大限度地降低客户建议不当的风险。

性别平等的商业案例

安吉拉·孙（Angela Sun）
彭博社战略与企业发展全球负责人

性别平等的案例

2017 年初，全球数百万人为争取女性权利而参与游行，关于职场性别平等的讨论达到高潮。几周后，一场国际罢工敦促女性放弃她们的有偿和无偿责任，向世界展示没有女性的一天会怎么样。在国际妇女节前夕，一个年轻女孩的铜像出现在华尔街，勇敢地面对着标志性的冲锋牛。这位“无畏的女孩”象征着道富银行增加女性董事数量的行动，呼吁其投资的数千家上市企业采取行动。

总的来说，这些抗议活动和运动反映了人们对职场和全球经济中女性地位上升缓慢的日益不满。麦肯锡公司 2015 年的一项研究显示，如果女性在劳动力市场的人数与男性相当，那么到 2025 年，全球年度 GDP 可能会增加多达 28 万亿美元。企业开始认识到这一尚未开发的潜力，即获得最广泛的人才资源，更高效、更创新的团队，以及实现更强的财务业绩，并且意识到如果它们不能提供一个性别更平等、更具包容性的工作环境，将会面临多方面的风险。这背后传递的信息是投资者的资金也日益受到威胁——性别平等可能是一种强有力的经济激励。

投资势在必行

女性的平等权利意识已经成为经济和投资不可或缺的必要条件。投资者正在充满挑战的市场环境中寻求风险意识阿尔法的替代驱动因素，企业也在寻求新方式展示良好的治理和吸引资本，这使人们对有关性别平等和多元化实践的透明数据的需求变得格外强烈。彭博社于 2016 年 5 月推出了金融服务性别平等指数，以满足不断增长的需求，它提供标准化的汇总数据来测量企业在性别平等方面的立场。

对 ESG 和基于性别的数据的需求

性别数据是更广泛的环境、社会和治理（ESG）数据集合的一部分，投资者传统上使用这些数据，专注于各种被标记为可持续、负责任的或道德投资的策略。在过去十年中，对 ESG 数据和社会责任投资策略的需求急剧上升，主要受以下六大利益相关者群体的推动：

- 机构投资者依赖 ESG 数据评估企业降低运营风险和保持企业竞争力的能力；
- 资产经理认为，从传统的、商品化的金融数据集中获取阿尔法值存在困难，他们正在寻找 ESG 因素，以便更好地了解企业或投资组合的优异表现潜力；
- 千禧一代、高净值人士和女性更有可能利用 ESG 数据将投资与其价值观结合起来；
- 企业正利用这些数据为政策和实践提供信息，吸引人才；
- 交易所和政府要求提供更强劲的数据，以增强区域内企业的竞争力，并吸引更多的国内外资本；
- 媒体和记者使用 ESG 数据支持他们关于多样性、包容性和其他主题背后的商业需求。

2016 年，联合国负责任投资原则（principles for responsible investment，PRI）成员国增至 1500 多家，资产达 60 万亿美元。全球可持续投资联盟报告称，目前，有近 23 万亿美元（占全球管理资产的 26%）的投资纳入 ESG 投资战略的资产。人们对性别视野投资兴趣日益提升，这也正在重塑 ESG 格局。2016 年，SIF

基金会的一项研究首次追踪了性别视野投资。报告称，3970 亿美元的投资者资产“明确聚焦于积极支持女性社会和经济发展的产品或企业”。作为回应，某些企业开发了一些产品，比如道富银行的 SHE ETF（追踪拥有女性领导者的企业）和 Pax Ellevate 全球女性指数基金（投资于提升女性领导力的企业）。机构管理人员也在寻求可靠和广泛可得的性别数据，以便为这些战略和其他战略提供信息。

方法：衡量性别生态系统

彭博金融服务性别平等指数（BFGEI）扩大了可用数据的范围，为投资者提供了远远超出当前披露要求的信息。其独特的整体数据集为整个性别数据生态系统提供了透明度：（1）企业内部统计数据；（2）员工政策；（3）外部社区参与；（4）性别意识强的产品。每一项措施都是实现性别平等的关键因素。企业内部的统计数据（如女性高管的比例或薪酬排名前 10% 的女性比例）显示企业致力于提拔女性进入最高领导层。员工政策（如全薪产假和女性同工同酬）说明了企业如何营造这种进步并鼓励多元化的工作环境。企业赞助金融教育计划，或设置公共宣传组织和立法，也显示了其与社会的紧密联系。同样，通过为女性客户和女性拥有的企业提供财务资源和机会，具有性别意识的产品供应可被用于测量企业如何在更大的经济体内促进性别平等。

BFGEI 要求每家企业都必须提交年度调查报告，其得分必须达到或超过全球阈值，该阈值是为反映披露情况以及在所有四个类别中实现或采用最佳统计数据和政策而设立的。与妇女世界银行、Catalyst 和全国妇女和家庭伙伴等第三方专家协商后，每年更新调查问题，以更好地反映投资界的趋势和需求以及多样性和包容性实践方面的新发展。而且，随着企业和投资者兴趣的持续增长，未来的迭代可能会集中在其他行业和测量标准上。在不到一年的时间里，BFGEI 的规模翻了一番，其中包括总部设在 17 个国家的 52 家企业。

这种扩张表明企业越来越希望向投资者和公众保证，他们致力于建立性别平等和强有力的企业治理。该指数强调企业为增加女性领导人而开展了一系列举措，并努力更好地招聘和留住女性：75% 的指数成员企业为女性提供重返工作岗位的计划；73% 的企业需要具有性别多样化的管理职位候选人；83% 的企业为社区中的女性提供或赞助金融教育计划。2017 年，BFGEI 成员企业的董事会女性代表人数平均为 26%，是金融服务行业平均比例（13%）的两倍。

2017 年，BFGEI 遍布全球的足迹也为不同地区如何解决职场的性别平等问题提供了参考建议。在指数成员公司中：84% 的美洲成员公司实施了供应商多元化计划；80% 的欧洲成员公司纳入了针对性别的薪酬评估；93% 的亚太地区成员公司提供了无意识偏见培训。随着全球成员人数的增长，该指数还将反映企业如何应对区域性挑战，例如，美国的产假福利、欧洲的返工计划、日本的养老服务以及澳大利亚的托儿服务。而且，随着交易所和政府考虑到鼓励或要求披露信息或采取具体政策的益处，跨区域和跨国公司标准化数据的能力将对这场辩论至关重要。

制定性别平等新标准

除了测量公司在实现性别平等方面取得的进展之外，BFGEI 还可以识别有助于组织成功的潜在因素。其整体性质——提供对之前不透明领域的见解，如强制性多样化候选人名单的普遍性或女性在公司薪酬最高的员工群体中的百分比，以此帮助投资者和公司测量进展情况，检查这些独特信息集之间的潜在相关性并与同行进行比较。

通过展示企业对性别平等的承诺，该指数有助于为行业及其他领域建立一个新的标准，鼓励企业重新评估自己的政策和做法。在一年的时间里，一家同时成为 2016 年和 2017 年 BFGEI 成员的公司开始要求对所有经理进行无意识偏见的培训，从生育服务开始，并实施了一个包括女性持有企业的供应商多元化项目。另一家成员公司将产假延长了四周，将陪产假延长了七周，并开始为新妈妈提供返工计划。彭博社 2016 年成立的 BFGEI 成员公司在 2014 财年至 2015 财年期间，共同提高了各级领导层中女性的平均人数，这或许是最明显的进步迹象。

财务业绩与前进之路

随着指数成员和投资者需求的持续增长，BFGEI 促成了一个良性循环。更多的数据让投资者能够针对具有不同员工和不同包容性环境的公司制定更强大、更稳健的战略，这也有助于它们获得更高的回报。其中一种策略是，投资于董事会、管理层和员工中女性比例最高的标准普尔 500 指数成份股公司。过去十年，这一策略的表现比标准普尔500指数高出141%。同样，在2016年6月30日之前的两年，Pax Ellevate全球女性指数基金（Pax Ellevate Global Women's Index Fund）的表现优于摩根士丹利资本国际全球指数（MSCI World Index）。此外，它鼓励公司实施和改进推动性别平等的做法和政策，并披露这些变化的相关数据。随着BFGEI的发展，它将反映企业、投资界、媒体、交易所和政府的领导和进步，共同努力实现性别平等。而且，当一个因素影响另一个因素时，我们将继续建立透明、可操作的数据，以更好地测量和推动职场多样性和包容性对金融和人类的影响。

在New Fund Order中，信托智能选择是可能的

J.B. 贝克特（J.B. Beckett）
New Fund Order 创始人

没错，计算机可能很聪明，但它们被创造时就缺乏任何内在的自我意识、人性或行为信托能力吗？接下来，智能投顾出现，与共同基金的选择和研究相关的智能选择是金融科技的下一个前沿。随着越来越多的资产转向基于指数的系统化战略，基金研究的动态也在发生变化。那么，智能选择如何将客户端置于其他所有客户端之上呢？弗里德里希·尼采写道："道德是个人的群居本能。"如果这是真的，那么羊群行为就可以被定义和映射。

"信托"的概念肯定远远超出了选择最便宜的被动基金，并将其留在那里25年。信托基金还通过联合国负责任投资原则和可持续发展目标等行业倡议扩展到政治、社会和环境层面。然而，受托人本身的出现可能更加透明，例如，投资者是否要求一个人提供信托服务或确实需要信托基金选择？计算机可以以受托方式运行吗？回答这些问题时，也需考虑到在人类历史的决策中所充斥的不法行为，例如麦道夫骗局、Arch Cru财务丑闻、电影《锅炉房》(*Boiler Rooms*)、LIBOR利率丑闻（伦敦银行间同业拆借利率丑闻事件）以及《快闪大对决：一场华尔街起义》(*Flash Boys*）中所表述的金融犯罪等。

计算机只是按照编制的程序运行，不易出现不法行为，这是对智能迅速扩散的一种思考。随着机器人的兴起，白领角色的争夺战已经开始。白领角色基本上没有什么需要克服的物理特性，他们需要大量地交谈、思考、撰写报告和喝咖啡。马丁 • 福特（Martin Ford）的书籍巧妙地总结了金融专业白领人士的黯淡前景。如果你愿意的话，这是第二个数字时代。对于精算师、基金经理、经纪人、顾问或专业基金投资者，以及介于两者之间的无数伪高管和辅助人员来说，资产管理行业（“金融城”）实际上是人力密集型行业的最后堡垒之一。

受托人需要什么？同理心、勤奋、决心、可信度、专业技能、判断力，把投资者放在第一位。这些看起来似乎太人性化了，并且像是一个超越数字化的领域，但是 2016 年 3 月在首尔举行的一系列比赛中，当谷歌深度思维的阿尔法狗以 4 比 1 的成绩击败韩国的李世石（Lee Sedol）时，自适应人工智能的受托机会就向前迈出了一大步。

围棋已有 2500 多年的历史，就规则而言，阿尔法狗的规则要比国际象棋简单得多。在 19×19 的网格上，黑色和白色两侧分别是黑色和白色石头。一旦放好，石头就不会移动了。游戏的目的是完全包围并吞掉对手的石头，然后将其从棋盘上移除。这里交织着复杂性和艺术性——战斗从棋盘的各个角落到中心自然演进。鉴于典型的国际象棋游戏具有大约 35 个分支因子，并且持续移动 80 次，可能移动的数量是巨大的，大约是 35^{80} 次，也就是“香农数”。阿尔法狗每回合有 250 个可能分支，每个分支有 150 个可能的移动，总移动数量大约为 250^{150} 次，因此要大得多。

在许多方面，基金选择器的计算远比阿尔法狗的策略复杂，但细微的判断偏差却是类似的。资产配置，即相对于“中性”资产进行过高或过低的权重配置，会产生战术头寸，其根源就在于战争策略。当然，基金选择器既不是科学也不是艺术，它将模糊逻辑与数据输入整合到一个决策中。

想象一下，如果可以从软件中获得可选择基金，那神经网络计算程序就可以筛选数千只基金，从中做出判断并列出建议，以评估适用性和对任务或投资者需求的兼容性，进而监控这些决策的结果，以保证基于模型、新信息和过去数据的基金经理的能力。在推荐变更的同时权衡对投资组合以及营业额的影响，并权衡营业额、成本等热门指标。业绩分析已经数字化，可以存储并学习其他类型的信息。算法则可以根据诸如管理者的经验、任期、基准、基金变化、移动公司、新闻流等常见的重大变化来复制判断助推和偏差。软件在许多方面可以更好地解释信号，其重要性需要为自学奠定良好的起点。组件在许多方面已经作为单独的金融技术存在，只需要一个复杂的自适应算法将它们连接在一起。

另一个挑战是如何留住经验和数字智慧。在这里，阿尔法狗通过将自学习与可微神经计算机（DNC）耦合来求解。记忆确实需要技能。据 DNC 的开发人员说，DNC 体系结构不同于其他体系结构，它会通过选择性地输入并读取内存，允许对内存进行迭代修改。对于一个基金分析师来说，这些都是令人难以置信的事情！

首先，机器人遵循三个指导法则——科幻小说作家艾萨克·阿西莫夫（Isaac Asimov）设计的机器人三大定律（阿西莫夫定律）。这些已成为机器人行业的基本指导原则，因此也应适用于信托机器人和机器人选择器：

- 机器人不得伤害人类，也不能坐视人类受到伤害；
- 机器人必须遵守人类的命令，除非此类命令与第一定律相冲突；
- 在不违反第一或第二定律的前提下，机器人必须保护自己。

因此，信托责任落在了指示程序做出决策的算法程序员身上。根据这些法则，计算机可以被编程，并学会将客户的利益放在首位，这并非不可思议。

1. 坚持信托标准，必须披露所有利益冲突。除非首先编程，否则计算机没有冲突。就像无人驾驶汽车一样，它的功能毫无疑问能够满足目的。
2. 受托人有“注意义务”，不仅要持续监控客户的投资，还要监控他们不断变化的财务状况。计算机可以全天候连续监控，并且不受疲劳或顾问 / 基金选择器的限制。如果客户端在 X 天内没有更新，或者可以链接到客户端的账户、电子邮件、日记等，则可以包含序列。
3. 了解客户风险承受能力的变化，可能是在痛苦的熊市之后，也可能是在家庭发生变化之后。根据适用性标准，财务规划流程可以在一次会议中开始和结束。对于受托人而言，第一次客户会议仅仅标志着法律义务的开始。我们已经看到了“孤儿客户”这个词，而且人类在放弃利润较低的客户（价值池）方面有着良好的记录。

4. 监督、学习、适应和评估基金变化。现实情况是许多基金投资者并不经常或客观地监督他们的决策。他们容易受到启发式偏差的影响。然而，计算机可以持续监控成本、营业额、风险、变化和绩效，它可以监控 RSS 提要、业绩、基金经理评估、投资组合头寸、客户提供的信息、指令、交易流程，以及通过神经网络分析的数千个甚至数百万个数据点。

由此可知，该算法可以包含神经路径和决策树的核心层次结构：主动管理 vs 基于学习经验算法和指标动量相对估值的基准 / 被动管理，投资组合的碳影响，基金及相关股票的环境、社会和治理得分，管理得分，可用范围和基金结构的经济价值比较，与公司相关的风险，比如罚款或公司重组、评级变动、流量数据、人员变动、流程问题、重大投资组合周转率或定位变动、风险、业绩问题、持续成本。根据这些广泛的部分，该算法可以创建成千上万的规则、排名、逻辑图和决策点来，驱动形成进一步的问题或购买、持有、卖出决策。

实现更多的信托透明度是数字化智能选择的重要一步。危险在于，自我学习人工智能本身会损害对投资者的信托义务，而阿西莫夫定律需要被硬连线、测试和持续测量。也许答案比我们可能相信的更具共生性。还有别的方法吗？如果你觉得数字信托的概念仍然是科幻小说而不是威胁，那么你可能是对的。但我们在成为更好的“半机械人”这一方面上做得很好，利用技术、云和群体为人们的基金选项带来的增值创造了积极的信托证据。机器人阿尔法狗是人类进步的证明！

The WEALTHTECH Book

05 区块链在资产和财富管理中的应用

摘要

区块链正在推动资产管理领域的创新。资产管理行业的特点是许多中介机构提供不同类型的服务，如证券结算。因此，财富管理机构历来利用信托以及它们与客户之间的信息不对称来套利。根据定义，区块链旨在分散交易，从而引发行业变革。虽然第一个应用领域专注于将英国皇家铸币局的黄金等传统有形资产数字化，但是更具颠覆性的应用领域则聚焦于基金管理，例如梅龙波特（Melonport）公司。第一个非常有前途的概念证明正在测试中，并且有许多具有开创性的初创企业正在进入该领域。这正是资产管理行业（包括监管机构在内的所有利益相关者）现在所需要的——新的想法和实际应用案例。

利用分布式账本技术进行财富管理的主要优势在于信任和安全。对于财富管理机构来说，数字身份和资产托管领域的产品似乎是最佳选择，这些产品也适用于传统上不可变现的资产。此外，财富管理机构可能希望在 DLT 成熟并被更广泛采用的同时，提供额外的 DLT 服务。尽管这些服务提供了机会，但区块链解决方案在部分严格监管的环境中仍然面临着实现规模化和互操作的挑战。本部分的最后一节论述了区块链创新由于其分散化的特点，具有使整个投资管理行业大

嵌入分布式账本技术

分布式账本是通过共享注册表记录所有权的分布式数据库

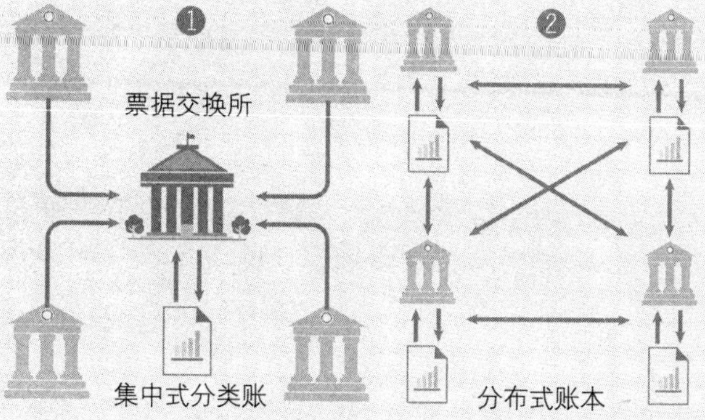

通过实现资产数字化，区块链正在推动从“信息互联网”到“价值互联网”的根本性转变，在“价值互联网”体系下人们可以交换资产。

比特币目前是区块链技术的最佳用例。

没有一个实体企业能够拥有或控制这些数字记录。

没有客户服务，就没有相关监管!

区块链可以为透明性、开放性和用户内容提供新的技术标准。除能建立一个全球性的数字身份识别系统之外，它还可以为用户提供资产管理的自主权身份和解决方案。

1. 今天我们有中央票据交换所和集中式分类账。
2. 分布式账本（DLTs）不需要中央机构来确认所有权和明确交易。DLT可以是开放的且可验证匿名参与者，也可以是封闭的（参与者必须在加入之前确认自己的身份）。

区块链基金认购模式

利用DLT进行资产管理的主要机会是信任和安全，即数字身份、资产保管和分级。

区块链生态系统：
- 私人区块链
- 公用区块链
- 联合区块链
- 零知识证明
- 超快速区块链，即用于高频交易

众化的能力。总之，毫无疑问，区块链将颠覆整个行业的运作方式，从而降低成本，加快执行速度，为客户提供更好的服务。

总之，本部分讨论区块链的基础知识，并从资本市场的角度深入探讨区块链在整个投资管理和财富创造领域可能产生的影响。它讲述了数字化的可能性以及消除中间商的好处，并以区块链市场未来市场份额的推断作为结尾。

加密数字货币和区块链

史蒂芬·德莱沃（Steven Dryall）
Incipient Industries 公司负责人

什么是加密货币

加密货币是一种可以公开交易的防篡改数字货币。加密货币技术使人们能够在没有中介的情况下，通过互联网可靠地创造和交换价值。比特币是第一个可行的加密货币。它证明了加密货币技术的能力，并且开创了数字经济。

继比特币之后，出现了许多其他的加密货币技术，未来还会出现更多。不同的加密货币技术具有不同的属性，但它们都具有相同的可靠的交换价值。“通用加密货币”（如比特币）是指用于没有指定交易目的或相关价值的开放市场。

什么是基于资产的加密货币

基于资产的加密货币（Asset-Based Currency，ABC）用数字令牌来代表有形的资产池。数字令牌的价值取决于资产。ABC 采用与通用加密货币相同的基础技术，但这些技术与系统和人员的交互方式不同。

如何创建基于资产的加密货币

与比特币等通用加密货币相比，ABC 具有自己的特点，面临独特的挑战。它有一套用于定义该生态系统成败的不同要求。

为了行之有效，ABC 和任何加密货币一样，必须建立“数字货币可行性的三大支柱”，如图 5–1 所示。由于 ABC 的性质更加集中和具有针对性，也更有可能担当支柱的角色。

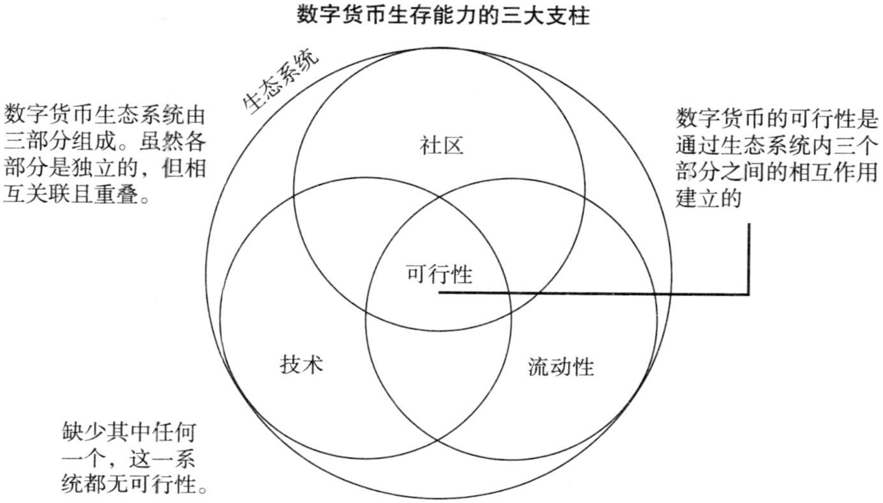

图 5–1　数字货币可行性的三大支柱

应用于 ABC 生态系统的三大支柱是：网络服务是技术支柱；资产支持者是社区支柱；令牌交换是流动性支柱。

ABC 与通用加密货币之间的区别，在于用于交换数字令牌的资产池的分配。这种区别很重要，其提出了 ABC 生态系统独有的考虑因素。

网络服务

ABC 网络服务是支持使用代表资产池的数字令牌进行交易的技术元素。此功能至关重要的是网络中的节点。对等网络支持需要节点，节点也是相关服务的基础，诸如交换或偿还之类的服务就需要节点通信来完成交易。

网络平台

加密货币技术是基于开源软件的，ABC 部署可以使用不同的平台类型。每种类型的优点和缺点都受到资产性质的影响。

- **专用平台。**专用平台是为资产池和周围的应用程序专门构建的。这种类型的平台具有完全可定制的优点，并且可以根据所代表的资产的确切需求自主构建，主要缺点是开发费用高。
- **对现有技术进行改进。**对现有技术的革新早已被历史证明是发展的必然之路。现有技术的扩展允许更快地部署服务。这类平台可能对以前的开发工作有限制或依赖，这些开发工作可能与所代表的资产的目标不一致。
- **现有网络上的子令牌。**一些现有的加密货币平台允许创建单独的数字令牌，以便与其他数字令牌一起存在于网络中。这些令牌的代表值是独立的，但是依赖于现有的网络。使用已建立的且性能记录已经验证的加密货币网络具有一定好处。这种依赖也具有局限性，即它的自定义仅限于现有网络技术的规范。

钱包

使用通常称为“钱包”的软件访问加密货币令牌。钱包提供了与加密货币交互的终端用户界面。钱包使用一个半标准界面来支持一致的交互，并完成用户对其令牌的完全控制。钱包软件通常是开源的，可以是本地客户端或在线服务。钱包平台支持通常由与系统交互的需求驱动。对钱包的支持可以包括：Windows、MacOS 和 Linux 的桌面客户端；智能手机应用程序；基于 web 的钱包；实体钱包，如纸张或其他印刷版本。

区块链资源管理器

加密货币技术的独特之处在于区块链资源管理器。区块链资源管理器是一种允许用户查看网络交易的服务。这是通过一个接口实现的，该接口有助于更便捷地访问网络中的数据。区块链资源管理器不仅可以用于查看交易，而且也是用于确认商业交易的常用应用程序，并且可以通过 web 访问。

资产支持者

支持 ABC 的社区对其存活非常重要，但 ABC 可能不如通用加密货币那样强大。支持 ABC 的人将更加关注标的资产的利益，而不是加密货币的一般好处。

市场机会

当资产管理公司使用数字令牌代表资产池时，通过增强流动性来扩大市场，继而产生好处和机会。

ABC 的部署创造了只有通过加密货币才能实现的新机会。使用加密货币，可以在没有中介的情况下交换标注的价值。这种可靠地交换数字价值的能力，创造了一种以前无法实现的新流动性。更多的流动性创造了新的市场条件，促进了以前未开发的贸易形式。流动性来自社区，也扩展了社区。

社区建设

建立和维护围绕 ABC 的支持性社区，最好的措施是引导参与者。通过 ABC，支持社区可能已经建立起来，或者更容易团结起来。社区的性质将直接受与 ABC 相关的资产池性质的影响。

支持 ABC 的社区包括：

- 资产管理公司；
- 令牌投机者；
- 流动性提供者；
- 售后市场交换。

ABC 社区建设工作应利用现有利益。支持社区影响着生态系统的整体信任。拥有对生态系统中重要组成部分负责的可信实体，可以提高生态系统的整体信任度。

监管问题

ABC 的支持社区受到监管的影响。与加密货币相关的监管问题是区域性的，但加密货币技术在本质上是全球性的。然而在处理 ABC 时，监管问题可以变得更清晰。除了用于赎回的方法之外，令牌所代表资产的性质也会影响这一点。

围绕 ABC 监管问题的详细方面超出了本章的范围。在 ABC 发展的最早阶段，采取适当的预防措施来降低风险是非常重要的。资产处理不当可能会产生严重的监管影响，所以请务必就可能存在的任何潜在监管缺陷寻求法律咨询。

令牌交换

ABC 的价值来自它与资产池的价值关联。将数字令牌转换为资产（或反过来）是实施和后勤方面面临的挑战。资产的流动性和可分割性将成为部署交换系统的主要考虑因素。

安全提示

加密货币技术提供了关于交易和与支持网络活动相关的其他方面的固有安全防护。ABC 依赖于具有独立安全防护机制的服务组件。存储在加密货币网络中的交易具有加密安全性，但是周边技术不受相同技术的保护，因此，多方向的网络安全方法对信任的建立和 ABC 的成功至关重要。

赎回工作

提供有形资产数字令牌交换（由加密货币为代表）的选项具体取决于所代表资产的性质。数字令牌的交换代表了由保证价值而产生的流动性，但标的资产的实际流动性可能没那么高。对于资产管理公司来说，允许（或限制）赎回那些直接应用于资产池的数字令牌是很重要的。

调和的价值

数字令牌用于代表特定资产池的价值交换，它必须具有一致的赎回估值。虽然加密货币技术确实提供了非常高的安全性，但该系统仍然容易受到人类环境的影响。资产池管理机构决定了相关数字令牌的价值以及它们的赎回将如何影响尚未赎回数字令牌的开放市场价值。

结论

基于资产的加密货币的开发和部署在创造新机会的同时也带来了挑战。只有更多的 ABC 可用时，ABC 才能够产生经济效应。可行的 ABC 可以被视作使用加密货币和构建开放市场的数字经济的一部分。令牌化和交换任何价值的能力，在没有中介的情况下可靠地重塑了资产的运作方式。

区块链如何推动资产管理创新

迪恩·德梅尔威克（Dean Demellweek）
法国巴黎银行高级数字化转型经理

“准备转型的行业往往都是服务差、价格高、利润率高的行业。所以，金融业肯定是其中之一，这也是我自己所处的行业！”这是硅谷风险投资公司传奇人物蒂姆·德雷珀（Tim Draper）的一番话，他迄今已向1000多家公司投资了100亿美元。另一位知名人士是来自哈佛商学院的克莱顿·克里斯坦森（Clayton Christensen）教授，当被问及金融服务业的混乱时，他回答说：“如果银行限制对颠覆性创新的投资，并且只关注通过勒紧裤腰带和自动化流程来释放资金，那么银行终将自取灭亡！”

他们都没有特别提到资产管理，但是你可能发现了，这两种说法是同样适用的。不过，我们有理由保持乐观！首批非常有前途的概念证明机制（promising proofs of concept，PoCs）正在接受测试（如Fundchain Smart TA、BNP Paribas Fund Link和Funds DLT），还有许多开创性的初创企业正在进入这一领域（如梅龙波特公司、Polychain资本公司、区块链资本公司）。这正是资产管理行业现在需要的——新的想法和更多的真实用例，以说服所有的利益相关者。

更令人鼓舞的是，2017年4月，英国金融服务监管机构FCA启动了一个创新项目，旨在帮助金融服务公司解决创新的监管障碍，开发新产品和服务。此外，FCA宣布将与其他国际监管机构合作开展创新方法。

挑战和机遇

资产管理面临的挑战和机遇很多。

- 新技术有可能颠覆现有的商业模式——区块链、大数据分析、人工智能、云计算和移动。
- 金融科技初创企业最有效地利用了这些新技术。
- 资产管理价值链的结构极其复杂，中间环节多，运营流程复杂，收费高。
- 发达国家经济增长缓慢以及新兴市场经济增长放缓，导致贝塔系数较低。

- 跨地域和世代的人口结构变化造就了新的投资者群体——千禧一代、女性和新兴市场的新富阶层。他们的行为、价值观和期望截然不同。例如，千禧一代比前几代人更厌恶风险，更有社会意识。他们希望获得全天候、按需且通过多种渠道和设备提供的服务。目前他们是劳动力最大的组成部分，也是最大的投资者群体。

本节将重点讨论区块链技术对资产管理创新的影响，因为它有可能彻底改变资产管理中的商业模式，并大幅改善行业为客户提供的服务，同时降低价格。

区块链可以使投资者和发行人直接进行沟通和交易，无需任何中介机构，从而大幅降低成本，提高基金价值链中任何数字交易或互动的速度。此外，由于所有区块链交易都是时间戳式的、不可变的、透明的和可审计的，因此即使是合规流程也将大大简化。

考虑到智能合约是按程序执行的，数据是由密码学保护的，并且没有单点故障，区块链看起来非常可靠。因此，错误的数量也将大大减少！

新的商业模式

图 5–2 显示了在区块链上认购基金业务的预期模型。

图 5–2　区块链基金申购模型

- 投资者通过应用程序发送的基金申购请求触发智能合约。
- 首先，智能合约执行所有必要的检查和验证，如客户引导、反洗钱（AML）/了解客户（KYC）等。
- 然后，当智能合约从基金中收到计算出的净资产价值后，它会验证是否满足所有条件。
- 随后，智能合约执行交易——将新创建的数字基金份额转换为指定数量的数字货币，并更新两个钱包。

这是商业模式的一个非常简化的版本，但它很好地说明了区块链如何简化价值链中众多中介机构每天执行的复杂的操作流程。

由于一切都由智能合约管理，所以与基金和现金处理、反洗钱（AML）/了解客户（KYC），以及尽职调查、错误和对账相关的所有成本都已消除。此外，由于区块链的强制执行，合规性是自动化的，并且用于支付的基金份额的交换是即时的。

值得一提的是，投资者和基金都需要数字钱包来存储货币和数字资产。一些实物资产，如钻石和黄金，已经作为令牌出现在不同的区块链上（例如，查看 Everledger 和 Digix Global）。毫无疑问，在不久的将来，更多的实物资产将被标记化。这样，它们的流动性也会大大提高！

目前可用的其他数字资产是加密货币、数字货币和允许持有者访问的令牌。由于近年来它们的显著增长，对投资者的吸引力越来越大。今年，投资者将终于能够通过 Polychain 资本公司投资于一个主动管理的基于区块链的资产组合，而不仅仅是主要的数字货币。

区块链的生态系统

一旦资产被数字化并转移到不同的区块链上，我们便能够在这个新的区块链生态系统中开始跨多个资产类别进行交易，这些区块链将有许多不同的风格：私有区块链、公共区块链、联盟区块链、零知识证明区块链、高速区块链，等等。它们将满足不同的要求，例如，高频基金将需要超高速区块链。此外，它们还将存储不同类型的数据，如身份、协议、产权等。

也会有不同的区块链平台或市场。例如，法国巴黎银行正在建设 Fund Link——被称为“下一代基金分销平台”，目的是利用智能合约和共享信息，提高基金分销的运营效率。一个很好的例子是基金买家的快速引导流程——他们只需上传一次个人资料和投资者引导文件。然后，这些信息将与平台上的各个管理公司共享。法国巴黎银行的 Fund Link 还将帮助资产管理公司满足提高透明度的新监管要求，比如 MiFID2。最重要的是，该平台的分析工具将使投资者能够比较和选择基金，使基金经理可以调整他们的分布。换句话说，法国巴黎银行的

Fund Link 将使资产管理公司能够直接向投资者出售基金（Funds DLT 是另一个基于区块链的数字基金分销平台，面向资产管理公司利用强大的D2C商业模式）。

采用阶段

未来十年区块链上的基金申购和发行业务模式究竟会是什么样子，这是无法准确预测的。并非所有中介机构都会消失。由于新技术和新商业模式将创造各种需要被满足的新需求，其中一些公司将改变它们的角色，并产生新的角色——创建、存储和管理数字 ID 以及私钥；必须建立、发布和维护智能合约；必须管理和操作智能钱包，等等。

我们仍处于 PoC 的开发阶段。尽管这种转型将持续多年，但最初的结果非常令人鼓舞。在这个采用阶段的过渡期，仍然需要中介，因为许多交易仍将以法定货币执行，货币和资产的数字钱包尚未普及，新的区块链流程还必须依赖资产管理中的现有基础设施。

新的收入机会

到目前为止，我们已经讨论了区块链将带来的巨大节约成本和运营效率。现在让我们把注意力转向其可能带来新收入的机会。降低交易成本、提高流动性、提高透明度和改善客户体验，都有望大幅提高市场参与度。此外，区块链肯定会支持新的产品结构（如数字化基金单位）。分析和实时报告将增强增值客户服务。更复杂的工具，如银团贷款，可能会变得更加经济划算。

潜在的颠覆者

如果在这里不至少提一个潜在的颠覆者，那么资产管理创新的现状就不完整。梅龙波特公司的想法是让资产管理变得更便宜、更便捷，或者在区块链上建立对冲基金或投资组合。这家初创公司正在开发 Melon——用于资产管理的开源软件。由于该软件是在以太坊上构建的，因此会自动处理会计和安全性，以及基金经理的任何资金挪用或操纵。

一年之内，Melon 软件将首次提供用户友好界面和核心工具的实时版本。第一个版本将支持加密管理器，使它们能够交易所有 ERC2011 令牌，因为梅龙波特公司坚信加密是下一个资产类别。尽管如此，梅龙波特公司预计五年内几乎所有资产都将被抵押。届时，这家初创企业将有能力帮助用户建立一个多元化投资组合，其资产范围将超过目前任何银行的投资组合。几乎每个人都可以在区块链上管理自己的投资组合，并投资于其他投资组合或者让其他人投资于自己的投资组合。

令人激动的时代即将到来

虽然尚未为该行业制定新的运营和监管框架，但现在正是资产管理行业参与者评估其区块链战略投资能力，以确保他们能够在未来竞争和成长的合适时机。

区块链在财富管理中的应用和货币化挑战

马丁·哈滕斯坦（Martin Hartenstein）
瑞银 WM OCM 战略与业务转型主管

威妮弗蕾德·甘特曼斯鲍尔（Winifred Gutmannsbauer）博士
瑞士联合银行亚太地区首席运营官兼亚太区财富管理运营主管
WM 全渠道管理主管

德克·克利（Dirk Klee）博士
瑞银财富管理及联合首席运营官、瑞银商业解决方案公司执行董事会成员

安德里亚斯·普兹洛卡（Andreas Przewloka）
瑞银欧洲证券交易所首席运营官兼运营负责人

斯特凡·阿恩（Stefan Arn）
瑞银业务解决方案公司信息技术部负责人

安德里亚斯·库布里（Andreas Kubli）
瑞银多渠道管理和数字化负责人

维罗妮卡·兰格（Veronica Lange）博士
瑞银业务解决方案公司创新技术办公室负责人

彼得·史蒂芬斯（Peter Stephens）
瑞银英国业务解决方案公司区块链和英国创新部负责人

通过 块链技术实现金融数字化颠覆

蒂夫·沃兹尼亚克（Steve Wozniak）在谈到区块链技术的潜力时表示：“它让 觉得我们正处在人类技术、经济和社会历史上的一个无限时代。”此外，世界经济论坛最近的一份报告指出，区块链将从根本上改变金融机构的经营方式；这种改变来自新的流程和架构，而不是比特币或金融技术创新。因此，有许多财务 例报告证明了概念的快速进展（例如，在智能合约支持的贸易金融或数字资产 交易和分割领域，也包括非银行资产的衍生品）。此外，关于如何建立财团以 用 DLT 进行商业杠杆化的新闻也正在被分享。

为 从金融服务的角度评估用例的相关性，“在哪里使用”和“如何取胜”这两个 题有助于关注潜在的活动领域。使用这些问题来分析用例组合可以识别创新的 类别：

- **进式**。针对已经服务的市场和受众，优化现有产品和运营的案例；
- **性**。支持新市场进入并瞄准新受众的案例，需要扩展现有的产品和基础设施；
- **性**。通过新的商业模式可能导致创造全新市场和受众的案例。

对于综 银行而言，努力在所有类型的创新之间寻求平衡是很有意义的，这样可以开发 ，增强和扩展核心市场中的现有产品和服务，同时建立全新的业务领域。虽然 智能支付合约、智能结构化产品、加密货币或贸易融资，可能对开发金融领域 T 应用程序至关重要，但从财富管理的角度来看，这些服务并不一定是“发挥 的关键领域。然而，作为此类服务的用户，它们确实与财富管理机构及其客户有巨大关联。

信任与安全——对财富管理特定用例的进一步研究

在日益数字化的世界中，财富管理客户对便捷的服务、简洁的数字信息和洞察力的期望越来越高，同时也期望传统银行和投资咨询服务的速度有所提高，成本有所降低。这一结果正在削弱财富管理公司的利润率。为了竞争，财富管理公司需要专注于为复杂数字投资组合中的客户提供差异化的、个性化的建议和服务，可能还要提供对包括但不限于不可变现资产的任何形式数字资产的建议。这种情况下的建议以最便捷的以客户为中心的数字方式提供，并由一流的人际关系管理支持，如果符合客户的意愿，还可以提供建议。这给传统的财富管理服务领域带来了巨大的增长机会，同时也迎合了新的市场和受众。DLT、云计算、物联网应用、机器学习和人工智能等新兴技术的发展，是高净值人士感兴趣的各类资产和相关服务数字化的关键推动因素。已经有许多与财富管理相关的 DLT 项目示例：

- 传统有形资产，如 Royal Mint Gold；
- 资金管理，如梅龙波特；
- 私募股权基金，如 Northern Trust；
- 收藏品的所有权和出处，如 Everledger、Verisart；
- 有限公司的所有权和公司治理，如 Otonomos；
- 土地登记和房地产衍生品交易以及分业经营，如 ChromaWay；

加密货币——由不同公司实现的比特币或以太币

从财富管理客户端以及整体财富管理供应商的角度来看，信任、安全和互操作性是影响采用此类 DLT 服务的关键因素。具体而言，核心要求是对资产注册的信任和相关服务的安全性保障。在这些要求之上，出现了一个问题，即如何按照高净值客户的投资组合的要求，以无缝的方式最佳地使用和联结这些服务。在财富管理公司的价值主张中可以找到解决这些问题的一种方法——保护和发展个人或家庭的财富。此外，在为当今富裕人士提供服务时，提供投资以外的整体建议变得更为重要。为了在这方面赢得并维护客户的信任，优秀的建议、资产的实物和数字安全以及从了解客户（KYC）角度存储的个人信息都同样重要。因此，财富管理公司似乎有能力成为数字资产安全保护的首选合作伙伴，同时也在支持 DLT 的世界中成为身份及相关数据和文档产品的可信赖的提供商。

为了实现这一目标，开发用于管理身份和数字资产的平台，利用 DLT 的优势但最终却在与技术无关的生态系统中运行，这似乎是一个合乎逻辑的结论。同客户提供与数字身份相关的服务是财富管理公司核心能力的自然交汇点，客户希望依赖其信任的合作伙伴，这些合作伙伴已经掌握了监管所需的数据，并在资产和数据的安全和保护方面投入了大量资金。向客户提供数字身份和相关服务也是联结数字资产注册管理的推动因素。因此，还可以基于所提供的身份和 KYC 信息（例如，用于各种财务以及其他用例的智能合约）来启用附加 DLT 服务。

总之，使用 DLT 进行资产数字化是一种可观察的趋势，但从财富管理的角度来看，没有必要在所有情况下都积极推动数字化。最重要的是积极参与平台建设和标准制定，以数字身份为核心，以方便和用户为中心的方式支持 DLT 和其他数字产品，帮助客户安全地拥抱数字世界。

这一趋势也可能受到客户需求或监管［如欧盟的《一般数据保护法规》（*GDPR*）］的推动，使客户能够越来越多地访问和管理金融机构传统账户以外的数字资产。在这种情况下，支持财富管理公司的数字身份概念、标准和平台，是注入额外信任并允许服务和平台之间互操作性的关键。这最终将使人们能够对数字财富投资组合的广泛定义提出全面的建议。

实施的挑战与货币化

为了最终实现这样一个支持 DLT 的数字世界，财富管理公司可以在现有客户的信任基础上，通过哈希码、加密密钥、钱包使用和相关冷存储选项的智能组合来应对管理隐私、透明度和安全需求方面的挑战。

对于数字身份、更为传统的和非变现资产的资产保管产品以及与客户生态系统的整合，必须解决额外的实施挑战：即如何将各种现有的数字身份和资产登记或钱包以一种（用于涉及的所有各方的）有意义、有效监管的方式链接起来？在公司内部制定身份管理策略对于为客户提供透明的数据获取和处理是至关重要的。更进一步，支持客户管理银行以外的数据隐私将客户的信息与其数字身份绑定，不仅提供了额外的商业机会，也带来了重大的额外挑战。

解决这些挑战应该会带来各种各样的货币化机会（例如，通过身份验证服务、对某些数据点的可共享徽章或认证，以及保护客户在金融行业内外使用和重复使用其数据）。在这方面，SecureKey 基于区块链的服务就是一个例子，它让客户能够控制与企业共享的分类信息。然而，提供此类服务的商业模式仍不清晰。

在一个可以链接数字身份、并从广泛意义上对客户所选合作伙伴保持透明化的数字资产世界里，数字资产为能够以一种全面和方便的方式提供见解的公司创造了机会。有一个非传统的例子，可能与年轻的财富客户有关，那就是在线游戏。在这方面，仅去年一年，在线游戏的数字资产保管就已成为一个价值超过 460 亿美元的市场。收藏这些物品的个人仓库（包括游戏中的数字宝石、法术、武器或额外的生命值）据称估值达到 10 万美元甚至更多。将这些资产链接到客户的投资组合中，并将所有资产保存到数字保险箱中（数字保险箱也可能包括线下离线冷存储选项），这对于财富管理公司来说似乎是一项遥不可及的服务。

总之，至少有两个关键的货币化挑战迫在眉睫：第一个挑战来自其他数字技术产品的发展，在这些产品中，价值获取通常不会在组成整个生态系统的参与者之间平均分配。第二个挑战则与使 DLT 对所有参与方都成功所需的网络效应有关。

结论及未来路向

利用 DLT 为财富管理服务的主要机会在于信任和安全。在这方面，数字身份、资产保管和分化领域提供的服务，以及传统上不可变现的资产似乎是 WM 公司的最佳选择。此外，随着财富管理公司的成熟和更广泛的采用（如智能产品交易、贸易融资、公证等），财富管理公司可能会考虑提供额外的智能合约支持服务。在这些服务中，协议描述了预先编程的规则和自动执行的操作，而不需要个人、票据交换所或中间商的帮助。

尽管这些服务提供了机会，但要在部分严格监管的环境中实现规模化和互操作，难度仍然不小。

如何在支持 DLT 的世界中实现价值创造和收益，目前仍未得到证实。当你还在试图估测财富管理公司应该在何时、何地、采取何种方法去开展业务时，一个经典的硅谷口头禅可能会给你带来启发：“如果你认为太早，那可能已经太晚了。”比尔 · 盖茨对那些被这种想法吓到的人重申了行动的重要性，但也对时间感到惋惜：“我们总是高估未来两年将发生的变化，并低估未来十年将发生的变化。不要让自己陷入无所作为的状态！”

区块链

如果你问我区块链怎么样，我倾向于说区块链是比特币背后的明星孩子。但这是一个公正的观点吗？有多少人了解区块链？许多人将它与比特币混淆，但事实远不是这样的。比特币是一种加密的数字货币，而区块链是比特币运行时所需的基础技术。目前，大多数人都把银行作为中间人来进行金钱交易——通过数字钱包、信用卡 / 借记卡或支票。区块链允许消费者和供应商直接联结，因为它们完全消除了对第三方的需求（通过减少相关步骤显著降低成本并显著提高周转时间）。为了让大家能够更加明白，我们用简洁的语言来解释区块链。

区块链主要是已执行的所有事务的分类账，这些事务以加密方式存储在分布式数据库中。

一个区块可以是单个或多个事务。每个事务完成时，它都链接到一个链，每个块都按时间顺序包含前一个块的散列。它是分布式的和安全的，使得任何黑客都无法攻击它，因为黑客攻击或操纵它需要同时更新区块链中的所有块，因此几乎不可能依靠目前可用的技术实现攻击。

使用区块链技术的一些好处包括但不限于：

- 区块链记录安全可靠；
- 区块是不可变的，可以防止黑客攻击；
- 区块链不需要第三方或中心方验证交易。

参与区块链领域投资的银行或是金融实体包括纳斯达克、Visa、渣打银行、花旗银行、星展银行、纽约梅隆银行、瑞银、桑坦德银行、巴克莱银行、德意志银行、巴黎银行、欧元银行协会、菲多银行、利沃夫银行、高盛公司等。

区块链在资产和财富管理中的应用

为了深入讨论区块链在资产和财富管理中的应用，让我们来看看资产和财富管理的典型功能和缺点。对这个问题的深入了解将说明区块链可以解决的方案。

让我们来看看除了比特币的典型使用情况外，当前资本市场中的流程。图 5–3 解释了所涉及的典型流程。

图 5–3 资本市场和流程

证券发行是资本市场的关键路径，证券可以根据公司的资本需求和其他财务考虑因素进行债券或股票发行。这种发行又需要创建、管理和分发股票凭证和债券票据等实体文件。发行后，这些交易在证券交易所中进行。证券发行流程的主要参与者包括投资银行、资产管理公司、牵头行、监管机构、银团成员和发行人。

多个实体和复杂过程的参与导致了多版本事实、更长的结算时间和许多其他问题，如图 5–4 所示。

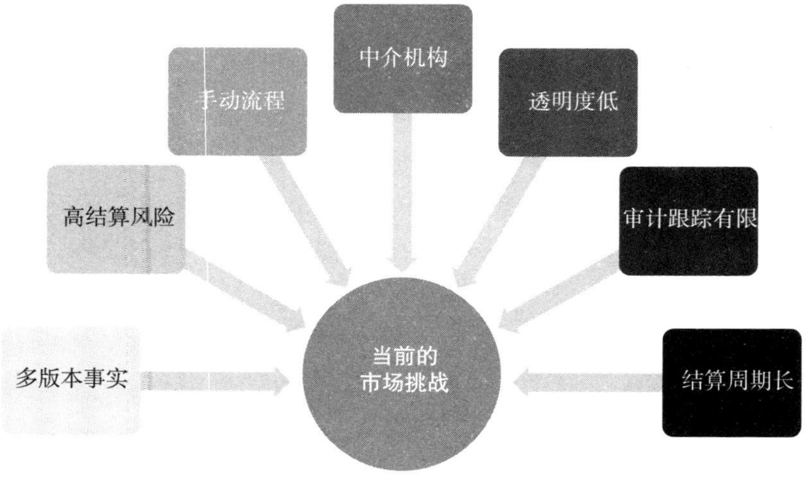

图 5–4 市场挑战

区块链作为主干

公共和私人证券发行可以通过区块链技术进行管理，实物文件可以通过智能证券进行全面数字化。另外，可以通过实施智能合约减少客户与生产商之间的中介数量，并显著提高效率。智能合约是维持和建立更顺畅的供应链周期的组成部分之一，无须人为干预。

例如，郁金香花买家可以将智能合约与直接联系到智能合约的热传感器结合使用。一旦集装箱内温度上升到不可接受的水平，合同即被取消并且货物将被运回，无须检查、确认或协商退货 / 付款条款。这确保了消费者收回他所支付的费用，而生产者反过来可以通过更好的包装机制确保更安全的运输，以确保可靠的交付。

区块链与股市类似，有助于通过安全交易和分布式分类账将证券从一方转移到另一方，允许发行者、银团成员和投资银行之间进行直接交易，同时提供对标的证券所有权的实时追踪。这也会降低成本，因为不再需要多家中介机构。因此，区块链将通过以下途径帮助解决当前所有的市场挑战：

- 所有相关方通过分布式分类账和通用区块链平台查看“唯一事实”；
- 由于提供了明确的可视的所有权并且执行交易的时间大大减少，因此结算风险降低；
- 通过使用智能合约自动执行发行、结算、确认和清算的手动流程；
- 目前美国的清算和结算时间为三天，欧洲为两天，而使用区块链可以将时间缩减到 10 分钟以内；
- 整个流程是在线的、不可变的，并可通过分布式交易分类账获得，这使得审计机制和跟踪变得极其简单和透明。

区块链的市场机会

为了使本节内容更激动人心，我将深入讨论区块链可能带来的影响（正面或负面）。我在此列举几个区块链可能产生影响的国内外市场的例子，这与银行家、保险公司和风险资本家都密切相关，并且令人兴奋。

颠覆性区块链的另一个潜在领域是贸易融资，因为这个领域包括多个实体——进口商、出口商、政府机构、物流运营商、航运公司和相关的保险公司。在上面的例子中，区块链可用于创建合法的智能合约、数字销售流程、通过普遍存在的计算传感器实现货物监控，以及实时支付处理及清算。例如，调查金融服务领域区块链应用的 R3 CEV（50 多家全球银行联盟）已将投资贸易融资用例作为最有前途的重点领域。

正在见证颠覆性区块链存在的一些非金融领域包括：应用程序开发的所有权证明，以分辨假钻的来源、可以跨数字和实体世界应用程序的数字身份、可确保权力掌握在选民而不是投票计数器手中的端到端可验证的区块链投票软件，一种全球医疗保健身份使用“椭圆曲线加密”（与比特币所有权一起使用的加密功能）在提供商和地理位置维护你的身份，对存储在云上的所有数据进行加密的分布式云存储系统，只允许所有者以每 TB 的价格查看其数据，从而使得存储和带宽消耗比亚马逊 Web Services S3 和微软 Azure 更便宜的软件系统。

仅仅是通过区块链结算这一环节，就可以轻松地在证券发行和监管方面节省 100 亿 ~120 亿美元。它还将帮助银行和其他实体释放资本，这些实体目前需要为由于清算、结算和可能的交易对手风险而额外储存数十亿美元，以便保障正在进行结算的交易。通过在以上扩展区块链应用的例子，我们可以从中推断出，一个巨大的颠覆将如期到来。

让我们一起见证一场价值数万亿美元的工业革命吧！

设想一个无账本、全球互联的财富管理行业

安妮·克里斯蒂娜·萨洛（Anni Kristiina Salo ）
FA Solutions 公司策划推广经理

过去 20 年来，各行各业出现了由技术驱动的颠覆：亚马逊公司将网络购物作为主流；奈飞公司取代传统电视广播；爱彼迎让任何人都可以将他们的公寓变成旅游宾馆；优步改变了交通工具……同时，自从哈里·马科维茨（Harry Markowitz）于 1952 年发表他的《现代投资组合理论》（*Modern Portfolio Theory*）

论文以来，财富管理行业的基础几乎没有变化。

颠覆性企业通常具有简化以往高度复杂和成本高昂的操作的特点。在我看来，这就是当前财富管理领域面临的问题。操作是高度手工化的，具有繁重且复杂的过程，这导致了高成本和低效率，从而降低了投资回报。同样令人担忧的是，只要这个机构庞大到永无倒闭风险，那它们就不必开发真正以客户为中心的服务。在接下来的几年里，该行业将需要改变，并且将会改变。

我希望将金融业视为一种服务网络，其中每项服务都旨在与其他服务一起联合起作用，继而形成价值网络。例如，可以在某个地理位置或行业周围建立更大的“伞形网络”，或者将多个地点或行业聚集在一起，由监管机构和机构维护。但更有趣的是，敏捷服务供应商之间的较小价值网络创建了客户驱动的服务实体。在这些网络中，每个服务供应商都专注于自己的核心业务，处理在网络中交付特定服务所需的不同任务，而这些服务提供者之间的信息通过开放 APIs 自动、安全地实时传输。创建这些网络的技术已经存在，我们称之为“Roboblock”。顾名思义，“Robo”指的是自动化，“block”指的是所使用的技术，类似于区块链技术。

什么是 Roboblock

Roboblock 网络可以由行业中的任何参与者建立。这是一个封闭的网络，只有创始人邀请的人才可以加入。使用 Roboblock 消除了对额外中间商的需求，从而为网络参与者节省了大量成本。虽然每个网络参与者都可以专注于自己的核心业务，但是数据在接口之间自动有效地传输。Roboblock 为你的网络中的所有参与者提供关于客户、资产、交易、模型策略等的最新信息，并可以定义和限制共享的数据类型。例如，如果你不希望交付客户识别数据，就可以用标识号而不是客户的个人信息标记投资组合。当然，Roboblock 网络内执行的所有操作都按照监管机构的要求进行记录。

此外，在财富管理业务中，与第三方的互动越来越数字化——这是为了消除不必要的手工流程和低效率问题。因此，除了与业务合作伙伴联系之外，还应该与相关的第三方进行集成，例如，市场数据提供商、交易平台、权威机构等。通过使用 APIs 自动发送和接收信息，也可以轻松完成以上操作。

区别 Roboblock 与其他分布模式

目前，分布系统基于银行作为总分类账的中央电子分类账。此外，可能每个从事技术或财务工作的人都听说过分布式分类账模式区块链。公共区块链是一个任何人都可以访问的开放式网络，交易的数字分类账是共享的、透明的并由各方运营。然而，公众是完全公开的，从某种意义上说也是无法控制的，所以今天最受一级投资和零售银行青睐的区块链类型是私人区块链，只能通过邀请访问才能使用。然而，这与当前的中央电子分类账系统非常接近，只是增加了一些加密可审计性。

反过来，Roboblock 利用私有区块链技术为独立参与者提供价值网络，以便彼此之间以及与其他受邀方之间共享信息并在全球范围内分发建议（参见表 5–1）。它使公司能够部分或全部外包资产管理业务，同时保持对所有内容的透明控制和审计跟踪。资产经理有机会为他们的服务建立额外的分销渠道，同时他们可以专注于他们的核心职能——资产管理，而不是分销。此外，所有各方都可以从全面了解客户（KYC）流程、自动数据传输和数字合规性中受益。

表 5–1　　Roboblock 与其他分布模式的区别

	手动流程	当前的技术解决方案（例如 SWIFT）	Roboblock
分布的好处	—	现行的标准分布模式	为公众提供更有效的合格产品和服务
数据覆盖面	费力且冒险	交易	交易、证券、了解客户（KYC）数据、投资组合、示范投资组合、分析、报告
速度	慢，取决于劳动力	两天以上	即时
成本	高	高	低
审计跟踪	缺乏	是	是
透明度	理论上开放但非常费力	理论上是开放的，但对于非网络成员来说代价高昂	通过 API（邀请持有人）向所有人开放

当前的分销体系已经严重过时，无论是流程上的还是成本上的，都是为了服

务于小型和敏捷的金融行业。有很多关于区块链的讨论，但是距离拥有真正的、功能性的解决方案仍然有些遥远。一是，Roboblock 的概念来源于真实的客户需求；二是，它已经被许多资产管理公司和咨询公司使用。因此，它不是到未来某一天才会变得很美好的东西，而是已经可以使用的美好东西。

Roboblock 技术已经存在，FA Solutions 公司目前正在用它处理现实生活中的客户案例。在我们的模式中，Robobloc 网络（见图 5–5）由我们的客户在我们的投资组合管理系统（PMS）中运行，客户使用该系统进行他们的日常投资组合管理。然后，不管它是我们的还是其他人的，PMS 都能自主地通过 APIs 链接到其合作伙伴的系统。我想强调的是，我们采取的模式——只是其中一种方法，Roboblock 本身是一个通用概念，其可以以不同的方式实现。

图 5–5　Roboblock 网络中的 API 数据传输

设置 Roboblock 网络

实现 Roboblock 的关键是要有一个开放式技术架构，这是我们能够集成所有

系统，并且是流畅的信息交换的基础。最轻的 Roboblock 设置将是一个可以交换建议的开放网络（见图 5–6），

A 公司将对它们的客户负责并管理他们的投资组合，但是示范投资组合是由 B 公司提供的。在这个模式中，信息从 B 公司流动到 A 公司，并且 B 公司没有任何关于终端客户的信息。B 公司仅负责管理不同的组合模式并做出与之相关的投资决策。然后 A 公司负有更广泛的责任，例如，处理客户关系、客户投资组合、交易和报告。

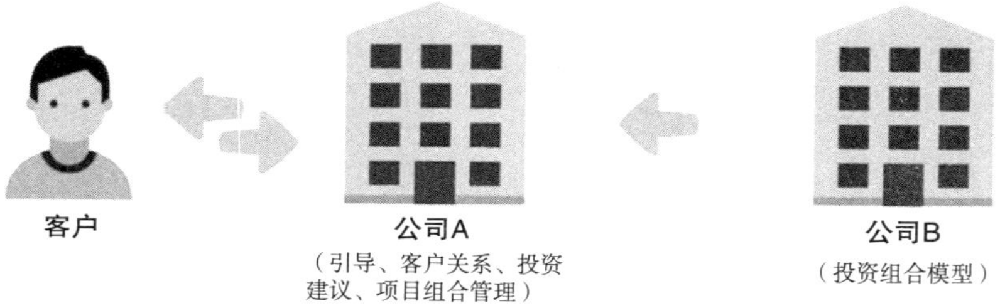

图 5–6　Roboblock 设置示例 1

未来可能是一个封闭的点对点模式（如图 5–7 所示），其中 A 公司可以负责客户引导、提供投资建议和管理客户关系，但是投资组合本身是由 B 公司管理的。当 A 公司获取新客户并为其提供建议，信息将进一步自动流向 B 公司以进行投资组合管理。然后，B 公司将使用自己的设施和专业知识来管理客户的投资组合，所有相关信息（如投资组合、交易和证券）都将在 A 公司的投资组合管理系统中不断更新。A 公司实时拥有自己系统中的所有信息，以便用于内部监控和外部报告。

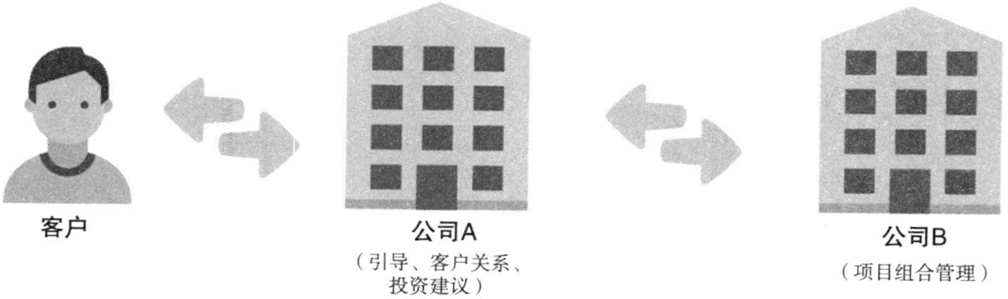

图 5–7　Roboblock 设置示例 2

如图 5–8 所示，最令人激动的模式是将点对点模式扩展为多经理模式。在这里，参考前面的例子，A 公司（顾问）已与多家资产经理和基金经理建立了联系，B 公司也是如此。此外，除了 A 公司之外，B 公司作为资产管理公司可能还有其他建议和销售渠道。在多对多模式中，即使信息交换仍然是点对点的，该模式仍能使公司轻松有效地为多个地点或不同部门的客户提供更广泛的服务。

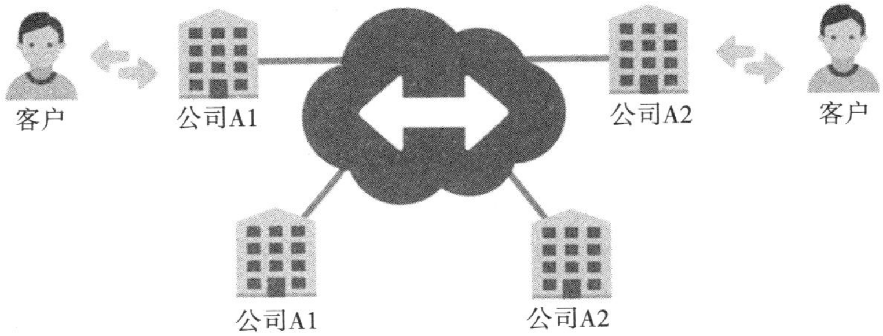

图 5–8　Roboblock 设置示例 3

结论

新兴技术限制了你的想象力。谁将成为第一个创建“亚马逊金融服务”的人？为什么金融行业不能像爱彼迎、优步和亚马逊那样采用相同的原则——透明度、信任和同行评审？我们正在努力建立一个更加灵活、开放和透明的金融业。我们相信财富管理的未来将是一个汇集不同领域的专家的灵活的价值网络。我们对全球互联的财富管理行业抱有极大信心，并期待你的加入。最后，我要感谢 FA Solutions 公司的同事们，汉纳斯·海伦尼乌斯（Hannes Helenius）是当之无愧的概念之父，而尤哈·莱赫托宁（Juha Lehtonen）则提供了可靠的技术诀窍。

信托套利与财富管理公司的未来——区块链创新如何破解密码

帕尔塔·查克拉博蒂（Partha Chakraborty）博士
CFA、Switchboard Systems 公司首席执行官

公司历来利用信托套利，尤其是财富管理公司。当“开国元勋”赋予个人某

些权力时，作为信托套利受益者的专制国家就失去了民主。我们认为区块链创新可能在原子水平上赋予经济主体相同的属性，从而减少了信任套利的影响。如果发生这种情况，业绩和客户服务仍然是理财经理可以利用的两个杠杆。对于今天的财富管理公司来说，是回到基本问题上，还是回到即将到来的世界末日？

即使在历史上其他独裁实验失败的时候，公司这个概念仍然存在并繁荣。即使在“网络化/互联经济”中，“生产代理”聚在一起执行一项经济任务，然后再进行重组的乌托邦式构想也没有实现。专制主义结构让位给明确允许且合理的自由联合和商业的政治结构是必然的趋势，公共空间应当是人民的，也是为人民服务的。

可以说，寻求利润的私营实体可以独立、有效地生产许多公共产品。也就是说，没有人希望恢复专制公共物品的专制支出，即完全集体化的警察或司法机构。

企业之所以作为一种专制结构在经济领域蓬勃发展，是因为创始人通过授予我们所珍视的一些权力而造成了分裂。我们将进一步论证，最新的技术进步，尤其是在区块链领域的技术进步，将在商业领域造成类似的颠覆。

创始人用钢笔敲响了专治统治的丧钟

创始人赋予个人决定自己命运的权利。创始人赋予了我们一种身份，一种按照我们的意愿组织起来的权力，（实际上）制度上的记录可以让我们回顾并吸取教训。结合起来，我们为自己创造了声誉，而声誉反过来又赋予我们选择代表的权力。

- **自由集会和组织的权利。**管理者的存在排除了自由组织的存在，反过来，自由组织的缺失又需要管理者的监督。
- **自我主权身份。**在民主国家，个人是神圣不可侵犯的——你不必在意执政者/团体的认可。
- **制度上的记录。**与封建社会一样，执行决策的隐式或显式权力本质上属于管理者。

自我主权身份是创始人所做的事情的核心；他们剥夺了贵族的特权。通过制度上的记录，使人们能够认识到什么对他们有利，并有权自由组织，人们真被赋予了成为集体公共领域主人的权力。

在我们看来，同样的三个自我强化的主题，或具体地说缺乏自我强化的主题，赋予了公司在不利条件下实现繁荣的能力。

经济学家讲述的公司故事

这家公司因效率低下而臭名昭著。经济学家试图解释其中的原因。罗纳德•科斯（Ronald Coase）以及随后的其他人将成功归因于成本效益分析。成本分类为：

- 信息 / 搜索成本；
- 缔约成本；
- 管理 / 资源分配成本。

技术已经降低了公司在其中两个方面所占的比较优势。例如，谷歌已将信息 / 搜索成本降至最低——可供公司和外部同时使用。（根据商定的条款）对于大多数普通经济交易来说，缔约成本——执行和监督执行的成本是较低的。该公司促使效率低下，而非相反。

资源分配是公司存在的最大理由，这就引发了代理成本问题（如霍尔姆斯特罗姆、詹森和梅克林）。只要有价格，市场就能最有效地分配资源。可以说，在公司内部，大多数目的都没有明确的可量化的度量标准。“经理”的任务是分配资源（任务），因为个人决策对公司目标（利润最大化）的影响可能不会立即显现出来。

在我们看来，“经理人”代表专制政治体制中的“主人”。经理人拥有相同的资源分配权力，包括保存记录、识别身份和边界内大多数商业活动的中介。这些权力是相对冲突的，管理效率往往难以判断。

区块链创新可能会让公司感受到痛苦

区块链创新在数字世界中复制了创始人赋予我们的权利。

- 自由集会和组织的能力。该区域的区块链社区正在进行令人兴奋的新工作。在麻省理工学院媒体实验室和其他地方开发的协议使分散的自治组织（DAO）在技术上可以组建团队，团队本身有权进行关联和组织。此外，这些团队有能力执行智能合约，这些合约可以写成叠加的形式，就像在“真实”世界中一样。

- 自我主权身份。身份源于我们的过去和记忆。数字生态系统中的每个主体都有能力成为他们想成为的人，只要他们的后续行动验证了他们的身份。
- 不可磨灭的记录。根据设计，区块链赋予系统记录的能力。它是隐藏于一切环节的无形秘诀——提供了一种认可，以实现自我主权身份。

我们可以把创始人给予我们的权利与区块链对数字世界中经济主体的承诺相提并论。在这三项权利面前，专制政权土崩瓦解，如果没有这三项权利，企业就可以利用信托套利。传统的公司结构和管理层很可能会因此过时。

财富管理公司尤其容易受到信托套利的影响，并从中受益

对于财富管理公司来说，信托套利对它们的业务至关重要。因此，这使得它们特别容易受到攻击。

- **必要条件**。除了你的财富经理，估计没人会说“请一定欣然地把你的钱交给我”。
- **感知**。财富管理公司善于营造一种有抱负的氛围。并不是说这有什么问题，但现实并不总是符合客户的期望。
- **好管家**。综上所述，理财经理的主要价值主张仍然是宣称自己是客户资本的“好管家” 安全、合理的增长就是证明。

测量合理增长的指标比比皆是；学术界和从业协会提供了许多适合各种客户配置档案的工具。然而，服务的现实表现悄然而至，始终如一地保持“好管家”所应有的标准几乎是不可能的。这让我们回到信托套利的问题上——如果很难找到真正的利益一致性，那我们该如何培养客户的信任？

小规模财富管理公司正受到不公平对待

当难以获得信任——也更难进行连贯的沟通时，选择大品牌成为默认选择。

- **历史是艰难的**。需要很长时间来建立历史，尤其是在公司发展的初步阶段。
- **外观模式更简单**。一个好的后备选择是创建一个合格的外观，从而让客户对自

己产生某种积极的希冀，或者说“错觉”。

- **表现最难**。良好的管理高水位是最难维持的。

即使理财经理是一名优秀的管理者，也必须与行业中的资产管理领导者竞争。小型投资经理需要数年才能真正实现规模并盈利，如此长久的收益周期无疑阻碍了初创企业的发展。

美国资本主义的创造力正在被挤除，尤其是对于新的传统模式财富管理企业和另类财富管理公司而言。

如果……

如果区块链解开信任套利怎么办？小规模投资管理公司可能增长更快，总体而言，客户可能处于更有利的地位。

- **傲慢和美丽**。自我主权身份将帮助新的参与者，它们是具有与在职者基于绩效指标进行竞争的傲慢和美丽的力量。
- **精英会向上层聚集**。即使是在成熟的公司中，表现出色的少数人也很少和常人为伍。公司作为一个由许多不同人群组成的集体，可能仅仅作为一种保险机制而存在，保护所有成员不受无法控制的潮流变化所带来的影响。
- **丰富的选择**。对于消费者来说，它应该是一个充足的供应。有些运营商可能无法经受住时间的考验。尽管如此，幸存者将继续停留在市场中，因为它们为客户提供了实实在在的价值。

换句话说，区块链创新将颠覆我们所知道的市场。我们将为客户提供细致的有形的增值服务。这大概就是最明显的示例了。

预测是困难的，尤其是对未来的预测

我们预测，当区块链剥夺了企业存在的理由和他们利用信托套利的能力时，经济体系强大的企业将被瓦解。此外，财富管理公司也将受到影响，因为它们除了业绩表现再无可取之处，而业绩表现也往往并没有超过同行或平均指数太多。在这个数字与现实并存的世界里，谁也不知道你的下一位财富经理会不会是一台机器？

区块链中的投资与发行

曾子玲（音）
ZONFIN 中国副总裁

证券实践的现状与痛点

在金融工具发行过程中存在一个旧的问题。所有机构都使用自己的异构信息技术系统，而这些系统彼此不兼容。如果债券和股票不在交易所交易，也就是我们所说的场外交易（OTC），就没有把交易双方联系在一起的主导系统。该程序的参与者包括证券发行人、认购人、基金、基金中的基金（FOF）或其他类型的金融中介和最终投资者。有人说这里用得最多的“技术”是微软的 Excel。在大多数国家，我们有交流中心或其他类型的信息中心负责簿记和清算工作。实际上，这些中央服务器并不覆盖所有证券业务，它们只允许部分标准商品的交易。

证券交易所不包括：一些非标准化证券或其他类型的金融工具或融资活动（如信托、非上市债券）。最初的融资活动参与了主要发行过程，但投资参与者往往可以采用多层结构。我们甚至在一个国家内拥有多个交易所或其他交易中心，这是一个分散的市场。在区块链技术出现之前，没有很好的方法同步多个节点或中心之间的交易信息。

目前努力的结果是另一种只有有限参与者的新系统。这些障碍浪费了时间和金钱。我们曾目睹了一些银行开发创新服务，将不同的利益相关者聚集在一起来解决上述问题。但是，参与者并不需要银行监管，他们更希望保持私人身份。

如果没有一个被普遍接受的通用簿记和清算中心，安全参与者就会分散，会计人员也需要做大量的簿记、对账和支付。即使一些在职者声称他们已实现了完全自动化，但那也只是在他们的领域，没有全局代表性。其结果是：在融资结束时，由于交易没有得到实时确认，发行人或二级基金可能会等上几天。毕竟融资信息是不会自动通过不兼容的参与者系统的垂直结构传递。

在传统的发行流程中（见图 5–9），发行人将所有债务转移给认购人或投资银行等机构，然后认购人将债务卖给了几个买方。买方可以是基金、信托或其他类型的金融中介机构。这里的买方可以购买并支付或只是承诺购买。买方可能需要找到二级买方才会购买，二级买方则可以重复此过程，直到最终买方出现。二级买方无法履行购买承诺的风险总是存在的。因此，需要一个确认期，并且市场需要有一点盈余，以便能够满足其所需的全部融资。购买、认购或支付信息不能通过金融中介的节点传递，因为节点之间的信息是异构数据。这是需要较长时间的筹资期、确认期和冗余会计的根本原因。

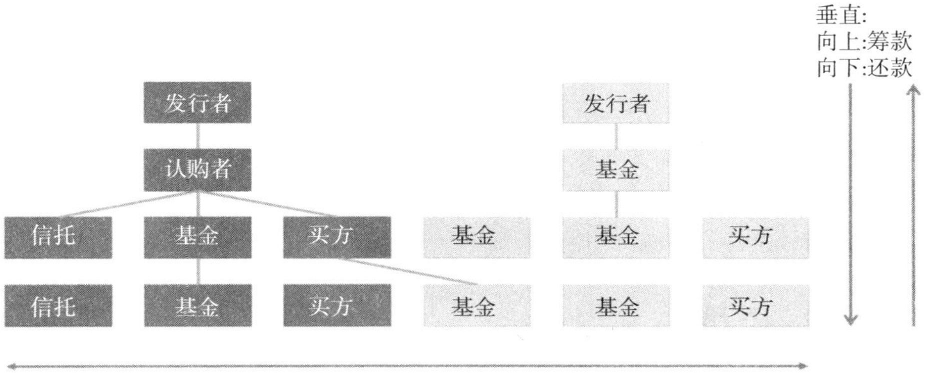

图 5–9　传统的发布流程

区块链的未来证券业务状况

本节的目的不是解释区块链或智能合约的工作方式，而是讨论如何应用它们。使用区块链技术不需要中央实例实现信息一致性。相反，可以在很大程度上优化主认购和二级交易。这是一种使所有各方同步的普遍的和民主化的方式。为了涵盖所有参与者，区块链平台不应包括主观评级，它只作为公共技术解决方案执行即可。在基于区块链的平台上，发行人、认购人和所有其他类型的金融中介都是相互联结的。

在上述融资 / 发行过程中，如果垂直结构中的某一参与者在另一个参与者之上，则可以将其称为卖方；如果它们在另一个参与者之下，则可以称为买方。每个卖方在区块链中创建一个安全条目，指定要筹集的金额。任何买方和二级买方的认购承诺或认购单信息会被立即发布，并与整个网络同步。因此，发行者和认购者知道整个参与者网络中融资过程的状态。因此，融资的时间跨度和确认期可以大大缩短。

在还款过程中，基金会计师的工作使结算时间为 T + n。它必须等待后续卖方链的还款。现金流必须通过多家金融中介机构从发行方向发行方。在区块链结构的融资 / 发行和还款过程中，信息可以实时流动。

在投资组合 / 分布式投资中，特别是对于一些非标准或非上市金融资产，投资 / 筹资和还款流程会变得非常复杂，以至于簿记和会计也会变得非常复杂。如图 5–10 所示，一只非上市基金投资于数百种非上市的非标准金融资产，合规问题可能会在某些司法管辖区产生。在基金或信托的情况下，投资者的资金被汇集到基金的账户中，然后基金将这些资金投资于投资组合或分布式资产之中。如果所有参与者都配备了区块链和智能合约，那么在智能合约中定义的条款的指导下，资金可以直接从投资者流向资产，绕过中间基金，并且资金不会汇集在基金的账户中。有了这个特性，进一步创新就是可能的。这是什么意思？例如，个人投资组合不受权威机构的监管。按照一般常理而言，基金在任何国家都受到不同程度的监管，至少应该获得法律主体地位。现在它可能是完全免费而自由的，并拥有以下好处。

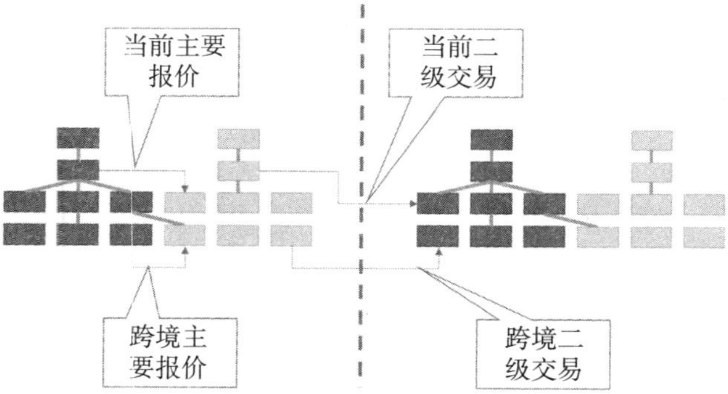

图 5–10　主权 / 管辖权分离

- **更广泛的多样化。**我们在前面讨论了区块链投资组合的便利性。如果每个人都在同一个链中，区块链还可以使参与者与更广泛的交易对手建立联系。小提一句，按地域分散投资更方便。
- **资产寻找和销售。**投资中介机构总是在寻找金融资产。由于信息仓的存在，金融机构接触到的客户数量有限，其只了解整个市场的小部分，尤其是未上市的非标资产。在区块链平台上，在发行人的许可下，所有的资产都可以被列出并传播到网络上。搜索引擎过滤器可以帮助投资者在世界的每个角落找到任何资产。反之亦然，基金推广其产品时，很容易将资产传播到整个网络，可能不再需要代理中介进行推广。

- **一些金融工具在全球发行。**即使不是全球发行，外国投资者也可以直接从国外投资或通过金融中介进行投资。在这种情况下，参与者来自不同的主权国家，因此证券交易所或集中市场超出了它们的能力范围。区块链平台克服了这些障碍。交易信息不受任何国家的限制或受集中市场的约束。在部分情况下，区块链记录只是簿记，而且不会受到监管限制。

在现实世界中，所有市场（包括证券交易所）都对交易参与者保持评级。一个原因是监管，另一个原因是这些市场的评级是基于风险控制和自身声誉的。通过对这些市场的审查，增加了上市金融资产价值，但审查也拒绝了某些资产，因此一些参与者选择了场外交易途径。区块链金融交易平台为参与者提供了简单、可控的隐私和上市的便利。如果区块链平台包含评级，它将拒绝与其标准有任何冲突的客户，这就创建了不同的价值组，因此违背了区块链或分散自治组织的初衷。因此，区块链不应该包含任何评级。它只能作为一个保持中立的金融基础设施来运行，就像互联网代表着中立性，它建立在协议之上，而这些协议并不关心你是在传输文本还是视频。由于评级会造成市场碎片，交易参与者会采取管辖权选购，以寻求最方便的市场。

结论

区块链技术为投资和资产领域提供了大量机会：所有类型的参与者都以民主的方式在全球范围内联系，且不需要评级。OTC 交易将进行优化，列出的资产将传播到整个网络上，以便资产的寻找和销售推广由本地化转向全球化。购买和支付信息可以在几分钟内而不非人工操作的几天内渗透到各级机构和所有参与的利益相关者。融资、确认和结算期可以在很大程度上根据实时信息进行优化。

The WEALTHTECH Book

06
成功的创业故事

摘要

创业精神推动了科技创新。证明其重要性的措施之一就是增加对该领域初创企业的投资。这部分分享了五位企业家的个人见解和故事，他们成功地建立了自己的财富科技公司。他们大都是离开了金融服务领域，创建了自己的事业——这一部分也可能引导和激励你加入创新的金融科技公司中，或者鼓励你自己创业。

这些企业家往往在投资管理行业遇到挑战，而这些挑战往往被忽视且未被解决。这些个人经历激励他们创立了自己的财富科技公司。在这一部分中，你将看到以下几位企业家的见解，并从他们的见解中学习。

- MeDirectBank 的首席执行官讲述了他如何成为银行业中的后起之秀，并成为比利时在线财富管理的先驱。由于信任是财富科技初创企业面临的一个重大挑战，MeDirectBank 遵循了以客户和合作伙伴为中心的专门路径。
- VestPod 的首席执行官为年度消费支出超过 20 万亿美元的女性提供金融服务，预计到 2028 年，其服务数额将达到女性年度消费支出的 75%。缺乏多样性是金融服务业面临的主要挑战，包括金融科技和全球投资界都是如此。 VestPod 的创始人在本章将提供更多有关如何服务好更多人口的细节。

成功的创业事迹

智能投顾

- 利用技术降低费用的自动化投资平台；
- B2C：Wealthfront、Nutmeg、VestPod（通过满足女性的特定需求，如特定的生活方式目标和更低的风险，提高女性的财务素养）；
- B2B：AdvisorEmpire；
- 两者：ScalableCapital：非常重视“Fin”和“Tech”，为客户提供透明的解决方案。

数字化经纪（Digital Brokerage）

- 包括股票、债券基金，有时也包括保险，例如MeDirect Bank、MoneyMeets.com、eToro；
- MeDirectBank：基于客户为中心和部分重组，以具有竞争力的价格提供优质的产品和服务；
- Moneymeets.com：客户财务、银行账户，以及基金和保险产品投资的完整、定制和跨供应商概述。

微投资

- 更频繁、更小的数量，如Stash、Acorn或Moneybox；
- 中国投资者包括墨盒（Jimubox）、老虎经纪（Tiger Brokers）和牛角穗（Niu Jiao Sui）。

投资工具/金融服务SW

- Kensho Technologies；
- Wikifolio Financial Tech；
- ClearMacro；
- AlgoDynamix；
- SharingAlpha：一个评级平台，用于收集大量顾问的意见，并从当前的评级模式（其中顾问在孤仓中工作）转变为更集中的方式（顾问的意见在专用平台上共享）以评估他们的成功率。

- Scalable Capital（一家管理资产超过 2 亿英镑的欧洲数字财富管理公司）的首席执行官。这家初创企业认为，关键的成功因素集中在“Fin”和“Tech”两方面，前者拥有一支了解金融前景（商业和监管方面）的强大团队，后者则以打造专有技术为核心。
- moneymeets（德国领先的个人理财独立在线平台）的首席执行官。为了赢得客户的信任，该公司始终以用户为中心，并具有绝对的成本透明度。
- SharingAlpha（一家专注于帮助理财顾问建立业绩记录的金融科技初创企业）的首席执行官。SharingAlpha 平台旨在大量收集顾问的意见并测量他们的成功率。

所以，请你准备好受到启发并学习如何建立和扩大金融科技和财富科技公司吧。

MeDirect Bank——挑战者的银行

沙维尔·德·鲍（Xavier De Pauw）
MeDirect Bank 首席执行官

在伦敦的固收市场为美林证券公司工作了十年后，我于 2009 年和三个曾与我共事过的经验丰富的伦敦银行家一起创建了一家新的银行集团。在我们看来，在金融危机爆发之后设立一家专注于简单化和透明化的新型银行，似乎是一个绝佳的选择。

比起传统的金融科技创业公司，创立一家新的银行需要大量的资金，因此，我们向 AnaCap Financial Partners 寻求了支持，这是一家提供风投资本的专业私募股权机构。

我们最初的目标是通过简单的资产负债策略让我们的银行能在成立后的几个月内实现盈利。随着银行的不断发展，我们逐渐从批发大额基金转型为零售存款基金。我们意识到，我们的存款客户也有兴趣参与到能够从储蓄中获取更高收益的方案中。于是我们开始着手在我们的银行旗下创建一个线上投资及财富管理平台。搭建这个平台所需的资金最初来自（现在也来自）银行的留存收益。

基于部分重新打包的策略，我们在银行旗下建立了财富科技公司，为储户和投资者提供一站式金融服务。从财富科技公司的角度来看，这个模式的原理是双重的：我们降低了客户获取成本，同时通过银行的留存收益进行自我融资。此外，从银行存贷业务的角度来看，提供投资产品能够提升客户忠诚度和客户保留率。

在过去八年里，我们创建该集团的方法是十分独特的，尽管我们从中汲取的很多经验也与其他财富科技公司息息相关。特别是在过去的三年内，我们在比利时建立了 MeDirect Bank，它是：

- 在线财富管理形式的先驱；
- 第一家关于示范投资组合及在线财富管理的开放式架构平台；
- 具有最高透明度的互惠基金投资平台；
- 自 2008 年金融危机以来第一家获得银行全牌照的平台。

以优惠的价格提供优秀的产品和服务

相对于其他大多数 B2C 金融科技公司，财富科技公司在发展业务时面临着一项额外的挑战：它们需要成功地说服人们将其辛苦赚得的钱委托给一家网站或 App。比起让客户用支付软件支付酒店账单，这显然需要更多的信任。

什么才是“好的产品”呢？财富科技公司不仅需要相互竞争，还要与其他在位者竞争。因此，观察顾客离开其理财顾问的原因是十分有趣的。根据摩根大通和奥纬咨询公司的一项调查，该现象的三大原因分别是令人不满的服务、贫乏的投资建议以及欠佳的投资表现。简而言之，这三大原因就归结为顾客遭受损失或相较于其他同业收益过低。

对于财富科技公司而言，好的产品要能够长期创造出优异的（相对）收益率。建立信任和稳固的声誉需要很长时间，对于不知名的创业公司而言尤其如此。晨星集团是全球最大也最富盛誉的独立投资分析及咨询公司之一，与它的合作成本使得 MeDirect Bank 的增长速度降低不少。然而，尽管这样的合作关系增加了一定的成本，但它也为我们带来了产品质量的即时信誉，同时使得我们的投资建议和产品部门得以独立。晨星集团让我们能够推出值得信赖的高品质产品来吸引顾客，同时也让我们拥有了长期留住客户的自信。这对于创造企业价值和逐步收回客户获取成本来说是十分重要的。

我们在业务的许多方面都运用同样的经营理念。例如，我们的股权交易平台和 Instinet 达成合作来可靠地为顾客提供最优方案。每当我们找到固定的合作伙伴，我们都会融入他们的系统和基础建设，而不是另外建立自己的。这不仅有利于建立信任，也能够让我们更快地进入市场。多亏了数字分布模型，我们才能够以比其他竞争者更低的成本提供高质量产品和服务，这对于吸引潜在客户而言至关重要。

平台的用户体验（UX）和用户界面（UI）也很重要，我们努力提升这两点来获取和维持我们相较于竞争对手的优势。但在我们看来，这些对于财富科技公司而言只能排在第三位。以具有竞争力的价格提供高质量的、值得信赖的产品才是良好用户体验的本质。我见识过许多设计得非常好的财富科技平台，但我总是怀疑自己是否会愿意成为这些公司的早期客户，并放心地将储蓄金交给它们。显然，好的 UX 和 UI 还远远不够。

部分（重新）打包策略

当我们在 2013 年 9 月创立 MeDirect Bank 时，结合在线储蓄和在线理财的这一想法与金融科技极端的去捆绑化趋势相悖：金融科技公司只专攻某一项狭义的产品或服务。

迄今为止，大多数 B2C 金融科技的成功实际上是单一产品业务模式的成功。将业务中心缩窄到一个简单产品上，从而为它们带来了指数化增长。它们的成本很低，也容易为机载客户带去良好的用户体验与用户界面。由于涉及的交易数量较小，他们通常不需要那么严格限制的操作环境，也不需要太多信任授权。Wealthfront、Betterment 公司虽然已经在快速发展，但它们仍有可能遭遇异常状况，并且所占理财市场的份额也不会实现太大增长。

现在，“部分重新打包”的理念已经被财富科技公司广泛接受和采纳。许多财富科技公司开始与拥有一定市场基础的企业展开合作，这能为它们提供即时可得的庞大客户基础，也能让不知名的创业公司看起来更值得信赖。发展完善的银行、基金公司，甚至快速发展的知名单一产品金融科技公司都能够成为这样的合作伙伴。但这样的合作并不是革命性的。如果一家承受着高昂客户获取成本的财富科技公司能够快速获取既有的客户基础，那么这对于合作双方而言都是有利的。

MeDirect Bank 优秀的储蓄产品为我们的财富科技业务发展了潜在的客户基础。比起吸引在线理财客户，发展储蓄客户的成本更低，效率更高。而将理财产品销售给那些已经放心地把储蓄交给我们的客户实在是太容易了。MeDirect Bank 的银行牌照和不言而喻的严格监管也让潜在客户更加信任我们。

在 MeDirect Bank，我们进一步发展了（重新）打包策略。结合我们以客户为中心的在线理财业务，电子经纪平台、在线储蓄等全部能够满足客户想要从储蓄中获利的需求。我们决定提供一种一站式金融超市，其中包含了客户可能会想到的关于理财与投资的所有问题。

测试与改进

领英公司的联合创始人有一句很有名的话："如果你发现你的初代产品看起来不那么糟糕，那就说明你已经来晚了。"在 2013 年 9 月发起的第一版 MeDirect 线上平台上线了一些高品质产品，但数量太多了，而且用户体验和用户界面也很一般。但重要的是，初始发行让我们获得了第一批用户，得以观察他们在平台上的一举一动，并基于这些真实的客户反馈提升我们的网站。

我们的线上平台为大众提供了可广泛选择的产品和服务，这些在比利时的线上平台上还是独一家（据我们所知在欧洲也没有）：包括创新型储蓄产品；附有三个选项的理财产品——养老金托管计划、监督与建议服务、完全自主理财服务；仅用来执行交易指令的基金、ETFs、股票和债券交易平台；以及仅供执行交易用的主题模型基金组合。

我们观察和测量用户活跃度，并据此改进平台。在线"投资建议"服务能够刻画用户画像，为客户推荐基金组合，并且可以从改变个别基金权重和替换个别基金等方面调整这些投资组合。用户甚至可以用个人的标的股票取代股票基金，并在后期进行调整。平台会记录这些投资组合，根据客户画像定期为他们做出推荐，并向他们展示推荐组合的组成成分与他们的自选组合有何区别。发达的科技为客户带来了极大的灵活性，但这种灵活性也带来了不同的用户界面和管理挑战。过多的选择会让客户感觉到“选择困难”，从而影响客户转化率。尽管重复实验了多次，客户依旧兴致不高，于是我们决定移除一部分产品来简化平台，并将我们宝贵的资金投到别处。MeDirect 的“养老金计划者”也遵循同样的理念。

对比之下，我们发现用户在仅供执行指令的开放式基金架构平台上的活跃度很高，并且这一数据仍在持续增长。显然，MeDirect 的“基金超市”吸引了大量零售型富有的目标客户。由于我们提供广泛的投资选择，并且保持着低廉且透明的投资成本，媒体将我们称作投资互惠基金最好、最透明的平台。以客户为中心的理念是一个关键因素。例如，最初我们在平台上提供 250 只互惠基金。几个月后，由于客户要求添加更多的基金种类和基金管理人，我们发布了三倍数量的基金。这要感谢我们高效的运营团队，让我们能够在短短几天内实现客户的要求。我们清楚地发现了市场需求，并且拥有比大多数竞争者更好的平台去满足这种需求（善于观察的读者已经注意到了，能够在几天内添加和管理众多基金正是我们相较于竞争者的优势；显然这方面还有太多的创新可能，但这并不在这篇文章的讨论范围内）。

与成长中的基金超市相一致的是，我们欣喜地发现客户开始对我们仅供执行指令的投资组合模型和自主理财服务产生兴趣，这两者建立的基础都是我们的开放式互惠基金架构超市。

根据投资主题便捷地组合一揽子基金，这样的便利使我们的投资组合模型深受客户青睐。每月定投所选基金组合的功能，以及我们不收取任何交易费用的事实，让这款产品广受欢迎。和一些像晨星集团一样值得认可和相信的合作伙伴共同创建这些主题基金，有效地创立了首家开放式基金组合模型架构平台。

凭借出色的表现，以及简单、透明和便捷的特点，自主理财服务吸引了许多用户。相较于仅供执行的投资组合模型，用于刻画用户画像的问卷调查，包括金融工具市场法规问题，经历了更长的时间才迎来了客户态度的转变。客户明白，这一附加步骤能为他们提供量身定做的投资组合，他们愿意为这项服务支付额外的管理费（根据投资额定在 0.3% ~ 0.6%）。我们不收取任何其他费用（包括进入费、退出费、交易费等），因此，我们的自主理财服务费用远低于传统的理财经理（以及其他线上平台）。5000欧元的门槛也使得这项服务更加亲民，因为很多人不足以或不愿意投资那些仅仅开户费就需要至少30万至50万欧元的既有产品。因此，我们在初设期后的几个月内做出了一系列重要的决定，这些决定全部遵循着“少即是多”的格言，并最终将我们的平台打造成今天这个样子：

- 我们将三类理财产品简化为一类；
- 我们始终以客户需求为中心，并将绝大多数资金用于更好地提升产品、服务、UX/UI以及与开放式基金架构平台相关的运营活动；
- 我们开始重新设计平台来大幅提升UX/UI，以便更好地展示改进后的产品和服务。

成长

2014年是我们正式运营的第一年，我们花费了一半的时间学习用户的反馈意见和A/B测试。我们以用户参与度和用户转化率为参数测试了许多产品、设计和UX/UI特征。这为我们在2014年四季度同步创立一家彻底改造过的线上平台提供了极具价值的信息。

接下来的一年（2015年）面临一场巨大的考验。我们根据重新调整过的业务策略发行了新版本的线上平台。客户活跃度开始显著增长，并且随着托管资产的不断流入，这种趋势变得愈发清晰。我们在2014年的决定被证明是正确的，所以我们也坚持在比利时将MeDirect打造为投资互惠基金的主要平台，再辅以基金超市、投资组合模型以及线上自主理财服务。

在2015年，我们发起了几项营销活动。我们意识到，投资于产品和服务创新的精力、时间、创造力和金钱，也必须有相当的营销投资。为了直接吸引投资客户，或者说服储户将部分储蓄转化为投资，我们测试了各种不同的信息、渠道和动机。

我们同样尝试拿出一部分收入来扩大开支预算。比如，我们在一座主要城市租下了一辆电车并雇用了一位列车长。在圣诞购物月，每个人都可以免费乘坐这辆车。这辆车的车身上涂满了我们公司的图标，并附上了一句标语——“你无须为这辆车支付任何费用，一如你在MeDirect基金超市”。新奇的创意意味着每个人都会对此感兴趣并产生想法。有五个国家的报纸报道了这件事，我们还在这辆车上拍摄了一条电视广告，来强调这些信息。

以客户为中心

我们引以自豪的是，在透明度和服务方面，我们做到了绝对以客户为中心。这对我们而言意味着，我们只需做好某些事，而不用再专门考虑它是否适用于所有人。

以客户为中心是一个重要的差异点。比如，尽管为了业务的可扩展性，我们将产品和服务数字化，但我们依然设立了联络中心来与客户保持联系。他们会通过电话或电子邮件沟通。对一些客户而言，能够选择和真人对话是很重要的。联络中心的员工们绝对认同“以客户为中心”的服务理念，我们相信，他们对 MeDirect 96% 的客户满意度做出了卓越的贡献。

我们即将再次发行平台的更新版本。同样地，最新版本将会呈现出许多基于用户反馈而调整的新功能。当我们的客户见到我们并看到自己的反馈反映在了平台上时，他们的赞美溢于言表。我们正在与潜在的新合作伙伴谈论更多关于继续提升新产品和功能的话题。正如新版欧洲 PSDZ 将发布更多的银行服务，我们也建立了开放式架构平台来发布多种多样的储蓄和投资产品及服务。

赋予女性金融权——原因与方法

艾米丽·贝莱特（Emilie Bellet）
Vestpod 创始人、首席执行官

为何赋予女性金融权如此重要

女性是经济的未来——她们在 2009 年掌控着大约 20 万亿美元的年消费支出，到了 2018 年，该数据预计上升至 28 万亿。而到了 2028 年，全球范围内女性将会掌握 75% 的可自由支配开支。

此外，在家庭中掌握首要经济大权的工作女性所占的比例已经从 1996 年的 23% 上升到了 2013 年的 33%。造成这种现象的原因有许多：根据英国财政研究所的报告，女性平均收入比男性少 18%——这种性别薪酬差距在职场母亲身上体现得尤为明显。薪酬差距对女性的退休储蓄方式产生直接的影响：男性平均养老金财富是女性的两倍多。关于储蓄、投资和债务水平的统计也显示出同样的性别差距。

因此，这正是女性应该认真考虑了解金融和金融业并利用它为自己服务的重要时机。如果我们能够赋予女性解决金融难题的能力，我们就能够帮助她们挣得更多、储蓄得更多，能够给她们根据自己的条件选择生活方式的自由。赋予女性金融权对经济也有着积极的影响，它能够提升生活标准，改善教育和工作环境。

然而，事情并不那么简单：专业的金融咨询费用高，听起来令人害怕，且并未完全为女性在当代社会所面临的挑战做好准备。英国财政部和金融行为监管局都清晰地感受到金融咨询这种只会越来越大的分歧。其次，金融产品变得越发复杂和难以理解，使客户感到不知所措。

这听起来很惨淡，但事实并非如此。所以，我们如何才能最好地使女性拥有金融权呢？

如何赋予女性金融权

提升女性的金融能力

经济合作与发展组织（OECD）近期的研究表明，大多数国家的金融能力得分都非常低。正如报告中所定义的，“金融能力是意识、知识、技巧、态度和表现的结合体，是做出合理金融决策并最终达成个人金融成就的必需品”。在报告上出现的所有国家中，几乎每一个国家的女性得分都低于男性［在英国，67% 的男性得到了高分（6 分及以上），而只有 40% 的女性拿到了同样的高分］。随着金融市场变得更加复杂，家庭用户需要承担更大的风险和责任，金融能力开始变得更加重要。

个人的金融能力对创建财富平等至关重要。拥有可靠的金融知识能够帮助我们做出合理的决定，为退休生活储蓄更多、小心地管理投资以及更好地管理家庭财务。从另一方面而言，对金融所知甚少就难以做出高效的决定，就更有可能承受更多的债务，储蓄也会变得更少，也更容易被诈骗。

显而易见，重点就是要提供更多更好的金融教育，让这些慢慢渗透进校园中，工作单位也应该提供金融能力训练。但值得注意的是，仅靠这一点是远远不够的——如今的大多数自由职业者（55%）都是女性，她们也需要职场以外的金融支持。

Vestpod 的使命就是赋予女性金融权，让她们更加聪明地面对钱财，并采取行动更好地管理它们。我们始终在探索用吸引力的、有意义的方式来和女性沟通。我们每周的时事新闻参与度很高，所获得的反馈也十分鼓舞人心。

有效参与：解决女性的特殊需求

女性有不同的方式来创建财富。例如，女性根据脑海中具体的生活目标来进行储蓄和投资，而男性则更加注重产品和投资收益。正因为这种区别，女性通常从更加整体、更个性化的财务策略中获利：了解她们的价值和信仰，并用一种可理解的、简明清晰的、友好的方式传达给她们是非常重要的。

女性不太可能参与危险的交易，她们更加勤勉地做研究调查，制定多样化的投资，也更加谦逊地承认错误。事实上，女性是很好的投资者，但传统金融机构还没有完全理解和有效掌握她们的金融动机。

最后，女性需要提升自己的自信心。安娜·玛利亚·卢莎蒂和奥利维亚·米切尔的一项研究表明，尽管在金融能力测试中女性得分低于男性，但是当移除了“我不知道”这一选项后，女性的得分和男性是相当的。因此，理解并掌握女性的价值和信仰，帮助她们建立自信，对于女性参与金融活动来说十分重要。

通过创新帮助女性采取行动

尽管金融能力很重要，它也仅仅是测量指标之一。有效地提升女性的金融能力并帮助她们采取行动会直接提升她们的金融独立性，并对她们的生活产生积极的影响。为了达到这个目标，我们需要考虑财务咨询的缺口。

目前，大部分女性都负担不起专业的财务咨询。此外，金融产品十分复杂，所用的术语听起来也很骇人。从历史上看，金融行业的目标人群主要都是专业男性：要找到能够真正理解女性需求和担忧的理财顾问并非易事。

更复杂的是，缺乏信任——这一点困扰着金融市场。尤其是千禧一代的人，对传统金融机构抱着怀疑的态度（根据 Facebook 对美国 21 ~ 34 岁千禧一代的调查，仅有 8% 的人信任传统机构）。金融科技快速地把握住了这次机会：网上银行深受欢迎，机器人顾问和投资管理软件也持续吸引着用户的注意。

根据女性的需求，Vestpod 量身设计了一家独一无二的用户友好型平台，帮助女性进行储蓄和投资。我们通过数字交流和线上社区，帮助女性打破传统禁忌。

随着新兴创业公司开始瓜分金融市场，银行和传统机构急需给予回应并提升自身专业技能，这也会反过来使女性收益。金融机构可以尝试着以提升与用户的交流和注重个性化设置为开端。有了目标更加明确的方法，银行能够更好地了解并掌握女性的需求。重要的是，它们应该具体地考虑女性的不同阶层和金融背景。

如此一来，为了弥补财务咨询的缺口、重获客户信任和明确目标市场，创新就显得势在必行。金融机构需要根据客户（尤其是女性和千禧一代）的需求进行调整，同时解决方案需要更加低廉、更有价值，并更易获得。

这确实有必要。为什么呢？

赋予女性金融权是共赢的局面。金融独立性使女性拥有了根据自身条件选择生活方式的自由，使她们更自信，反过来也会对她们的家庭和后代有所帮助。这同样有助于消除退休储蓄金和支出的性别不平等问题。赋予女性金融权也是明智的经济决策——消除薪酬的性别差距有利于政策制定和社会发展。研究表明，性别平等能够提升经济生产力，使机构更具代表性，而更高的消费力也有助于塑造消费者市场。此外，慈善事业也可能从女性赋权中获利——研究表明，在慈善捐赠方面，女性要比男性大方得多。

最后，更高的女性授权意味着家庭金融资产更加安全。在过去 20 年内，掌握着家庭首要经济权的女性数量大幅增长——这在以往是不可想象的。因此，尽管还有许多事情要做，这个世界已经开始慢慢调整并接受女性掌握金融权这一事实了。确保维持这种积极的趋势并尽快填补缺口是我们共同的责任与追求。

我为何为了金融科技离开高盛

亚当·弗兰奇（Adam French）
Scalable Capital 创始人

我花了很长时间来思索这篇文章最合适的标题，我不确定应该是“我为何为了金融科技离开高盛”还是“为何我离开高盛而加入了机器人行业”。尽管很多人对我们的机器人霸主感到害怕，但我作为 Johnny5 和 R2-D2 时代的出生者，从小就对科技充满热爱。我最终决定金融科技也许是最好的选择——这是时代的标记。我希望我的故事对于那些想要离开金融服务领域而加入世界上某家创新型金融科技公司的人来说是一种有用的观点。我在 2004—2007 年间就读于伦敦政经学院商务数学与统计专业。在 2006 年的夏天，我申请了许多金融行业的实习，并有幸在那个暑假进入高盛公司实习了十个星期。这就是故事的开端。

在那年 7 月，我开始了在高盛公司的实习，那时标普 500 指数已经从 2003 年的低谷恢复到了 1250 点。我在高盛公司的实习经历很愉快，最令人激动的是能够带着高盛公司的正式工作录取书回到学校继续我最后一年的校园生活。在 2006 年 9 月，当我再次以正式入职的身份进入高盛公司时，股票市场依旧火力全开，标普 500 指数已经达到了近 1500 点。我个人的牛市精彩经历在于，在英镑兑美元汇率超过 2 时，我在纽约参加了十周的工作培训。在故事的这个节点，事情开始发生转变。18 个月后，标普 500 指数暴跌幅度超过 50%，未来似乎和我们辉煌的过去看起来很不一样。

在高盛公司，我加入了衍生品交易团队，负责为零售银行的各种资产类别提供方案。我们的团队走在交易部门自动化的最前线，运用科技，我们将每天几千笔的交易量扩大至成千上万笔，同时将团队规模从 12 人缩减至仅仅 4 人。正是机构金融服务的这种科技扰动让我开始联想，为什么零售金融服务就要始终停留在石器时代呢？我并没有找到灵感，但是在 2014 年，我停止了手头的工作并进入了金融科技领域。我在顶峰时期结束了我的高盛生涯：一个完整的市场周期已经走完，标普 500 指数又重回 2000 点，完全在市场周期低谷之上——我的白发就是证据。

在谷歌上的搜索显示，追溯到2013年时金融科技几乎还未成形。毕马威和CB Insights的数据也证实，风投资本家在那时还没有发现金融科技这种趋势，在2013年，仅有28亿美元投入到了有风投背景的金融科技公司。在仅仅两年内，金融科技就开始呈爆炸式发展。不仅仅是媒体发现了这一领域，风投公司也开始大力投资金融科技。2015年投入金融科技的风投资本翻了将近五倍，达到了138亿美元。很快到了2017年，每个人都开始讨论金融科技，几乎每一天都会有主流出版物用各种方式报道关于金融科技的消息。

那么金融科技对于我来说意味着什么呢？广义上来讲，消费者金融科技是指专注于某一特定金融服务或产品，以客户为中心创造出比传统方式优越十倍的解决方案。通过专注特定事项，解决细分客户的需求并做到尽善尽美，消费者金融科技正在提供令客户满意的服务。这意味着向客户提供所有产品和服务的传统银行正在被去中介化。我们可以从Transferwise（提供优质外汇服务）和Funding Circle（帮助人们直接将钱借给其了解和喜爱的公司）等公司身上看到这一点。正是如此，Scalable Capital这家我参与创建的公司，开始进入我们的计划。

Scalable Capital是一家欧洲数字理财公司。我们帮助客户积累财富并达成他们的长期投资目标。我们的科技运用不仅使我们的投资产品相较于其他替代品可得性更强、更加方便、价格更加优惠，也使我们能够做出更好的投资决策。我们注重风险管理，因此客户可以进行长期投资而无须花费大量时间自己做研究。通过向那些可能自己进行投资的客户提供透明的方案，我们为他们提供了以往前1%的高端客户才可能拥有的服务。Scalable Capital的创建理念来自大量亲朋好友根据我的金融专业知识询问我该如何理财，而我却没有任何建议可以给他们。Scalable Capital的共同创始人们同样面对这个问题，因此我们决定打造出客户值得拥有的金融服务，一项我愿意推荐给自己母亲的服务。四人的创始团队很快就扩展到了如今接近50人的规模。在我们离开原先的工作两年后，我们已经拥有了5000名客户，掌管着2亿美元的资金。我们正行进在为众人提供优质投资服务的梦想道路上。

回顾我们到目前为止的所有经历，创建一家金融科技公司最重要的是什么呢？我认为是必须认真把握"金融"和"科技"两方面。"金融"意味着建立一个熟悉金融领域（包括商业上和管理上）的有力团队。"科技"的核心重点则在于发明专利科技。在 Scalable Capital，我们同时注重这两方面。创始团队几乎将全部职业生涯都投入了金融和金融概念（例如构建投资组合）中。在涉及诸如风险相关性等概念时，我们就需要这种科技类专业知识了。风险并不总是在短期内获得回报，也并不是当市场风险增大时，就最好采取去风险化策略来避免因持有高风险资产而受损。如果你在资本市场上花费时间来好好研究和理解，你就会发现这些道理。

然后就是“科技”，我们运用科技手段进行了成千上万次模拟，这样我们在任何市场条件下都能最优化客户的资产组合，并和他们的风险承受能力保持一致。我们的目标是为长期投资收益提供最好的机会。两年过去了，我们只完成了目标的 1%。我们不能满足于现有的荣誉，还有很多事情要做，要为市场带去更多的创新，帮助更多的人。能够成为金融科技领域的一员令我十分激动。有很多优秀的企业正在用以前看起来不太现实的方式提供服务、帮助人们。常有人问我应该直接进入科技金融公司还是按照传统的方式进入投行工作。优秀学生的新难题是“投资银行还是金融科技公司”。于我而言，回顾我在高盛度过的美好时光，那是一家优秀的企业，那里的同事聪慧又勤奋，他们将客户的最大利益放在心上并在发展的经营过程中实现这一理念。我从未后悔在那里工作过，我也有许多朋友仍在那里工作。同样地，我不认为没有在高盛工作所打下的基础，Scalable Capital 能有今天的成就。正是在那里，我们发现了能将 Scalable Capital 打造成如今这般的人才，发现了投资者所面临的投资难题，也是在那里，我们运用在市场中学到的知识来思考解决方案。

无论你的决定是什么，一切都会是最好的安排，你不会错得太离谱。生活中的每件事都是一场学习经验，只要你愿意努力工作并解决问题；你就会享受这种挑战。如果你不想再继续学习，而开始考虑做一些新的事情，那么就记住结尾处马克·吐温的名言吧，正是它帮助我扬帆远航：

> 20 年后，让你感到失望的不会是你做过的事，而会是你没做过的事。所以，请解开绳索，驶离安全港湾，扬帆起航吧。去探索，去梦想，去发现。

Moneymeets——德国个人理财网站领军者

迪特尔·弗洛姆（Dieter Fromm）
Moneymeets 创始人、首席执行官

数字化重新定义游戏规则

在金融服务的数字化进程中，德国的金融与保险部门仍处于改革的初始阶段。如今的趋势已不仅仅是纯粹的创新了，而是一种文化的改变。如今科技部门的任务也不仅是重新组织既有程序来使它们更快或是运用无纸化方法，而是完全重新思考。当然，德国的新旧金融世界正在交会：在德国联邦财政部所调查的银行中，至少 87% 的银行在 2016 年底声称它们已经和至少一家金融初创公司达成合作，并且正计划着在未来继续合作或参与其中。银行和保险公司都从客户导向、创新以及全新数码播放器的灵活性中受益匪浅。反过来，金融科技公司也能从银行或保险公司声誉中获益。最后，这些协同效应将会消除所有对立，客户究竟从哪儿得到投资建议真的不再重要。

两个银行家如何成为财富科技公司的创始人

每一个人都知道，改变现状有时会直接带来深远的影响。在 Moneymeets 的创业故事中，约翰内斯·克里默（Johannes Cremer）在 2010 年提出了至关重要的问题，那就是："银行的客户咨询能够保持有效性吗？"在那时，我已经拥有了超过 25 年的客户服务经验。辞职前，我负责德国第三大储蓄银行 Kreissparkasse Köln 的整块零售业务，业务总资产将近 250 亿欧元。我的共同创始人约翰内斯·克里默也拥有着超过 20 年的银行经历。由于金融危机和政策缩紧，客户对银行的信任度降低。我们很快达成一致，认为很早之前就已经在其他行业（如贸易和旅游）发展起来的数字化趋势不会在银行业停止。为什么呢？我们推断，银行活动很好地加快了自身的数字化进程，而金融产品的线上市场也是十分可观的。

我们用自己的资金委托一家 IT 公司设计网站，同时决定离开舒适的工作环境和感情深厚的同事，一起创建 Moneymeets。同年，我们获得了科隆区两家家庭办公室的支持，它们为我们的商业想法投入了数百万欧元。2012 年底，

Moneymeets 的第一个版本就诞生了，它为个人投资者提供了真实的金融策略市场，提供了用来交换金融策略的交流社区，实现了成本透明化，也提供了 20 000 多只无需首付金的投资基金。在这些方面，Moneymeets 都是首创。

2014 年，Handelsblatt 发行团队通过 Dieter von Holzbrinck Ventures 对我们进行了投资，Moneymeets 将市场扩大到了保险产品。到目前为止，Moneymeets 是唯一一家能够让客户查询 140 多家保险公司存续产品年销售佣金的网站，也是唯一一家能让客户在将现有投保策略融入进来或签约新保险合同时自动获得 50% 退还金的网站。这在德国市场是独一无二的。通过完整的金融一体化服务，以及为所有应收账款、存款、保险产品和其他金融产品提供资产报表，Moneymeets 在 2015 年得到了发展。无论客户是在银行还是保险公司持有产品，Moneymeets 的金融综述都能对其进行收编和评估。同年，瑞士伍德曼资产管理公司加入了 Moneymeets，随后 Fider 银行也与其达成合作。它们开始吸收每一个对证券和保险产品感兴趣的客户。2016 年，瑞士最大的零售银行 PostFinance AG 的投资者联盟也加入其中。

Moneymeets 的财富管理

如今，Moneymeets 已经成为德国个人金融管理独立网络平台的领军者。该平台让每个人都能够轻松地建立个人金融主页，并且不收取费用。因此，我们的平台成了在德国依旧常见的私人银行和保险服务咨询公司的数字替代品。客户的个人档案让他们能够在一家网站上管理所有金融产品，这使得他们能够为其财务、银行账户甚至基金和保险产品建立完整的、定制型的、包含众多供应商的概览。我们的优势不仅仅是清晰度，投资和购买保险产品的业务成本也远远低于德国传统佣金模式下的金融市场。由节约成本的数字化程序带来的效率收益都转变为对客户的价格优势。此外，营业时长和无尽的咨询等服务挑战也不再是问题，因为客户可以在任何时间得到服务。这使得我们的供给更符合众多客户的真实生活，也使银行和保险公司有机会能够定位新的客户群，或从他们已有的客户基础上追踪和恢复客户活跃度。

当然，用户惯性和潜在担忧也是财富科技公司所要克服的巨大挑战。与一家初创公司分享自己的金融信息需要极大的信任值。我们也明白，德国的消费者比其他国家的消费者更谨慎。为了赢得这种信任，Moneymeets 始终坚持以客户为中心以及成本透明原则。在德国金融部门，将佣金加入产品价格中并向客户隐瞒这一点的做法是十分普遍的。但在 Moneymeets 网站，金融产品的所有佣金费、附加费以及其他费用可以说是完全透明的——这在德国金融市场着实罕见。Moneymeets 用这种方法来抵消德国金融消费者和金融机构之间存在的信息不对称问题。我们自发地建立真实有效的消费者保护措施。极具声望的德国消费者保护机构发现了这一点，并据此力荐 Moneymeets。

此外，我们作为产品经销商所获得的所有佣金都会与客户分享。在购买新产品时，Moneymeets 将金融机构支付的全部佣金返还给客户；对于客户加入其 Moneymeets 账户中的存续产品，我们将返还定期收到的年组合佣金的 66%，这一切都使得 Moneymeets 成为德国基金、存款和保险产品的价格领导者。

与监管者合作

监管环境对产业的成长和创新能力有着重大影响。在英国，英格兰银行和金融行为监管局（FCA）被视为真正的先驱者。自 2016 年以来，英国的金融科技公司就能够申请所谓的监管沙盒。作为这个项目的参与者，它们有三到六个月的时间可以在市场中实验自己的商业模型，并从较为宽松的监管条款中获益。瑞士正在实验相似的监管计划。那么德国也需要监管沙盒来为年轻的企业家们提供实验场所吗？毫无疑问，德国的某些法规阻碍了新兴行业的发展。德国的保险和金融行业正艰难地执行着欧洲的指导方针并对市场开放。原则上，我们认为法规有时也是一种优势，它促使所有的公司公平竞争，同时通过标准化程序和产品要求了解市场，对于创新型数字领域尤其如此。最后，监管有助于建立信任和信心，这些对于初创公司尤其重要。

尽管最初并不乐意，但德国的监管机构联邦金融监管局（BaFin）和财政部现在都在为发展建设性对话和提升金融科技现状而努力着。在 2016 年 12 月，BaFin 成功地完成了“金融科技”项目。该项目的目标之一就在于确保金融科技初创公司能够获得资助，从而更好地了解 BaFin 最保守的未来。根据商业模式的不同，金融科技公司需要获得 BaFin 的批准，并满足相应的监管要求。BaFin 新建了一个部门来专门负责新兴的金融科技，并将与金融科技产业的联系制度化。

同时，财政部在 2017 年 3 月建立了 FinTechRat，该机构将就数字金融科技问题向财政部提供建议。FinTechRat 目前已有 20 名成员，其中有来自金融科技公司、银行、保险公司的代表，也有研究金融数字化的专业学者。监管机构和财政部也会参与其中。

我能提供的建议是，金融科技公司创始人应该尽快与当地监管部门积极接洽，并为抵消传统金融服务部门的影响而支持当地金融科技生态系统的发展。

如何衡量一个成功的团队

自我们在 2012 年成为两位永久会员后，我们的团队在 2017 年达到了 40 人。成功人员配置的关键前提在于长期的人事计划、有效且高效的招聘程序以及创始人多年的管理经验。吸引雇主的目标是顶尖人才，同时实现长期的雇主吸引力已成为我们的工具包的一部分。我们在科隆的媒体和保险都拥有理想的网络，并且试图在大学校园内建立一种普遍亲近感。例如，自 2015 年以来，我们已经和 WHU 奥托贝森管理研究院达成了密切合作。作为 VikoDIA 联合研究项目的一部分，我们对未来的投资咨询展开了研究。欧洲区域发展基金（ERDF）对我们进行了资助。这次项目的目标在于为综合性数字金融咨询发展创新可视化概念。为了计划和掌握工作流程，我们在软件开发和产品管理、市场营销上都运用了敏捷开发策略。

找到“好的”投资者

在 2011 年创建 moneymeets 之时，约翰内斯和我都已经拥有了广泛的银行市场经验。这无疑是我们与其他创始人最大的不同之处，他们通常处于自己职业生涯的开端，或是正在尝试将自己的商业模式放置在一个全新的产业环境下。作为前任高管，在寻找投资者的过程中，我们能够运用宽广的人际关系网络。我们的前两位投资者就直接来自我们的关系网。

进一步寻找更多投资者的过程出人意料地顺利。Moneymeets 是德国第一批金融科技公司之一，我们了解这个行业和这里的投资者，并且能够提出全新的概念想法。想要进入已经建成的产业，年轻的创始人和初创公司需要投入大量时间来建立关系网络。由合适的人所推荐介绍的关系是值得信赖的，这会带来很大的不同，并会显著提高找到投资者的机会。综上，商业网络与创业公司大会是与相关决策者进行交谈的合适平台。然而，与金融科技无关的纯粹行业事件也可能是成名或者签订合约的良机。

怎样才是合适的投资者呢？是那些能够带来“聪明的资本”的人。从管理层面上来讲，“聪明”的投资者知道许多可能会威胁到年轻公司的陷阱。他会利用他的经验来帮助创始人避免一些典型的低级错误。同时，他了解商业模式，会运用自己的专业知识帮助公司在市场上摆正位置并创造机会。除此以外，当需要扩展自己的人际关系网络——例如，寻找更多投资者时，他也是一名重要的伙伴。在签约前，站在投资者的角度考虑并理解他们的投资动机也是十分有用的。

德国财富科技市场——跨出一小步

根据麦肯锡公司的调查，德国 20% 的储蓄和投资产品都是在线上购买的。我们预计到 2020 年，这个数据将上升至 35%。根据德国财政部在 2016 年 10 月发布的“德国金融科技市场”研究，现在大约有 120 万德国消费者使用独立的 PFM 系统来获取更好的财务综述并据此管理资产。通过各种各样不同的商业模式，德国财富科技和金融科技产业在快节奏的动态市场环境中发挥着作用。由于许多企业都像 Moneymeets 一样在多个领域活跃（包括 PFM、保险等），对它们进行精确分类通常并不容易。金融部门的初创公司发展迅速，并且将会继续繁荣发展。前一年度活跃在德国市场的金融科技公司市场总量达到 22 亿欧元，这个数据只包含了它们的融资和资产管理部门。根据它们代表财政部所做的研究（即上文所提及的研究），来自雷根斯堡大学的教授格里葛·多弗莱特纳（Gregor Dorfleitner）和来自特里尔大学的助理教授拉尔斯·霍纳夫（Lars Hornuf）预测，在接下来的 20 年内，德国（金融科技）产业的市场总值可能会增长至 1480 亿欧元。这对已有金融体系的地位并未构成威胁，因为相对于德国的传统金融业，它们所占的市场份额还是太小了。研究员根据他们的研究推论并预测道：“一旦金融科技部门的动态增长持续加速，并最终耗尽它们巨大的增长潜力，系统性风险就可能会增大。”对那些融资和资产管理部门的现有估值已达到 17 000 亿欧元的金融初创公司而言，这种猜测存在着很大的可能性。根据财政部的报告，德国市场上存在着 346 家活跃的初创公司，这使得德国成为仅次于英国的欧洲第二大市场。同时，德国市场正经历着近 150% 的年增长率。

100 万亿美元的市场失败

奥伦·卡普兰（Oren Kaplan）
SharingAlpha 共同创始人、首席执行官

SharingAlpha 的创建理念在我的脑海里喧嚣了多年。当我下定决心采取行动时，我立刻打电话给我的哥哥，他是一名非常有天赋且经验丰富的程序员，我邀请他加入我的征途。我拥有超过 20 年的金融行业经验，因此我负责“金融”版块，而我 46 岁的哥哥自 13 岁起就开始编写代码，因此他负责“科技”部分。

全球的积极管理者管理着超过 100 万亿美元的资产。大多数资产都从那些过去表现不佳的管理者手中流出，最后流向了过去表现良好的管理者，尽管研究一次次地表明，过去的表现并不能说明未来的结果。这并不是每一封情况说明书最后所附的高谈阔论，而是一个事实。

人们可能会认为这就像是彩票玩家会选择上一周的中奖号码一样，这么做并不会提升中奖的概率。在资产管理行业，群体行为也许真的会带来一些危害，因为每一种策略都有自身的能力限制，因此买进在过去表现良好的“大型基金”确实会降低它们在未来表现优异的概率。

自然有人要问了：“为什么投资者会这么做呢？或者说，导致这种市场失败的现有市场结构是什么？”

大多数投资者都不会管理他们自己的储蓄，而是依赖于投资顾问。自然，这些顾问需要为他们代客户所做的决定找出坚固可信的理由。如果将客户的钱投入表现糟糕或是还没有回报追踪记录的基金，投资顾问就会面临后期投资表现持续糟糕的风险。为了避免这种情况，大多数顾问倾向于安全起见并依赖于对以往业绩的分析，尽管事实再一次证明，这种策略不会给后来的投资者带来任何附加价值。

因此，对于投资者而言，找到一位已被证明过的、能为其客户增加价值的顾问并非易事。在客观测量条件不可得的情况下，对顾问的挑选只能依据服务及表述能力等因素，而不是可靠的、无可争议的数据资料。

因为在历史上，投资顾问可以从基金管理者手中获得佣金回扣，客户就欣然地接受了“免费的”咨询，这种严重的利益冲突在投资者利益最大化的条件下并不起作用。

在2008年金融危机之前，监管者采取被动策略，不干涉市场结构的形成。但在最近这些年，事情开始转变，在越来越多的国家，佣金回扣已经成为过去式。这种剧烈的变动给顾问带来了很大压力，因为他们现在需要向客户索取咨询费用了。

监管的这种改变，导致许多顾问的目光从可能无法再提供回报的积极型基金，转向了无须过多研究且更安全的被动替代品，他们之后也就不用解释为何在可以挑选简单又便宜的基准资产的情况下，选择了表现不佳的基金经理。

在上述改变发生之后，我们现在正在见证资管产业的资产向更廉价的方案（如ETF和智能投顾）迈出有史以来最大的一步。那么到底是积极管理人和人工咨询师将开始走向终结，还是市场能够继续生存呢？

依我所见，未来的路只有一条，那就是提供更高的透明度，确保咨询师能在平台上提前选择优秀的基金管理人，并为投资者提供简单客观的工具来选择一个被证明过能够为投资者增加价值的咨询师。

因为找不到这样的平台，所以我决定采取主动，自己创建一个这样的网站。我的哥哥已经写了超过30年的代码了，在他的帮助下，我们实现了这个想法。我们将它取名为“SharingAlpha”，那就是它要实现的目标。

是时候搭建一个评级平台了

SharingAlpha平台旨在收集众多投资顾问的观点并评估他们的成功级别。专业人士创造的基金评级平台所带来的最大优势是能够更快、更有效地做出测量判断。在现有模型中，咨询师在筒仓内工作，而在更加中心化的方案中，他们的意见将在专用平台上分享，这种转变实现了上述优势。

这种改变可以类比为传统的百科全书，由学术专家、作者和编辑组成的昂贵的、复杂的、难以管理的供应链创造而成。运用平台模型，维基百科利用外部贡献者发展和管理网站内容，从而建立了一个在内容质量和范围上都可与大英百科全书相媲美的信息源。

成功地将平台模式引入资产管理行业，为那些适应了这种改变的局内人创造了许多机遇。另一方面，没有适应这种转变的投资顾问很可能会被市场淘汰。NYC taxi medallion 公司市值的急剧下降（由于优步的出现，其市值由 2013 年的 120 万美元下降至如今的 30 万美元）应该为那些通过挑选基金谋生的公司和个人带去警示。除非他们能证明自身确实拥有增值价值，否则守住现有估值都将成问题。

投资顾问和基金挑选人的共同点是什么

两者都没有可独立证明的回报追踪记录来向潜在客户和既有客户展示。这使得许多客户转身选择更便宜的解决方案，即智能投顾。通过为投资者提供选择业绩良好的投资顾问和基金选择人的渠道，基金评级平台开始与机器人替代品竞争。该平台根据被评选人选择基金的天赋能力对其进行排名。

另外的一个特点是让投资顾问建立虚拟子基金，反过来，SharingAlpha 不仅能够根据投资顾问的基金选择能力对其进行排名，也能够考量投资顾问的资产配置能力。投资顾问的基金选择和资产配置回报追踪记录能够让他们检验自己的分析。如果愿意，他们也能够向潜在的及现有的客户展示这些记录，进而成为一名薪酬更高的雇佣基金选择人或资产配置人。

我们考虑过将个人的专业能力放在网上任人浏览可能会带来的风险。基于此，我们发布了一项规定，以确保用户在网站上是匿名的。然而，如果投资顾问建立起了成功的回报追踪记录，他们很可能会想向他人展示自己的业绩，在那时，他们会发现公示自己的身份是有好处的。

在运行了不到六个月后，我们就发布了该平台。基于初始用户的反馈，我们在后来又添加了更多的功能。很多平台创建在其他关系网络的基础之上。Instagram 和 Zynga 就是以 Facebook 为标的网络发展起来的。到目前为止，SharingAlpha 利用了我在领英上的庞大关系网（目前已达到两万多人，主要来自资产管理行业）。和其他成功的平台一样，我们必须对用户的建议保持开放。比如，基于其用户基础的需求，eBay已经将拍卖定价模式转换成常规定价模式。同样地，我们允许用户在建立回报追踪记录的过程中隐藏其身份，他们有这个自由。

相对于寻求外部融资，我和哥哥都认为缩减薪酬支出将会是更快捷的方法。到目前为止，我们已经支付了其他所有成本。然而，我们很强烈地意识到并不是所有的创始人都能够承受这种机制，我们不得不在最初期的阶段就开始寻求外部融资。

总而言之，在SharingAlpha平台，投资顾问或基金选择人可以做以下任何事情：

- 建立成功的回报追踪记录，从而掌握竞争优势；
- 建立回报追踪记录并不断完善，直至成功；
- 无动于衷，坐享其成。

不过，不做任何努力是十分危险的。想象一下——两年下来，你的许多同事或竞争者都建立了自己的回报追踪记录。他们可以进行相互比较，而你甚至不在这个圈子内！

The WEALTHTECH Book

07
企业创新

摘要

创新已经成为大多数银行和资产管理公司关键的首要事项，然而，组织机构进行真正的转型并将其原有文化转变为更敏捷、更具创业性的结构，说起来容易做起来难。如今的银行数字化大多致力于客户渠道和后台自动化，从而忽略了开发新的商业和收入模式、新的创新型产品和方案以及数字化内容。理财决策依然主要基于专家的人为判定。然而，如果继续固守传统投资观念，银行很可能让位于更具创新性的新市场进入者，如金融科技公司、财富科技公司以及挑战者银行。能够在提供传统服务的同时数字化其理财业务并提供数字化方案，这样的银行将能够抓住成长机会并增强其盈利性。总体而言，创新有四类核心特征。第一，创新与某种客体相关，如产品、程序或商业模式。第二，根据其改变现有产品和 / 或产业结构的潜力，创新可以是循序渐进的，也可以是剧烈的 / 颠覆性的。第三，创新对公司的创新管理能力有着结构性的要求——如创业孵化器、开放式应用程序接口（APIs）等。第四，如果能够转向（大）市场，创新对于公司而言将至关重要。这一部分将对企业创新模型进行概述，并根据四个创新领域对来自市场主导型产业组织的案例进行学习。

创新类别

1. 效率性——减少制作和销售产品或服务的成本
2. 持久性——用新产品代替旧产品
3. 颠覆性——改变机构和/或产品及服务

合作策略

1. 实验室/学术界
2. 金融科技/财富科技创业公司
3. 科技公司
4. 使用企业创新加速器丰富银行的创新潜力

创新建议

1. 放手去做
2. 执行才是硬道理
3. 定义合作的目标与愿景
4. 培养创业文化
5. 建立KPI追踪进展

资产管理

可能会因创业公司而受到颠覆性影响的第三大产业

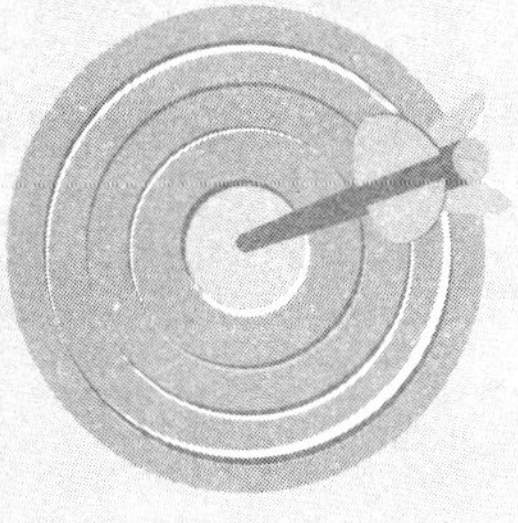

与创业公司的合作模型

1. 分离模型——赞助创业活动提供导师制项目、共享办公空间等
2. 重叠模型——与创业公司共同发展，与创业公司组织内部创新项目
3. 嵌入模型——设立内部数字创新部门，和外部合伙人及内部企业家一起探索、测试和开发新产品。这也意味着对创业公司的投资或收购

这一部分的第一小节与创新的第四种特征密切相关，描述了严格的企业环境对企业实施创新方案的重要性。作者认为，创新是 1% 的灵感加上 99% 的汗水。因此，这篇文章包含了几种重要的成功要素，如自己动手原则、参与价值链，以及允许失败的观念。

第二小节与创新的第三种特征相关，讲述了一家市场主导型欧洲直销银行和一位全球投资管理人如何面对上述挑战，并不断致力于创新和进一步发展其服务组合。文章展示了企业该如何结合创业孵化器、开放式 API 和内部企业家精神来促进创新，也为企业提供了一些宝贵的建议，告诉它们该如何对每个组织机构都有的内部创业家和远见之人（即“内部企业家”）进行授权。

第三小节的内容专注于创新的前两种特征，介绍了三种常见的创新模型：分离模型、覆盖模型以及嵌入模型。由于数字科技不断扰动理财产业，与财富科技创业公司合作已经成为一种可行的方法，理财公司可以据此识别、证实、测量各种方案，以在数字化时代下保持行业相关性与竞争力。然而，与创业公司的合作为现有企业带来了新的麻烦。通过参考其他行业成功的企业－创业公司合作计划，理财公司能够避免陷阱并专注于达成其预期成果。最后一小节的内容将对合作进行指导，并表明评估企业数字化成熟度的重要性。

我们希望这部分内容能够给予所有现有企业灵感，让它们明白全球金融机构将如何促进创新。

将关于创新的谈论化为银行和资管公司的自主性

康斯坦丁·斯皮德尔（Konstantin Speidel）
德盛安联资产管理公司副主席、数字转型项目经理

近期，市政府和市公告在没有高管参与的情况下讨论了创新的重要性，这看起来并不像一场会议。像优步和声破天这样的企业已经表明，数字化和科技会为现有产业带来巨大影响。再加上不断发展的金融科技行业，这些都无不在警示银行及资管公司的高管们。他们正在建立不同的新方案，试图了解科技将怎样影响

既有商业模式。黑客马拉松、实验室、智囊团、加速器、孵化器、前哨岗、专用的功能和团队，都在不断见证金融世界对创新的一次次尝试。

尽管大型银行和资产管理公司拥有极具天赋的员工和好的创意，但它们总是创造不出有利于促进创新的环境。我见证过一些成功的案例，也见证过许多的失败，我终于明白爱迪生在一百多年前就已经明白的道理："创新是 1% 的灵感加上 99% 的汗水。"

我认为这些机构缺少的并不是创造力，而是发展新事物的执行力。好消息是，根据我个人的经验，缺乏执行力并不是因为缺少机会或资金，而是归结于公司文化的僵化和缺乏执行创意的实用主义者。

因此，这篇文章的主要目的有两个—— 一是为读者（尤其是银行家和资产管理者）提供一些建议，帮助他们在职场上测试和尝试新的商业模式和理念，希望通过这样能够实现更多的创新理念；另一个则是增加这些机构中的内部创业家和一些被称作"企业开拓者"的远见之人的自主性。

在内部推销创意时，要不断地努力去引起广泛讨论

相对于新进入者，银行员工和资产管理者的优势在于其对网点分布、资金力量、知识和规章制度有更清晰的认知。银行的员工大多受过良好教育，有很强的工作能力，他们能够创造出不逊于新进入竞争者的好想法，所以，为了实现这些想法，银行员工所需要的是关于这些想法的广泛讨论。

该如何让你的想法引发大家的讨论呢？首先，要明确研究金融业和银行业的趋势潮流是什么。大数据、智能投顾、聊天机器人、人工智能、区块链等这些都是现在经常提及的创新，但是却很少有银行或资产管理公司能够完全理解它们。为了达到目的，用这些潮流去吸引注意，提升关注度吧。通过这些趋势扩展你的想法，你很可能会得到更多支持来进一步发展。由于其定义的广阔性，有些创新能够轻易地融入许多想法中，人工智能和大数据就是很好的例子。几乎所有数据库都能成为大数据，我也曾经见过有人将决策树当作支撑项目的人工智能出售。但需要注意的是过犹不及，你只需专注于某一项创新趋势，并了解清楚该如何贯彻使用该趋势。采用你的想法，用某一种创新潮流扩大它，并将它运用到银行或

资产管理公司的创新功能中。它们正期待着并将欢迎这些想法，你有相当大的机会获得支持。

关键在于，运用这些现有潮流去推动发展你自己的想法，并最终获得你需要的内部支持。但是，实现创新想法只是一个开端，对于金融机构而言，最具挑战性的环节是如何成功地创造出创新产品。让我们先来看看大型金融机构成功创新项目的模式。

执行创新才是真正的游戏

很多人可能会认为为项目争取到支持就大功告成了，事实上，一切甚至都还没有真正开始。对于银行和资产管理公司而言，得到支持去执行创新想法通常只是奋斗的开端。实际上，面对新进入者，先进场的玩家在执行计划时会面对许多劣势，包括等级制度、遗留问题、管制、指导方针、授权、激励、文化等。

在参与了许多财富和资产管理创新项目后，我总结出了以下几点。我在这里展示这几个观点，来帮助大家克服前文所提及的困难并成功实现理想。

- **MVP+（最小可行性产品+）方法。**我们所做一切的核心都是要利用部分已有的基础设施创造出真实的新产品。能够越快地展示出新产品，成功的可能性就越大。重点就是将埃里克·莱斯的精益创业思想运用到已有的企业中。不要尝试通过草稿就能够构思出完美的产品，你很可能会失败。创新通常包含着不确定性，因此你要做的就是将产品发布出去并不断测试它。它可能并不完美，但不像那些初创公司，你拥有着任你处置的现有产品、实际经验以及基础设施。开始你的想法并全力冲刺吧。
- **少说多做。**关注度可能会带来阵营结盟、怀疑以及协同效应，因而要尽可能保持低调。我见过许多优秀的创新项目管理人最终因为在管理方面疲于应对内部官僚主义而失败，因为他们没有足够的时间来兑现自己的创新想法。当然，你可以找到许多愿意为了不同目的而付出努力的同事，但请记住，创新并不是说说而已，执行才是关键。有时我不会在一开始就和同事说太多，如果有人问起，我也会故意将项目方案说得不那么重要，以此降低他们的兴趣。
- **在科技方面亲力亲为。**聘请中介来支持项目执行自然是有用的，但聘请中介来领导项目发展将会是致命的决定。科技是所有数字项目的核心，将 IT 外包的项目最后一定不会成功。在我所见过的最成功的项目中，至少有一部分管理团队会参与产品开发过程。这并不是说所有事情都必须在内部完成，而是你需要熟练掌握科技以确保其真的能够奏效。

- **敢于冒险。**高管们已经建立了实验室和研究团队，也承诺了许多。你很可能就是他们付出这些时间和精力的唯一理由。避开不可靠的中间商，直接去找这些人吧，并说服他们成为你计划的一部分。银行和资产管理公司的高管们花费了大部分时间来达成一些成就，他们肯定会支持这样令人激动的创新。
- **不要怀疑，解决问题。**创新是提升而不是完美。遵守这个规则，将失败看作过程的一部分。不断地重复尝试，你行动得越快，就会越快地提升和成功。
- **不要忘记你的价值链。**运用科技改善已有服务和发展新科技之间有着很大的区别。银行不是基础研究中心，在这方面学术界和创业家的优势很可能会超过所有公司。反之，将用例交给这些基础研究员去研究将会非常高效。你只需观察市场中已有的科技并通过新方式将之运用到你的产业或业务中。
- **正视失败。**没有人想要失败，但相较于普通的公司项目，创新项目成功的可能性很低。你在做一项包含着高度不确定性的项目，你的股东也明白这一点。不要害怕，大胆地去尝试吧——尝试对你来说总归是好的经历和充实过程。你可能会在某一节点上意识到你的想法和计划中的不一样。迅速接受这个事实，转向你在这个过程中获得的下一个灵感。

结语

只需要看看曾经的产业龙头柯达和诺基亚公司的遭遇，我们就能学习到创新的重要性。从各个角度来看，银行和传统金融机构也难免会遇到此类境遇。来自金融科技的新进入者、不断变化的规章制度（如 PSD2）以及科技进步，都在提醒管理者注意商业模式的变化，企业开拓者可以利用这种动力发起改变。但请记住，第一要务是利用市场上流行的创新发展来扩展你自己的想法。一旦成功获得了授权，尽快地重复实验和证明你的产品。失败是预料之中的，但那只应该激励你不断改善创新方案。毕竟失败总比根本不尝试要好得多——所以，放手去做吧！

对外开放银行，利用企业创新

简·恩诺·恩菲尔德（Jan Enno Einfeld）
Comdirect 银行投资负责人

马里乌斯·C. 博代克（Mariusz C.Bodek）
毕马威数字化转换业务高管

银行及其他财富管理者正面临着即将到来的、愈发复杂的市场环境。随着新进入者不断涌入市场，且监管要求和监管成本不断提升，再投资或进一步发展已有服务的压力持续加大。新的科技技术通过数字化和成本节约型服务（如智能投顾），为金融机构提供了独一无二的吸引新客户群体的机会，如自主零售客户。在过去几年内，金融科技领域鲜少遭遇市场“入侵者”。现在，专注于改变理财市场结构的公司数不胜数，这一市场领域也拥有了自己的专业术语——财富科技。

在这篇文章里，我们想要为财富科技这个“标签”提供一种定义。此外，我们将会运用独到的观点分析欧洲一家杰出的直销银行如何应对上述挑战，如何坚持创新以及进一步发展其服务组合。第一家银行用企业创新加速器在德国诞生，它通过对外开放银行来提升企业创新活动的价值，以保证银行和财富科技公司之间的合作。

财富科技的定义

财富科技这个词是一种相对较新的表达，它是金融科技活动在理财领域的衍生品。作者们给财富科技下了定义，根据这些定义就可以决定哪些内容和特征应该归入财富科技领域：

> 财富科技由科技发展和那些为改变既有投资方案而创造的服务所组成，这些投资包括财富和资产管理、贸易等子类别，也包括所有资产种类。财富科技可以通过数字化界面及商业流程解决用户的需求，从而为寻求咨询的客户提供可媲美家庭办公室的方案。

我们展示了欧洲一家提供完全数字化体验的直销银行内部的活动，这篇文章的核心内容就是如何为寻求咨询的客户及自主零售客户辨别并创造创新型咨询方案。

聚焦：德国主流银行的第一台智能投顾

2014 年，作为德国市场的开拓性服务，智能投顾由德国一家主流银行引入，这是第一款数字理财产品。现在，在德国所有的智能投顾中，这款产品拥有最庞大的客户基础，并管理着最多的资产。因此，基于可信的数据基础，该银行能够深入洞察客户采纳度和此类数字理财产品的市场性。

作为一家电子银行，提供透明的、可理解的数字资产管理服务能够为客户提供更高的保障要求，传统的银行只为客户提供执行交易的服务，但电子银行的客户能够在网上管理自己的资产。智能投顾根据预先设定的规则和模型，系统地配置客户的资产组合，并据此监测市场发展，自动调整并最优化组合结构。

随着金融科技和财富科技方案数量的增多，寻找在即将到来的趋势和市场发展中保持领先的方法显得尤为重要。因此，银行发明了企业创新加速器。在其他部门中，加速器与银行的企业创投部紧密合作。创建加速器的目的在于发现财富管理及财富科技领域内外部的创新动力，并运用这些动力来支持银行的战略蓝图，推动财富科技产品的发展。

企业创新加速器是丰富银行创新潜力的一种工具

为支持各种内部创新管理活动，并利用即将到来的全新商业模式和初创公司的创业家潜力，Comdirect 银行在 2015 年创建了企业创新加速器 Start-up Garage。这次创新的基本理念为外界生态系统提供了接口。企业的投资部门尤其大力支持此次创新，它们运用加速器接触财富科技，并与新的市场参与者建立了合作。Comdirect 银行通过 Start-up Garage 与选定的仍处于早期阶段的创业公司合作一定的期限，这些公司都在银行市场环境内积极发展创新方案。我们的目标是为合作双方带来双赢的机会。

- Comdirect 银行通过接触创业公司新的创意和方案来增加自身价值，并将创新型创业公司池作为银行研究和发展的有效附加物，从而丰富其自身创新活动。
- 初创公司既可以运用已建成的银行基础设施，也可以与有执业资格的银行专家探讨它们的创新方案。在某些需要特定专业知识的领域（如规章制度、商业建模或 IT 等），与专家的这种交流十分有价值。

与企业创新加速器达成有益合作的范式

为保证双方都能从合作中受益，加速器需要考虑以下几项范式。以下标准不仅广泛适用于银行业，也适用于所有计划利用企业创新加速器完成创新活动的公司。

公司观点

初创公司：

- 应该接近公司自身的商业模式并且/或者能够缩小能力差距，从而成为公司经济上理想的合作者；
- 应该与公司的生态系统、基础设施、客户基础相兼容；
- 应该为已有客户基础提供明确的附加价值并且/或者能够扩大已有客户基础。

初创公司观点

公司：

- 应该为将创业公司方案的好处转移到银行生态系统而提供明确支持，反之亦然；
- 应该为使银行系统的互联企业承受最小摩擦损失而提供开放的基础设施；
- 应该提供进一步支持（如至少为投资项目提供基础财务支持）。

数字银行环境的科技互用性需求

如何将两者的 IT 平台连接在一起，是银行与外部合伙人的合作中需耗时考虑的至关重要的因素。为了能与众多外部服务互联而不至于为每一个合伙人单独发展接口，银行发明了一种通用的通道，合伙人们可以利用这种通道方便快捷地接触到银行核心业务。因此，开发和操作应用程序编程接口（API）显得必不可少。为了利用 API 的优势，银行主要有两种选择：

- 发展自己的 API。
- 为最小化内部开发工作量，可以考虑独立的 API 供应商，它们能为银行提供可与金融科技系统绝大部分互联的 API，而不仅仅是与一家特定的初创公司相连。

此外，银行可以为创业公司提供测试环境，供它们测试产品的可用性和技术可行性。在这种环境下，测试既可以真实进行，也可以在最终产品出来之前基于样本数据进行。

内部企业家精神是从内部加速企业创新潜力的选择之一

通过加速器与创新型创业公司的合作，银行主要注重于运用新市场进入者的外部创业家潜力，但内部企业家创新也能够促进其创新潜力。

因此，银行引入了内部企业家精神项目并运用了已得到公认的招聘理念“入驻企业家（EIR）”。基于风投公司（VC）的理念，EIR 通过 VC 的财务支持发展自己的商业模型，或是利用 VC 组合支持被投资公司。

银行准许 EIR 在其服务范围内发展并且 / 或者开发商业模式。EIR 主要有两种选择：

- EIR 可以利用银行的基础设施发展并实施自己的想法；
- EIR 可以进一步发展银行提供的方案。若是这样，EIR 就是作为附加资源来帮助银行实现创新计划中的产品。

为了有效管理这两类方案，与外部创业公司的合作和内部企业家活动成为企业创新加速器的两种相辅相成的方案。这样，银行能够同时监测两种方案，发掘相互利益，并利用协同效应。

结论

理财市场环境变幻莫测，银行需要适应新的市场动态，并想办法在市场转向中保持领先地位。企业创新活动能从银行对外开放中获得增值。

企业创新加速器既能够成功地利用新市场进入者的外部创新潜力，也能够通过保障内部企业家活动而促进内部创新潜力。

理财已死，理财万岁

卡马莱·拉迪（Kamales Lardi）
Lardi & Partner 咨询公司创始人、经营合伙人

随着颠覆性浪潮横扫整个产业，财富科技正面临着空前的转型。尽管快速发

展的科技是一股显著的驱动力，但不断进化的消费者行为、不断涌现的强大竞争者、新的商业模式、不断转变的监管背景以及知识的民主化同样也促进了市场的扰动。此外，各行各业（如亚马逊、奈飞、优步等公司）都开始通过数字化商务提供优越的界面设计及超个性化设置，从而改变了客户预期。现在的理财客户开始寻求及时的反馈、全天候的可得信息、可视化的内容以及对数据和决策的灵活性与掌控性。随着理财公司逐步意识到这次市场扰动的真实威力，许多公司开始采用新的科技来与年轻的创新型创业公司竞争。

尽管财富科技仍只是金融科技系统下待发展的子产业，但财富科技创业公司的数量自 2012 年起就开始稳步增长。资产和财富管理公司没能营造出优越的客户体验。因此，财富科技创业公司利用新兴科技掌控住了消费者预期和传统金融机构能力之间不断扩大的差距。诸如 Wise Banyan、True Link、Personal Capital 这样的创业公司正在证明这一点——除了传统的、过时的金融科技产品，现在的消费者拥有其他选择了。

财富科技创业公司的合作模式

在普华永道最近的一项全球金融科技研究中，资产和财富管理成为最可能受到来自创业公司颠覆性影响的第三大产业。此外，在调查的理财经理中，半数以上（60%）的人认为他们至少有部分业务暴露在财富科技创业公司的风险下。事情开始变得愈发清晰，传统产业机构需要建立与创业公司的合作来保持行业相关性，转变产品供应，并保持与客户的联系。如今的市场上存在着几种非常重要的合作模式，下面将一一讲述。

分离模式

对于理财公司而言，这种模式是进入创业公司圈子内部最简单的方法。例如，组织或赞助创业公司的宣传活动，有利于在创业公司社区内建立存在感，并从与创新团队的互动中获益。此外，通过提供导师制项目或免费使用资源（如办公场所、合作工具 / 平台、核心人才）的渠道，理财公司就可以很容易地与创业公司达成合作。

Startupbootcamp.org 等机构积极地撮合创业公司和来自银行或理财公司的导师，它们能为创业公司的宣传、产品、总的市场状况提供建议和反馈。具体而言，Santander、Rabobank、Deutsche Bank 这样的金融机构运用导师制加入创业公司的生态系统中，并为它们自身的机构引入了开放式创新项目。

这种模式让公司得以保留控制权和独立性，尤其在它们还没有为进行数字化转型和与创业公司达成完全合作关系做好准备的时候。然而，与其他众多争相进入创业公司系统中的公司抗衡并非易事。

重叠模式

这种模式适用于那些试图通过与财富科技创业公司达成共同发展或共同创造，来加速创新或探索新产品的理财公司。黑客马拉松、创新公司加速器、创业孵化器、创新中心等常用方法为传统公司加入已有组织结构以外的创新方案中提供了很好的途径。

通过赞助、参与并且 / 或者组织创新项目，传统公司能够快速积极地探索新兴科技、新型产品、合作伙伴，以及潜在收购对象。另外，这些创新方案为理财经理展示自己的创新能力创造了机会，也让他们能在故障保护环境中探索创业者思维。

重叠模式让创新方案免受已有的商业约束和界限的干扰，从而独立地向更宏大的目标发展。然而，组织者需要对创新模式（如冲刺或设计思考模式）有一定的了解，以保证实现价值增值。

嵌入模式

这种模式通常运用于更大的理财公司，包含两种不同的方法来加速创新和探索新兴科技或产品。第一种方法是在内部设立数字创新部门，并根据不断演化的市场趋势探索、测试和开发新型产品。例如，像瑞银这样的国际银行的财富管理部门正在积极地建设“内部企业家”环境，来孕育创新想法并改善已有的内部程序。第二种方法是通过投资或收购有前途的财富科技创业公司来丰富和扩展公司的产品。收购使公司能够快速直接地接触到创业团队 / 技能组合、新兴科技，以及不断进化的客户基础。

这种模式的优点是将创新文化和创业家思维嵌入了组织，同时获得了新的科技方案、能力以及数字化技能的组合。但是，这也是最复杂的一种方式，因为它包含了不同机构、团队以及文化的兼并。

成功与财富科技创业公司达成合作的关键，在于选择适合理财公司战略愿景及商业目标的模式，同时考虑文化和团队的敏感性。

与财富科技创业公司的合作蓝图

任何合作都带有一定的风险。然而，与财富科技创业公司的合作能为传统理财公司带来新生，这在动荡时期至关重要。通过遵循一定的关键步骤，理财师能够为公司和财富科技创业公司创造出双赢的局面。

评估公司的数字化成熟度

想要与创业公司合作，理财公司需要有一定的数字化成熟度。在这里，数字化成熟度是指探索新科技所创造的可能性的意愿，以及采取新方式办事的潜能。现有公司需要如实面对其已有的数字化能力以及与创业公司合作的意愿。

这意味着需要实施一次内部审计，来真实评估公司自身的痛点以及在数字时代的存活能力。审计的目的在于了解公司的现有能力和科技背景，以及与公司现有业务相关的挑战或障碍。此外，对同行公司数字化成熟度及新兴客户需求或预期的外部审计将作为基准，并带来可以应用的最好实践。

明确合作愿景

内部数字化成熟度审计将为现有公司指明财富科技将在何处以及如何提升产品和客户参与度。通过找到与其战略方向和商业目标相一致的创业公司，理财公司能够加速潜在成果。

例如，BlackRock 在 2015 年收购了 FutureAdvisor，这是一家在当时已有 60 亿美元管理资产的智能投顾平台。尽管 FutureAdvisor 的规模远小于其他竞争者（如 Betterment 和 Wealthfront），但 BlackRock 收购这家公司的决策与其战略方向相符，BlackRock 可将它作为为其他金融机构提供方案的科技平台的一部分。

促进创业文化

条件使然，财富科技创业团队通常是反应敏捷、敢于冒险而又充满探索性的。为了在数字化时代蓬勃发展，投资顾问、理财经理以及私人银行家必须能够不断地适应和获取新的知识和技能，并且接受新科技的潜能。通过鼓励探索企业创新技术，理财经理能为与创业团队的合作做好更充足的准备。例如，瑞银设立理财创新实验室的目的就在于紧跟转型趋势。该创新功能与组织结构达成了高度一体化，并与银行的多个部门达成合作，提倡“容错文化”，鼓励在没有失败或投资回报压力的情况下进行创新探索。

建立 KPI 追踪进展

不论运用哪种合作模式，预先确定关键业绩指标（KPI）以测量和追踪合作效果进展都是至关重要的。然而，相较于传统业绩测量多选用定量的投资或收益回报作为指标，与创业公司合作的 KPI 应更加注重其灵活可变性。例如，SIX Fintech Incubator F10 的公司员工通过进入其计划的开放式创新想法的数量来衡量长期业绩。理财公司也可以测量内部员工创新想法的数量（这代表着创新思维）、财富科技选择过程的效率，甚至共同创造或共同发展的新方案数量。

数字化时代下财富管理的未来

数字化浪潮横扫整个理财产业，传统公司需要模拟、学习创新型财富科技创业公司，并与其达成合作，以在数字化时代下寻得安稳的未来。对于有效的企业–创业公司合作而言，最大的障碍通常源于缺少清晰愿景、组织文化冲突以及数字成熟度低下。通过参考其他产业企业–创业公司合作模式的计划，理财公司能够避开陷阱，并专注于达成预期效果。

The WEALTHTECH Book

08

财富科技产业全球综述

摘要

这部分内容将通过全球视角展示中国、日本及拉丁美洲的财富科技创新及其未来趋势。

在许多西方国家，借记卡或信用卡统治着数字支付，而中国的消费者直接从现金支付跳跃到了移动支付。超过70%的中国网民表示没必要再携带现金了——直接用支付宝或微信就可以支付。少有外国人意识到中国在新的支付特征和移动金融服务方面实际比大多数国家发展得都更迅速和前卫。

本章的第一部分内容将展示一些新兴市场的财富科技发展状况，尤其是拉丁美洲，那里的财富科技活动已经开启，且发展潜力巨大。要使拉丁美洲像美国那样完全接纳数字理财平台带来的好处还需要一些时间，但这些的到来都不会太晚。

第一部分内容是关于日本的。和许多其他国家一样，日本受到严重的储蓄问题的困扰，这些问题由金融知识水平低下引起，又被不利的人口统计加剧。为了达到储蓄的社会收支平衡，居民需要投资于银行存款以外的、具有更高潜在收益的无保障资产。作者提议运用财富科技搭建P2P不动产股本众筹市场来解决这类问题。

全球财富科技市场

据估计，投资管理这一巨大的全球产业将以6%的年增长率发展，到2020年达到102万亿美元的市值

拉丁美洲的财富科技——提升65%无银行账户人群的金融知识，从而实现财富的增长

日本人口发展和储蓄难题的解决方案：P2P直接融资型房地产线上平台

通过简单的产品和用户界面解锁土耳其的财富科技，从而更好地观测客户的资产组合

通过互惠基金和ETFs进行的被动投资以更高费用的投资基金为代价实现增长

中国：蚂蚁金服运营着世界上规模最大的货币基金，管理资产总值达1650亿美元

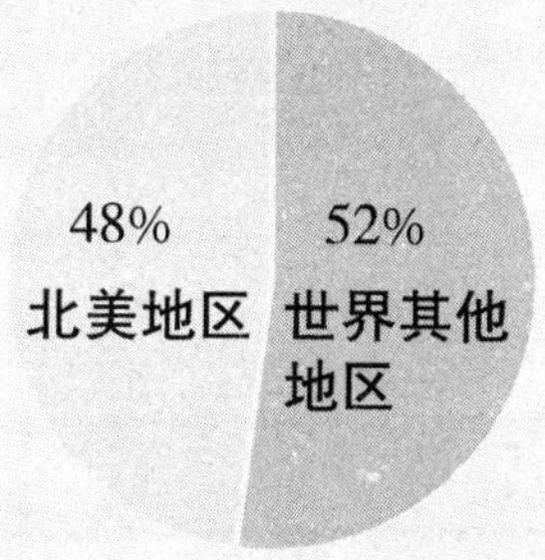

按区域划分的2020年全球资产组合

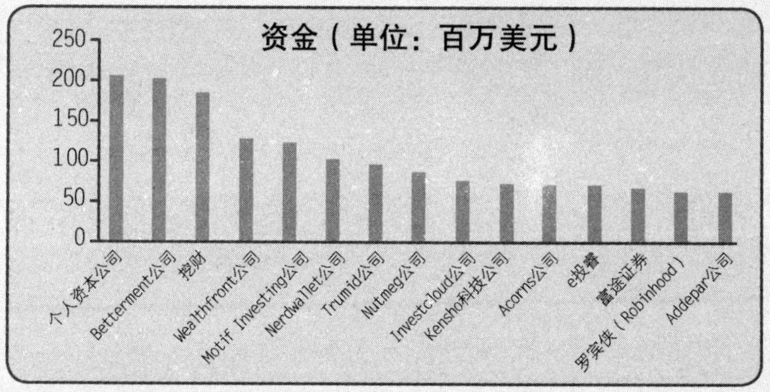

全球15大资产管理公司

1. 黑岩集团（美国）：4.6万亿美元
2. 先锋集团（美国）：3.4万亿美元
3. 道富环球（美国）：2.2万亿美元
4. 富达投资（美国）：2万亿美元
5. 安联集团（德国）：1.9万亿美元
6. JP摩根（美国）：1.7万亿美元
7. 纽约银行梅隆公司（美国）：1.6万亿美元
8. 安盛集团（法国）：1.5万亿美元
9. 资本集团（美国）：1.4万亿美元
10. 高盛集团（美国）：1.3万亿美元
11. 德意志银行（德国）：1.2万亿美元
12. 巴黎银行（法国）：1.2万亿美元
13. 保德信金融集团（美国）：1.2万亿美元
14. 瑞银（瑞士）：1.1万亿美元
15. 法通集团（英国）：1.1万亿美元

最后一部分提供了开发土耳其财富科技市场的策略。尽管土耳其是世界第18大经济体，但到目前为止，该国家只有少数财富科技公司。

财富科技在中国的发展与前景

伊冯·莫伊桑（Yvon Moysan）
IESEG 管理学院数字营销硕士和创新学术主任

全球最大的金融科技市场——中国

全球审计咨询公司毕马威发布的《金融科技脉搏》2016年第三季度报告显示，亚洲金融科技公司的VC增加至12亿美元，该数目甚至超过美国金融科技公司，后者的风险投资总额为9亿美元。推动亚洲金融科技公司如此飞速发展的原因有以下几点：第一，人口数量。由于中国拥有超过13亿的庞大人口，相对于传统的金融服务公司，网络公司在面向中国市场时所拥有的一大优势就是可以接触到大量客户和前景数据。以阿里巴巴公司为例，该公司拥有4.2亿多位客户，这些客户多年来一直在为公司提供行为数据。第二，经济发展。中国以超过20万亿美元的GDP（按照购买力平价计算）位居亚洲第一。第三，移动技术的广泛应用。中国有近13亿的手机用户，其中许多人在使用3G或4G网络。此外，截止到2020年，为了惠及缺乏成熟银行网络的农村地区，中国政府计划在宽带网络基础设施建设上投资逾3200亿美元。第四，金融行业自由化以及监管默许，对金融服务进行适度的监管是具有挑战性的，如果政策过于宽松，投资者的风险就会增加，而过于严格的政策会扼杀创造力。

在中国，监管支持着金融科技行业。相较于发明技术之前就已经有了完善的监管制度的成熟市场，中国市场的监管机制相对年轻，并且正在与金融科技一同发展。在安永会计师事务所（EY）的一份报告中，道格拉斯•阿纳（Douglas Arner）和加诺斯•巴贝里斯（Janos Barberis）写道："中国正在通过建立多层次的监管体系，使银行和金融科技公司之间的和谐关系正式化……中国正日益走在金融科技监管发展的前沿，这标志着监管标准的诞生源头发生了巨大的变化。"

尽管监管审查日益加强，但迄今为止，中国官员比其他市场的政府官员更加开明。更严格的监管体系会在一定程度上抑制金融科技的发展，但在技术公司的推动下，金融科技在中国依然备受青睐。例如，余额宝是一款需求导向的产品，支付宝在解决市场需求后，才对监管问题进行管理。阿里巴巴公司前副总裁波特·埃里斯曼（Porter Erisman）说："我们始终坚持向前走，达到目标后，向政府证明从长远来看这对中国经济是非常有利的，然后再针对之前的越规请求谅解。"所有这些因素的结合成了金融科技被广泛采用的催化剂，来自不同行业的众多参与者争相入股中国互联网金融行业，其中还包括具有独特价值主张的 BAT 巨头、科技公司以及传统银行。

BAT 巨头科技公司通过将视线转移到银行等其他市场实现持续发展

中国拥有一个主导着少数几家数字公司的独特且具有竞争力的数字领域，百度、阿里巴巴以及腾讯组成的 BAT 三巨头是这个数字领域所建立的综合多重许可的金融生态系统。在中国，与微信钱包类似的移动钱包服务已经与人们的生活密不可分。银行常常从产品影响角度来看待这种现象，即包括分布式账本、P2P 借贷以及第三方支付等在内的金融科技是如何颠覆传统金融生态系统的。实际上，最大的威胁在于全球市场结构的变化。目前，大多数金融初创公司会选择现有的金融垂直领域，例如贷款、投资、支付或转账，然后按部就班地运作。然而，相比于结构碎片化的金融服务，消费者和企业都更倾向于寻找那些结构集中的金融服务。对于中国新兴的科技企业以及其所涉足的金融服务领域，尤其是阿里巴巴旗下的支付宝以及腾讯旗下的微信这两家公司，它们创建伊始都不是纯粹的金融科技公司或者一家颠覆银行的公司；相反地，它们通过各自的平台动员数百万用户后意识到，使资金向以银行等其他市场横向转移（如西方国家的苹果支付 Apple Pay 或 Facebook 支付），同样可以实现持续发展。

微信的出彩点在于它为用户提供了几乎完美的金融综合体验：不仅支持 P2P 支付、银行转账、财富管理，还为使用者提供了外卖、预定出租车、手机充值等多项服务，这些只需要微信这一款产品就够了。通过微信，联系陌生人、分摊费用、向房东支付租金等活动都是通过与交易另一端那个表情符号或化身的虚拟人来实现的。微信和支付宝通过移动钱包所取得的成就是 PayPal 多年来一直努力实现的目标，即将产品与用户的日常生活实现无缝对接。出于某种原因，移动钱包的发展在西方极为缓慢，且在使用和接受上还存在着“先有鸡还是先有蛋”的问题。此外，在发达国家，还存在着广泛使用信用卡的双重问题。不得不说这非常高效，尤其是在引入近距离无线通信技术（NFC）之后。在中国，信用卡的使用相对滞后，因此一次性从现金向移动钱包转变要容易得多。

科技公司也出现了具体详细的价值主张

除了这些科技巨头，一些规模较小的公司也相继在不同领域崭露头角。例如 P2P 借贷平台点融网、信贷决策引擎读秒、智能金融服务集团品钛、互联网基金交易平台虹点基金等，都是中国非常成功的金融科技公司。

点融网是一个为包括银行在内的国内外金融机构提供以市场为导向的借贷方案 P2P 借贷平台，与美国贷款俱乐部类似。该公司利用第三方数据以及信用咨询公司提供的信息，基于风险加权系统来选择资产。除此之外，点融网还开发了其他产品，包括电子钱包、交易处理系统，以及结算和清算服务。

作为一家数字借贷公司，点融利用技术以及大数据来实现智能信用决策。该公司的核心产品是一个不需要传统的线下审批就可以实现高速贷款决策的信用决策引擎。通过利用大数据提高信贷决策的速度和准确性，点融能够让消费者的贷款决策在销售点实时完成，由此开拓了大量以前新产品无法获得的市场机遇。

品钛是一个利用大数据和数字技术为消费者以及小型企业提供金融解决方案的智能金融服务技术平台。它为用户提供了更先进的投资管理服务、智能投顾、数字财富以及数字咨询服务；将智能投顾的投资建议与客户的决策相结合，特别适合那些看中低成本且渴望参与决策的中国投资者。

虹点基金是一个通过 API 链接为散户投资者和 B2B 合作伙伴提供市场准入的在线共同基金分销业务。该公司持有中国证监会所颁发的共同基金产品网上销售执照，截至 2016 年 5 月，虹点基金已与 53 家不同的中国基金管理公司达成共识，即在虹点基金平台上销售 1645 种不同的共同基金产品。

传统银行内部正在开发或收购金融科技解决方案

尽管 BAT 三巨头以及其他科技公司率先采取了行动，为了紧随潮流，中国传统的金融公司内部正在开发或者收购一些金融科技解决方案，这可以帮助它们接触到新客户，有助于改善服务，提高内部效率。然而，严格的监管制度和相对保守的心态意味着通常它们只是追随者而不是行业领导者，至少与BAT三巨头相比是这样的。以平安保险集团为例，一些机构正通过旗下子公司，如平安好房、平安普惠以及互联网财富管理平台陆金所等，战略性地进入金融科技领域。其中，陆金所旨在提供全球最全面的理财平台之一，为企业、金融服务机构及其他合格投资者提供风险管理专业知识、金融资产交易信息以及相关咨询服务。

此外，大型商业银行也在采取相应的措施，例如，中国建设银行和中国工商银行正在建设其电子商务平台，其他商业银行也必将紧随其后。当然，传统的商业银行也有着不可低估的优势，即战略伙伴关系、专业的风险管理知识以及实体分支机构。

中国金融科技公司的未来

未来几年，中国似乎将继续以强大的国内市场主导全球金融科技行业。从行业内部来看，为了促进建立较领先的数字金融部门，一方面，资本投资正大量涌入，政府对创新的大力支持支撑着整个市场；另一方面，服务不足的中小企业和精通技术（通常是无银行账户）的消费者热衷于通过手机获取金融服务，因此带来了对金融科技行业的大量需求。从全球的角度来看，中国金融科技公司也将在推动技术创新的全球合作中扮演越来越重要的角色。这些公司在海外获得的智慧将被带回国内市场，从而进一步推动该行业保持在全球的领先地位。

拉丁美洲的财富科技公司

胡安·曼努埃尔·维加·贝莱斯（Juan Manuel Vega Bellés）
首席数字官、美国信安金融集团智利负责人

作为美国西南金融集团的国际团队成员之一，我很荣幸有机会密切关注世界各国金融科技的发展现状。在美国金融科技公司已经开始大规模涌现的情况下，我在集团的美国总部工作，使我能拿到金融科技变革的第一手资料。在本节，我将以我们公司业务所涉及的巴西、墨西哥和智利这三个拉丁美洲国家为例，集中讨论拉美地区财富科技公司的发展现状。

我们对拉美地区金融科技公司以及财富科技公司的期待

大银行已经陷入沉睡。在拉美地区，银行掌握着绝大多数金融产品的营销渠道，尤其是投资额。投资额平均占据共同基金销售额的70%，这使其创造了一个“封闭式构架”，即只出售由银行自身的资产管理公司所管理的自营基金。它们所提供的用户体验很差，且只提供自营基金，往往不能使客户获得最佳收益。当你仔细研究金融科技在全球范围内的发展，特别是在美国和欧洲的发展，你会发现大银行和现有企业都在采取如图8–1所示的方法，很显然，它们在努力使其产品的利润最大化。

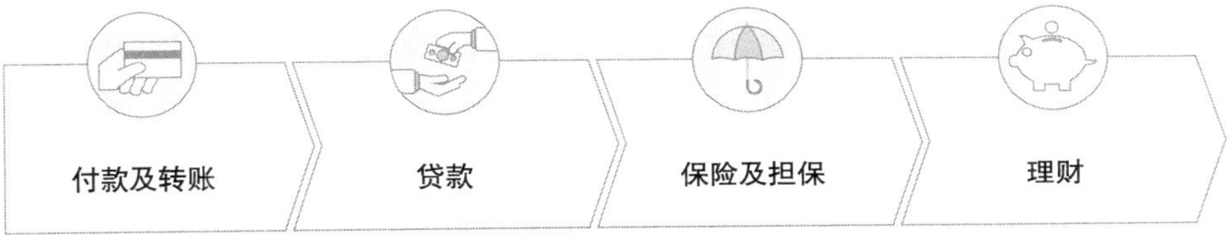

图8–1　美国和欧洲现有企业金融科技解决方案的演变

我们很容易理解现有企业采取这种方式的原因，尤其是在有着贷款和过度消费文化这类严重问题的拉丁美洲，那里的人们没有足够的钱去投资，大型零售连锁店会向尚未开户的客户大量发放信用卡。银行以及零售连锁店这样做并不是什么坏事，实际上，它们为一些以前从未有机会购买大宗商品的客户提供了信贷，这使得这些客户如今能够享受到更优质的生活，例如平板高清电视、冰箱、制冰机，甚至汽车。问题是福利越大责任越大，而这正是当今企业、大公司，尤其是客户需要注意的地方。

正因为人们从国际经验中学习的速度之快以及市场产品和需求的地区适应力之强，我们可以看到拉美地区在金融科技的某些方面的飞速发展，而拉美地区这些方面的发展是不能与美国以及欧洲地区相提并论的。基于我们对市场的探索与观察，我们发现初创公司的演变与其他公司略有不同（如图8–2所示）。

国家	付款	借贷	保险	理财
墨西哥	1	2	3	4
巴西	1	4	3	2
智利	1	4	2	3
拉美地区	1	2	3	4

图 8–2　墨西哥、巴西、智利和拉美地区金融科技解决方案的演变

我们认为拉美地区金融科技活动的演变有所不同，原因主要有以下几点。

- **无银行账户的人口数目。**据估计，拉丁美洲有约 65% 的人口没有银行账户，因此，一些未能顾及这部分人群的市场更容易成为初创企业的目标市场。
- **过度消费的文化。**如上文所述，银行和零售连锁店为越来越多的客户提供贷款的机会，这确实为消费者的生活带来了一定好处，但是这一机遇的受众是那些对利率没有充分了解，甚至是对财务一无所知的人群，由此导致过度消费、过度依赖贷款等不良现象的产生。
- **信任。**如今，人们开始意识到，长期以来金融机构所提供的产品和服务都是为了它们自身的利益，而往往忽视了客户的利益，而坚持以顾客为中心的金融科技的出现使这种现状发生了改变。但是，初创公司，尤其是以财务管理为主要业务的初创公司，仍然存在一些信任危机，客户可能不愿意将自己的钱存放或投资于一家仅有 10 名员工且由风险投资家出资创办的公司。
- **私有化的养老金体系。**
  - 在墨西哥和智利，由于强制性养老金高度管制且私有化，财富逐月增加。在这些市场中，由于储蓄是强制性的，雇主每月从员工的工资单中扣除一定金额，这样人们认为这更像是税收而不是他们自己的储蓄。这样做的弊端在于，人们不觉得这些是他们的钱，因此他们不会对这些钱的用途及去处过于深究或担忧。除此之外，强制性缴费利率并不足以在人们退休时创造适当的收入，因此人们还需要自愿向他们的退休金账户捐款，以便他们退休时获得的日薪折合率达到 70%~80%。实际上，只有不到 20% 的员工积极地做出这样的自愿捐款。

— 巴西正在经历一个艰难的过程，政府意识到它们无力支付所有公民的养老金，因为它们正在经历严重的人口老龄化。人口老龄化也是全球各地传统社会保障养老金制度逐步瓦解的主要原因，目前世界各国都在努力想方设法解决这场养老金危机。国际经验表明，从设计、充分性、完整性以及可持续性的角度来看，像智利和墨西哥所使用的私有化养老金制度是相对较好的长期解决办法，而银行是解决金融需求的首选之地。

- **人们的金融素养较差。**谈钱是一件很困难的事情，大多数人只喜欢花钱，除此之外有关钱的话题他们更倾向于避而不谈。在拉美地区，有太多人不想倾听并理解如今我们所做出（或不做出）的或将对我们的未来产生深远影响的财务决策，如果对金融世界的运作方式没有适当的了解和理解，做出正确的财务决策是非常困难的。

机遇：为了增加财富，我们需要先提高金融素养

如今，在拉美地区甚至世界各地，我们面临的最大挑战是金融知识的匮乏。每个人都在谈论金钱，每个人都喜欢金钱，但是很少有人了解金钱的运作方式，尤其是从长远来看。先不提投资，我们仅讨论对一些基本财务知识的理解，例如个人理财、预算和费用跟踪、债务管理和信用卡，以及利息和长期投资等。毫无疑问，世界正在改变，作为消费者和用户，我们也应该随之改变，例如：

- 我九岁大的女儿并不记得她无法用 FaceTime 与在智利的家人通话的时间，对她来说，打电话不仅是倾听别人的声音，同时还需要看着对方的面部表情以及肢体语言。在她看来，专门去一个地方与人见面是没有必要的，除非与她的一个朋友约会，但当她长大后，理财教育甚至理财顾问都不再是她需要亲自见面的“朋友”了。
- 我 12 岁的女儿在做学校作业时很少使用纸和笔，她的学校是一所美国公立学校，采用了谷歌课堂技术，即允许教师将作业及材料上传到云，以便学生随时

随地查看。老师还会上传课堂和练习的视频，如果学生有任何疑问，随时可以通过视频回顾课堂内容。既然该技术如此方便，学生还有什么必要去其他地方获取他们正在寻找的内容和信息呢？同理，理财教育也应该采用同样的教育方式，即运用如今我们常用的平台，通过独特的授课方式和吸引人的内容进行。

- 我 15 岁的女儿一年前得到了她的第一笔零用钱，就像我小时候一样，我给她买了一个存钱罐，并给了她一些账单和硬币。我告诉她，从今往后，她会开始需要和使用金钱，我希望她能在每得到一笔钱时都节省出来一些存放在她的存钱罐里。她很惊讶，这让我觉得这是个非常不错的主意。而出乎意料的是，她告诉我比起现金她更需要一些电子货币，因为她的大部分交易都是通过手机完成的（各种各样的 App、音乐、亚马逊商城、星巴克……而且她正在使用我的信用卡！）。我不得不承认，很显然我还没有意识到这些日常生活中的改变，即使我已经对数字行为进行了颇为深入的研究。那么，如何去教一个生活中并不怎么接触现金的青少年存钱以及理财的知识，甚至在手机上，花费 3 美元和 100 美元的操作是一样的。如果人们每次需要额外的手机内存存放照片、视频、音乐或下载应用程序时，都要卸载手机银行，那么如何让他们记录自己的支出以及卡上的余额呢？这个问题我还未能解决。

因此，为了增加财富，我们需要提高金融素养。为了提高金融素养，我们需要尽早找到一种能让理财变得更简单、更有趣的方法。对此我保持乐观的态度，我认为已经在美国有一定吸引力的金融科技能够帮助拉美地区实现这一目标。为了进一步说明这一点，以下面几点为例（这些例子只是为了阐述我想表达的观点并帮助读者理解，不涉及任何相关利益）。

- **费用管理 App 或个人理财（PFM）App**。金融教育的一个关键部分是了解你的资金来源。如今，由于人们太忙而无法组织和追踪他们的支出，这一类 App 可以在一个或多个账户中通过你的常用账户和信用卡追踪你的支出，并运用酷炫的图形和用户体验、或者手机手表 App 实时追踪你的支出和预算。其中一些甚至还能给你发送信息，将你的相关数据与同伴、与你收入水平相近的人、你附近的人甚至与你在一个年龄段的人之间进行对比。
- **智能储蓄**。一些初创公司使用人工智能来追踪你常用账户中的支出和资金流动情况。这一类 App 会将你当前账户的资金存入储蓄账户，而无须你亲自操心。

换句话说，这使储蓄行为自动化，尤其是对于那些总说“我的钱不够花，存不起来”的人。这些 App 可以帮助你收集小额资金以用于长久的累积。我在美国使用的那个 App 已经在四年内为其用户节省了超过 5000 亿美元。

- **微观投资。**这种类型的 App 在全球范围内分布的得更为广泛，它们的工作原理是将你的常用账户关联起来，并允许这一类 App 记录你的每次消费行为。你还可以通过添加其他规则来增加你的储蓄，例如在某些商店购物、做大宗采购或领工资时。总之，微观投资的思想是积少成多，例如从每周平均节省五美元开始，与此同时，向用户展示他们可以取得的进展以及他们的储蓄情况（例如美国银行的 Keep the Change）。

我们正在经历一个令人惊奇的时代，技术正在改变着我们所做的一切以及我们的行为方式。不过，我相信数字化转型时代不会是机器对抗人类的时代，而是人类通过技术获得力量的时代。金融顾问和实体分支机构都不会消失，但科技绝对会改变我们运用它们的方式。我坚信金钱、人类行为以及技术指导之间有着牢不可破的联系。因此，对我来说，财富科技的未来与财富和科技都相关，但更重要的是，了解人类行为、人际交往以及人们如何更好地管理自己的财务。无论是通过一个分支机构进行，还是通过 FaceTime 与顾问联系，或是借助手机上的 App 以及家里的语音助手，这都还有待观察，但很有可能的是将这些结合起来。只有当我们了解了我们与金钱、开支、预算和储蓄的关系，我们才能更好地在拉美地区获取更多的财富，当然，技术在加速这一过程以及改变我们的金融行为方面扮演着极为重要的角色。

日本财富管理市场面临的挑战

绅助努利雅（Shinsuke Nuriya）
Crowd Realty 首席信息官、首席财务官

相对于其他国家而言，日本的金融素养较低，导致了日本严重的储蓄问题，而由于人口结构不理想，社会保障体系又加剧了这一问题。为了达到足够的储蓄水平，公民需要在银行储蓄存款之外投资潜在收益率较高的无担保资产。我们认

为，无论国内还是国外，房地产都提供了诱人的投资机会，但对个人来说，目前的监管和投资工具构筑了一道坚固的壁垒。为此，我们提出了一个财富科技方法，即 P2P 房地产股权众筹市场。

在日本，人口发展是个大问题，2010 年，日本人口数达到了一个顶峰，之后逐年递减。日本政府预计，2060 年，日本人口数将从目前的 1.27 亿减少到 9900 万，每年的新生儿数量将至少减半。此外，2015 年日本的老龄人口抚养比为 26.7%，远高于全球的平均水平 8.3%，预计 2060 年该比率将增加至 39.9%。根据以上的数据可以推算出，在法定劳动年龄内，平均每 1.3 个人需要抚养一个老年人，而这将会导致公共养老资金的严重削减。日本厚生劳动省的数据显示，2014 年公共年金与收入比率为 62.7%，但预计直至 2043 年该比率最多只能降至 50.9%。此外，从 2003 年到 2013 年，员工养老金每年下降 2.5%，且这一趋势还在持续；同期，没有退休福利制度的公司的比例由 13.3% 上升至 24.5%。由于这种人口结构失衡，年轻一代的工资很难得到保障，他们的储蓄模式不足以支付未来他们退休后的生活成本。在这种情况下，日本公民急需重塑他们的理财策略。

日本的理财市场与全球理财市场有很大的不同，尤其是在个人资产持有量以及金融素养等方面。日本银行的数据显示，截至 2016 年底，日本家庭持有金融资产总额为 1752 万亿日元，其中现金和存款占 52.3%，这反映了日本保守的资产配置方式。在美国，现金和存款仅占家庭持有金融总资产的 13.9%，在欧洲仅占 34.6%。这种集中储蓄的趋势在一个国家通货紧缩时期会持续存在，在这种低利率的环境下，成功的理财需要从被动的银行储蓄存款向主动的股权投资转变。然而，较低的金融素养是个大问题。日本银行依据不同的人口分类方式（包括性别、年龄以及收入水平）进行了调查，调查显示，日本公民回答基础金融知识问题的正确率比美国和主要欧盟成员国的公民低了约 7%~9%。虽然许多日本的受访者表示他们支持提供金融教育，但真正参与金融教育项目的受访者比例仅为美国的三分之一。此外，日本内阁府进行的一项民意调查显示，在 60 岁以上的日本公民中，有 42.7% 的受访者称他们没有为退休后的生活做任何准备。因此，转变日本公民的个人理财观念迫在眉睫，一种简便、高透明度的创新型理财方法是提高个人金融素养的关键。

日本金融和房地产证券化

日本现有的金融基础设施功能失调。随着人口的减少以及未充分利用的房地产的增加房地产项目越来越多，由于缺乏抵押品价值、机构的低风险承受能力以及资产的流动性低，像银行这样的现有金融机构不太可能提供贷款。野村研究社（NRI）的调查数据显示，日本的平均购房年龄将从2013年的22岁上升至2030年的29岁，且2033年的空置房屋数量将超过2100万，房屋空置率为30.4%。尽管越来越多的微型企业家经营房地产开发业务，但他们没有足够的资金。由于投资者对直接投资缺乏信心，日本的金融体系在很大程度上依赖间接投资，这使得日本银行能够以较低的成本持有存款。因此，当前的金融体系主要源于银行的集中型传统金融观念和基于分布式P2P的金融体系构建（P2P金融常被忽略）。

与发达国家相比，日本房地产证券化仍处于起步阶段。日本房地产总资产中有2.4万亿日元为证券化资产，其中0.7%是通过房地产投资信托基金（REITs）或日本房地产投资信托基金（J-REITs）证券化的。自J-REITs市场成立至今已有16年，但由于投资目标的合约限制以及近期日本房地产市场的炒作，市场并未实现真正的发展，主要表现为以下几点：第一，为了保持稳定的股息收入现金流，J-REITs无法获得开发和改造资产等机会性资产，这导致其所拥有的经营性、产生收益的资产数量非常有限。第二，J-REITs需要在大城市投资而不能成为农村地区风险资本的提供者。第三，相比于本金价值或净资产价值，J-REITs的个体投资者更倾向于关注股息收益率，因而越来越多的J-REITs通过降低其原始本金来提供不可持续的月股息。第四，由于严格的行为要求，J-REITs不允许建立内部储备金，因此J-REITs需要在从资本市场上筹集资金的同时收购资产；然而，由于J-REITs需要以公开发售为主的方式来筹集资金，但只有在上市投资份额不被公开发售所稀释时才会募集资金确保投资者获得股息。由此看来，J-REITs的融资方式是非常有限的，而房地产市场需要一个新的资本市场代替J-REITs市场进行融资，并促进房地产进一步证券化。

财富科技在日本的应用

近年来，为了适应技术飞速发展带来的巨大变化，我们的生活方式也在不断改变。P2P经济是一种分散的模式，又被称为共享经济，它没有权力的集中控制，人们不需要为中间商支付各种费用，可以更直接地从他们的商品和服务中获利，即交易仅发生在个体之间，通过双方直接沟通来实现，没有任何第三方参与其中，爱彼迎和优步就是“P2P 经济”公司的典型例子。我们认为，共享经济是为日本房地产证券化提供一个全新的融资市场的关键。

在线 P2P 直接融资市场可以解决我们研究中存在的日本理财相关的问题。新的财政计划结合股权众筹等数字技术，可以使房地产证券化更加容易。新计划允许个体投资者在境内和境外房地产上进行小额投资，但目前他们只能购买硬资产或投资用于管理和运营多种资产的 J-REITs 股票。相比 J-REITs，新的股权众筹投资产品具有相对更高的收益率、更灵活的资产配置（甚至资产在全球范围内的配置）以及更高水平的信息披露。另一方面，对于需要融资的个人来说，从具有灵活的信用评分和决策标准的个人提供的 P2P 融资中获得资金，要比从审查标准不灵活的银行等传统融资渠道融资容易得多。为了向市场提供进一步的流动性，我们需要利用包括区块链在内的最新的尖端技术，为二级交易创建一个分布式虚拟证券交易所。因此，日本分布式 P2P 金融体系的创建将通过 P2P 交易来平衡资本的供需关系。金融基础设施建设的这种巨大转变将改善个人的资产管理选择，从而使个人财务更安全。

如何将财富科技引入土耳其

居内什·埃尔贡（Günes Ergun）
中东管理咨询公司管理顾问

土耳其是全球第 18 大经济体，且其经济一直在稳步增长，在吸引着国内外投资者的同时，还大大促进了国内的消费和财富积累。在过去 15 年土耳其国内生产总值（GDP）强劲增长的同时，外汇波动剧烈，股市增长缓慢。巨大的财富收益吸引着人们的眼球，特别是当超高净值人士的商业利益多样化后，他们所拥有的财富几乎占据了全国财富的 10%。在 2006 到 2016 年间，高净值人士数量仅增长了 2%，而同期其财富增长了近 18%。土耳其的百万富翁和千万富翁约占土耳其总人口数的 0.07% 和 0.004%，超高净值人士约占总人口的 0.002%。他们的财产几乎一半是通过继承得到的，再通过商业利益了增加其财产总额。此外，土耳其居民收入极其不平等，这可以从土耳其位居欧洲最高水平的基尼系数（0.4）看出。土耳其里拉的贬值是导致2015年和2016年的政治风波和动荡的主要原因。

《2017年世界财富报告》显示，土耳其公民的金融素养在全欧洲处于最低的水平，主要表现在金融知识的匮乏以及融资行为和态度等方面。实际上，作为世界第四大黄金购买国，土耳其约有2200吨的囤积黄金，价值约为1000亿美元，相当于土耳其2015年经济总产出的13%。

土耳其的金融相关部门以及银行系统在世界范围内引领了科技在产品、服务和技术使用等方面的创新。土耳其银行系统的技术和创新发展水平高于西方多数国家，其金融科技的高速发展为国内金融科技公司的崛起带来了机遇与挑战。精通于技术的年轻一代热衷于在与金融世界互动时接触更多的技术。许多银行会为其客户提供先进的数字化服务、聊天机器人以及数字支付手段，而在银行所无法涉及或无法以营利为目的提供服务的领域，依然存在巨大的发展潜力。因此，银行需要新的模式来改变传统的经营方式，如今新型金融产品可以通过由善于解决这类问题的企业家所创建的技术平台来开拓更广泛的客户群。

通常情况下，一个国家囤积起来的财富会在危机时期被投入使用。在过去几十年，土耳其经济经历了一场由社会和政治动荡引起的浩劫；现在，土耳其将再一次面临政治和经济危机。公民必须重新建立与国家财富的联系，并为国家财富的增长做出贡献，就像对待个人的未来发展一样重视财富，而不是受制于个人保护主义。普惠金融以及土耳其大部分人口的民主化可能是动荡时期的颠覆性突破。让更多的人自觉、负责地进行投资有助于提高整个民族的金融素养，促进普惠金融的发展，为未参与经济活动的财富注入活力，并帮助更大一部分人建立自尊，这也有助于创造财富。投资者应该更清楚地意识到他们所要承受的风险，而金融科技公司正在围绕增强投资者的风险意识构建它们的商业模式。好消息是政府愿意通过强大的商业理念以及信息透明的模式，来强化普惠金融并帮助金融科技公司面对监管机构。

为了财富科技的发展，金融科技公司和金融机构需要着重挖掘三个客户群的内在潜力，即家族企业、高净值人士以及一大部分对自己所拥有的财富毫无概念的群体。

在土耳其，家族企业占所有企业的95%。一些家族理财室、私人银行和企业凭借它们之间值得信赖的关系网，承担着管理家族企业财富的重任。最近，独立的家族理财室开始开发管理客户储蓄账户的相关服务，在这期间，我们预计这些理财室所管理的财富类型将非常广泛，例如基金、股票、房地产、艺术品收藏和税收等。然而，技术和新的商业模式可以在这个如白板一般的领域碰撞，让富裕的家庭能够为后代的未来做更好的准备。新兴的家族理财室和咨询公司试图通过建立信任、利用它们之间的关系网以及经验来满足客户的预期，但这不一定需要通过展示它们的财务建议、办事效率以及客户体验的结果来实现。在选择合适的顾问时，“服务成本”似乎并不是客户最关心的问题，他们只是对“报价的包装”有一定的偏见。土耳其的许多家族理财室和私人银行未能定义和管理风险，因为他们对全球市场和趋势的看法仍然有限，或者它们并不想简化与改进产品范围。

土耳其的高净值人士通过家族理财室和私人银行所提供的服务来进行财富管理，而在这些地方，技术和创新产品依然没有充分地渗透进整个服务当中。由于土耳其政治和经济的动荡，高净值人士们一直在试图将财富分割并将资产向国外转移。然而这不仅耗时耗力，还增加了理财成本。如今，他们更容易受到全球市场和风险的影响。出于安全考虑以及为了获得更好的教育，许多土耳其的超高净值人士更愿意让家人移民，但他们的核心业务仍在土耳其。家族和企业的这种重新分配方式在理财方面创造了难得的机遇，同时也带来了挑战；他们正在寻找新产品、新服务以及值得信赖的合作伙伴，以便在跨越地区和时区的过程中简化日常的理财程序。

自2010年初以来，土耳其经济得益于外国直接投资（FDIs）。当前FDI外流，主要原因是土耳其成熟市场的复苏和政治风险，而这一趋势也将改变理财的方式。最大的机遇隐藏在富人“尚未被认可的财富”之下。随着对财富的定义不断扩大，超高净值人士和富豪之间的界限也开始变得越来越模糊。这些人愿意对他们的黄金、房地产、艺术收藏品、养老基金和退休金进行估值，并同超出预期的收入和应计资产一起，多元化地投入新的投资渠道。土耳其大约有30家投资组合管理公司，其中约30%是独立的，其余大部分为银行和金融机构。投资组合管理公司管理着大约250亿美元的资产，而独立的公司仅占这个市场的2%。监管机构的目标是截至2020年，将市场规模扩大到450亿美元，并增加独立投资组合管理公司的市场份额。金融机构必须处理好其落后的遗留系统和沉重的人力资本造成的问题，因为这些与客户及其金融顾问之间的交流息息相关。然而，独立的公司若想要在成长型市场中占据最大的市场份额，就必须创造出创新的商业模式和技术，利用新的方式识别富豪们并与他们进行交易。

财富科技公司将重塑这一领域。首先，理财公司应提供简化的产品，以便满足客户不断变化的需求。越来越多的富裕客户正在寻找简单的产品和简化的用户界面，从而更好地了解他们的投资组合及其风险。客户愿意投入他们的财富，为不幸的事情做准备，也会合理地花钱。简化工作不仅仅是围绕产品，还包括如何交付产品。财富科技公司必须通过访问数据的速度和可选性以及更好地了解风险和回报来实现更高水平的服务。富裕的顾客正在寻找更直观且具有前瞻性的经验，以便在他们做决定时接受技术支持和服务。

用户体验部分是建立在经验和技术、创新和创造力之上的。客户愿意随时随地联系他们的顾问，查看他们的财富状态。在目前大数据分析、机器学习、智能投顾等突破性技术的帮助下，客户将能够以更低的成本享受到更优质的服务。

其次，财富管理公司需要与全球网络相连，并在全球范围内提供咨询服务。这些功能必须建立在数字技术、数据分析和真实接口的基础之上。客户的需求比以往任何时候都更全球化，相比于实体网络，通过技术网络可以更有效地满足这些不断变化的需求。

最后，理财领域的公司必须通过信息透明和知识共享建立它们业务的可信度并维持业务的连续性。低成本的服务（如数字化客户界面和智能投顾）将有助于财富科技公司揭开客户眼中最复杂产品的神秘面纱，并让客户对风险、回报、费用及税收有所了解。

在土耳其，财富科技领域已经为其蓬勃发展做好了准备。公司将致力于通过真正的增值，从投资、估值、计划和支出等方面来满足客户。由于土耳其的经济需要保持持续增长的趋势，现在正是为美好的未来做准备的最佳时期。

The WEALTHTECH Book

09

财富科技的前景如何

摘要

许多行业已经因为数字化发生了转变，其中最突出的例子是媒体和音乐产业。与这些一样，银行业将信息作为主要的“商品”交付给客户。因此，具备技术的网络化客户是未来所有发展的起点。这导致了从供应商到客户的根本性转变，即他们将从这一发展中获益，因为他们将以更少的资金获得更多的银行业务。但是，在加密币、区块链、人工智能等新技术的推动下，供应商也会发生变化。例如，尽管许多人对加密币持有怀疑态度，但我们很快就会看到跨国交易或各国央行以数字货币的形式发行货币的新应用领域。这导致了安全性等方面的新问题。这是否意味着我们可以期待新的金融秩序？以下四个驱动因素将会推动这一趋势的发展。

- 首先，新兴的 P2P 经济将导致经济未来的运作方式发生根本性的转变。这种 P2P 经济不仅以同行业之间交易为特征，还对现有的数字基础设施有着日益深远的影响。第一个例子是 AKASHA 的 P2P 社交网络平台或 Sharetribe 的 P2P 服务市场。它们都有一个共同点，即它们不是建立在像谷歌或 Facebook 这样的集中数字平台上。

财富科技策略

PSD2正在改变零售银行业务的格局，银行对客户账户信息和支付服务的垄断即将消失

金融科技将为资产所有者提供低成本、高透明度、定制化的能够使资产所有者更快发现机遇的工具

未来将专注于消费者、客户、资产所有者以及为他们提供服务和授权的平台

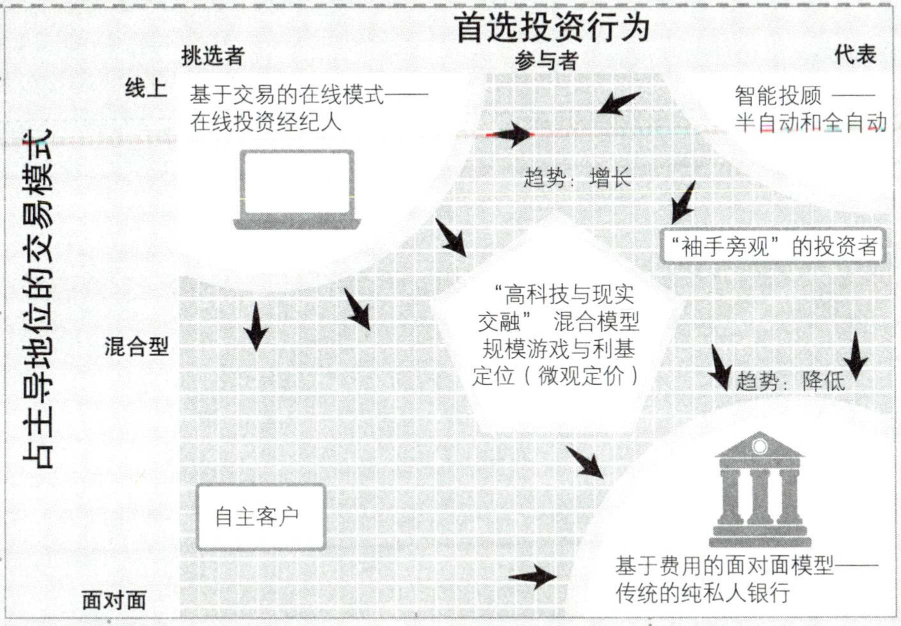

在基于海量信息分析的推理活动中，机器将赶超人类。金融和理财亦将受到深远的影响

人工智能的主要优点和应用：

- 改进对客户的建议
- 改进对投资组合的管理
- 自主执行
- 通过行为分析减少客户流失
- 改善销售渠道

在中国，科技巨头正在引领金融科技。这种趋势会在西方发生吗？

- 蚂蚁金服运营着全球最大的货币市场基金，并推出了财富管理平台蚂蚁财富
- 在春节期间，腾讯共处理了超460亿笔礼品交易。在其平台上，用户可以购买共同基金和保险。

- 它们成功的原因：专注于未被满足的需求、数据驱动、快速创新，掌握伙伴关系和平台模型，并与有利的监管机构相结合
- 中国可能为西方科技公司应对这个市场提供蓝图

2058年的财富管理具有：

- 包括机器人伦理道德、机器人责任和机器人工资在内的机器人法律
- 超人类贸易技术
- 虚拟现实投资组合建议
- 视网膜交易

预测分析

预测客户需求并提供额外的产品和服务

量子计算

量子计算涉及使用复合算法和系统，这些算法和系统通过使用物理和量子方法来解决最复杂的数学问题。它将帮助资产经理解决复杂的客户难题

千禧一代的机遇

- 智能投顾的目标是千禧一代，他们将从婴儿潮一代的父母和祖父母那里继承大约30万亿美元 *
- 60%的千禧一代不信任金融市场**

* 数据来自埃森哲的相关报告

** 信息来自美国有线电视新闻网财经频道（CNN Money）

BI Intelligence预测，截至2022年，智能投顾，即包括任何自动化元素在内的投资产品，将管理近4.6万亿美元

财富管理画布

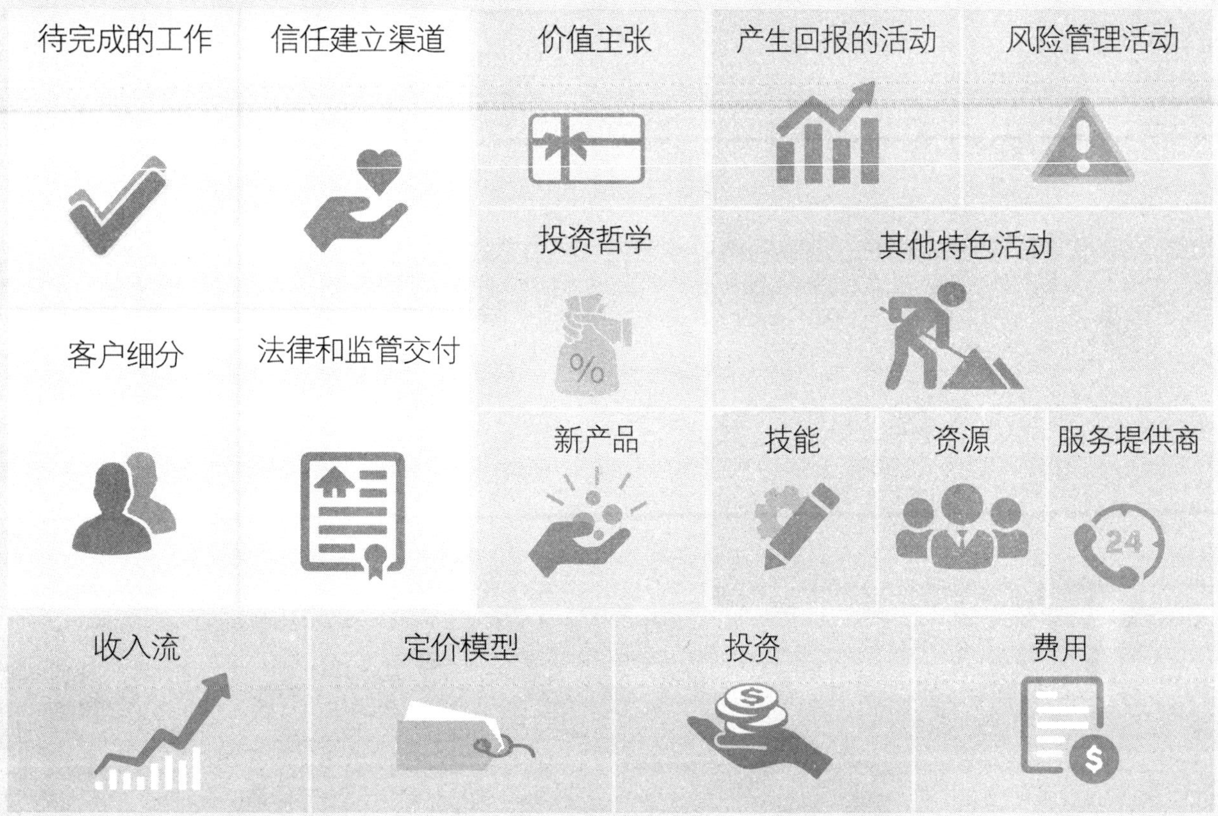
待完成的工作
信任建立渠道
价值主张
产生回报的活动
风险管理活动
投资哲学
其他特色活动
客户细分
法律和监管交付
新产品
技能
资源
服务提供商
24
收入流
定价模型
投资
费用

- 其次，从技术角度来看，互联网已经从“信息互联网”发展到“服务互联网”，且现在正在向“价值互联网”迈进。第一阶段涵盖了使用超文本传输协议（HTTP）和超文本标记语言（HTML）进行信息标准化和信息交换，第二阶段主要关注类似简单对象访问协议（SOAP）等的标准。目前，第三阶段主要关注区块链、数字支付等其他领域的价值交换标准。
- 再次，加密币的发展导致了在不一定了解和信任个人的情况下（P2P 模式）进行交易，如比特币和以太币。这些加密币都有一个优点，即它们提供了一种标准，用于在接近实时的情况下进行跨国货币兑换，而不受需要货币兑换平台和银行的现有金融基础设施的限制。
- 最后，许多国家和地区的监管机构开始降低金融科技初创公司所面临的壁垒，他们的解决方案可能会导致放松市场监管。例如，英国伦敦、中国香港地区、新加坡和瑞士，这些地区和国家都引入了所谓的监管沙箱，如此，初创公司可以在受保护地区测试创新的解决方案。

所有这些变化将共同引领一个新的、全球化的跨行业生态链。苹果、谷歌、亚马逊等大型科技公司是否会在其中扮演重要的角色，这个问题仍悬而未决。以中国为例，随着其大型科技公司蚂蚁金服和腾讯占据主导地位，中国正将这种变化推向一个新高度。这将迫使财富科技初创企业和现有企业在价值链上重新进行市场定位。此外，监管机制仍将在国家和全球发挥重要作用，以使这种新的金融体系得以成功建立。为了做到这一切，公司、监管机构和所有其他相关利益相关者将需要开发新的工具。本章中提出的想法、框架和模型将支持这一挑战，即“预测未来的最佳方法是创造未来”（亚伯拉罕·林肯）。

综上所述，本章将从不同角度关注全球投资管理行业和财富科技的未来。

网络客户端

布莱克·卡纳迪（Blake Kannady）
Envestnet 公司产品策略副总裁、用户体验总监

在黎明时分，传感器将唤醒我的房子。大门监控扫描一分钟，然后关闭运动

传感器。百叶窗将会在 8:59:58 打开，我手机上刚更新的一个应用程序将会叫醒我，除非我打开了勿扰模式。当我看向几英尺[①]外的窗户时，我的智能闹钟会为我提供一个全彩的像素化天气预报。我伸了个懒腰，从床上跳起来，在浴室见到了 Alexa。她在看日历简报以及今日财经头条。当我下到最后一个阶梯并对遥控器说打开电视时，我听到了咖啡机磨好咖啡的声音。正当我坐下来吃早饭时，我的平板上收到了一条通知："发薪日！"一条隔夜推送信息——"你愿意将本月预计盈余转入你的旅行预算中吗？"

这个场景并不是为了展现我们能够在生活中使用的最新的智能家居技术。我们正在拍摄的是一种新的智能服务。除了其他交互之外，我还可以采用一种智能服务，那些交互大多数都是虚拟的。说实话，我喜欢想象事情是如何进展的，但我却以玩世不恭的态度对待它们。通常情况下，我不信任在线共享，我也不太愿意摆弄智能设备，因为我担心一旦暴露更多的漏洞，这些设备对人们来说就没那么重要了，而我在努力地正确使用它们。更确切地说，这项服务将通知和操作与我的个人账户中的活动相联结，并与各种智能设备和场所一起，根据另一个智能设备或场所中的另一个操作来提示当前的操作。如今，从冰箱到汽车，所有的东西都被关联在一起，这一创新对于"网络客户端"来说是最有效的。这就是如何使用我的连接设备、连接提供商和位置，以便采取行动并自动操作，到刺激我的财务状况的目的。

我认为物联网已经变得有一些夸张了，而且我不是唯一这么认为的人。在我们所期待的这个无处不在的互联世界中，尤其是在互联互通方面，我们有点超前了。我可以将我的咖啡机放在网上，通过信息和自动化获得一些价值。但它能解决问题吗？咖啡机很智能，在家里做一杯咖啡是我在咖啡方面能做的最省钱的事情。那么，为了成为一个"网络客户端"，我能做些什么呢？我能通过什么服务来让我的钱变得更智能呢？大型金融机构正在部署更智能的代码，并将追求自动化作为下一波推动专有利润的浪潮，这些创新正逐渐渗透到零售市场中。那么，这应该如何实现呢？让我们着重关注在我们已经参与的网络中，我们可以做些什么，通常情况下主要考虑我们已经在承担的成本。

① 1 英尺≈ 0.3048 千米。——译者注

我买了一个智能设备，而且每月还有服务费。我可以利用这种联通性让自己变得智能，自动化的事物带来了更优质的行为，并通过使用它们进行更高效的沟通交流。通过这些设备轻松访问的网络即时信息。自学金融知识因此变得空前简单。你喜欢通过社交做到这一点吗？使用你的社交网络以及社交网络与其他服务相结合的方式来做决定。你喜欢自学并自己进行分析吗？没有比利用推动全球经济增长的分析师、经济学家以及研究人员的庞大网络更简单的方式了。通常，我可以通过一些付费订阅软件或在一家理财公司开设的账户所获得的回报做到这一点。如果这些信息是按需提供的，并且常常在某一特定时间基于与我相关的内容发布，那么它将会变得更加网络化，且更加有趣。

为了帮助进行创新并了解更多关于你的信息，许多公司在提供服务内容的同时还会免费提供与个人财富健康相关的 App。这些都是基于你的金融交易、金融账户以及对你来说重要的话题、为你建立的一个网络智能程序。它们会智能地自动搜集趋势和洞见，告知你的财务行为，这样可以方便你把钱在正确的时间转移至正确的地方。你可以通过汇总账户开始使用这些服务。需要明确的是，在一个账户查看资产与将资产存放在一个账户是不同的，你可以将汇总账户当作你的个人金融指挥中心。这样，你可以更轻松地在一个地方查看所有的内容，更容易地设定智能通知和预警，以提醒自己重要的活动；你还可以为那些想要为你提供服务的商家展现更全面的关于你的财富和后续需求的信息。这种方式将加快把你的需求与金融公司资源相结合的速度。了解你的公司越多，就越有可能在你需要的时候为你提供金融专家和金融产品。理财将不再由产品驱动，而是由行为主导。你可以利用的另一种关系网络是同行竞争，例如 Instagram 和 Snap、优步和 Lyft、信用卡积分和累计飞行里程、Facebook 和谷歌等。每一天你都将有个性化的消费机会，而且通常在这个过程中你参与得越多，得到的回报就越多。随着这些系统与我们的金融供应商整合并被其采用，我们开始看到“网络客户端”以一种真正的综合性方式变得鲜活起来。

与此同时，金融咨询提供商可以继续从它们的技术竞争中获益，即减少点击次数并通过运用现有的信息减少决策和数据的输入。如果你想让我根据一条信息采取行动，在我手机上弹出通知，让我滑动它以便进行更多的操作。尽量将事件都联系起来，帮助我节省并管理一些日常的琐碎开支，不在不必要的事情上浪费时间。在事情发生改变的时候告知我，帮助我明确什么交流是重要的，并让我们在可以有所行动的时候进行交流，即如果我可以通过短信向朋友汇钱，我应该也可以通过同样的方式建立一个新账户。

现在，设备是我们的一个延伸。考虑可以使用设备来做什么。将产品、服务和交易融入设备的供应商越多，我们就越有可能做出积极且重复的应答。以财务计划为例，一个“网络客户端”想要在对它们而言最方便的时候以最方便的方式参与到流程中来，因此需要创新来达到这一目标。让流程的各个环节变得更协同，聚焦于能让我在最需要了解时被告知以及能用最喜欢的方式与专业人士交流的技术。也许这仍然需要面对面来实现，而不是通过其他媒介进行现场直播。

那么那些庞大的金融产品网络呢？大型机构已经很清楚这是实现自动化最好的网络之一，因而“网络客户端”也应如此。将你的长期财富管理托付给智能投资组合，即算法驱动、基于因子或增强因子以及人工智能参与的投资组合。如果那背后有一个你可以信任并能提供良好价值的投资组合管理团队，那就太好了。如果有一个专家团队为了提高收益寻找并部署技术，那就更完美了。如果你找到了一种将这一切自动化的方法，那么你将就在收获颇丰的新兴前沿领域。另一种提供大量可供选择的应用程序的自动化，是那些将储蓄自动化的服务。这些确实可以强化你的行为并减少你的金钱交易。当你年终盘点你的信用卡年度消费总结的时候，是否总要花费很长时间与你的配偶争吵？下载一款智能预算 App，它可以对你的日常支出进行分类，使用它可以让你更全面地了解你全年可以在哪些方面省钱。你会因为账户里有多余的未花掉的钱苦恼吗？下载一个储蓄 App，它可以自动收集盈余并将其转移至指定账户。

对于那些希望他们作为客户的人来说，“网络客户端”更有价值。从短期来看，双方都在努力解决常见惯例，这种趋势可能会发生得更快。机器让我变得更强大，将它们的设计、部署和连接方式列入我们的考虑范围之内，也可能使我们变得更富有。

千禧一代将成为未来的投资经理

杰瑞·弗洛罗斯（Jerry Floros）
MoneyDrome 公司创始人、首席执行官。

如今，金融科技已经风靡金融业，它彻底改变了许多金融服务和产品，而这些服务和产品曾是银行和券商的独家领域。然而，由于传统的银行业务和过时的技术设施，后者的市场份额和声誉均有所下滑，创新势在必行。

比特币（加密币）和区块链（分布式分类账）等新的金融技术需要一段时间才能被主流接受。然而，支付、借款、贷款外汇转账以及理财等常见的银行交易已经形成势头，英国金融行为监管局（FCA）正在尽其所能，使这些新的金融技术尽快与公众见面。

对一些人来说，金融科技可能会让人对比特币、区块链、数字银行 neobank、智能投顾和以太坊等许多新术语、新概念和新的金融产品感到困惑。市场份额被初创公司夺走只是大银行将大量资金投入自身技术以及初创企业的原因之一。

“数字颠覆有可能降低当今银行的作用和相关性，同时帮助它们创造更好、更快、更便宜的服务，使它们成为机构和个人日常生活中颇为重要的一部分”，埃森哲金融服务部门总经理朱利安·斯坎（Julian Skan）在 2015 年的一份报告中写道，“为了产生积极的影响，银行承认它们需要摆脱体制上的自满情绪，并认识到仅通过监管浪潮以及等待利率上升并不能让它们免受淘汰。”

许多传统银行和券商在创新方面取得了成功，但在很大程度上，它们一直在“复制并追赶”。只有当新来者和挑战者撼动一个行业时，现有企业才会做出反应，要么一开始就持反对态度，认为金融科技终将消失，要么干脆采取“粉碎竞争”战略。这两种方法都没有奏效，因为越来越多的金融科技初创公司进入金融行业，扰乱了每一种可用的金融产品或服务。这对散户投资者和大众消费者都有利，因为现在投资和交易的进入壁垒降低，允许更多的普通消费者投资他们可能在储蓄账户里积聚的任何盈余资金。

利率非常低并且趋向负数，这意味着我们最终需要交钱才能继续将储蓄资金存在银行里，这样一来，把资金留在储蓄账户纯粹就是“经济无稽之谈”。然而，普通消费者面临的最大挑战是与理财机构和金融市场打交道，以及获取金融知识及经验。大多数传统理财公司的最低存款要求为 50 万英镑，作为回报，它们会对顾客的投资组合管理收取“2% 管理费 +20% 业绩费”的标准费用。

创新的金融科技“智能投顾”公司在线提供相同的理财服务，并将最低存款要求降至 1 万英镑，收费结构仅为 0.75% 或更低。无数其他“智能投顾”如雨后春笋般出现，提供更低的最低存款和费用，以及免费提供服务的“零智能”，这样做的目的大概是希望作为一种新的商业模式，能够建立一个庞大的客户基础以及海量的交易量。

信息过载

在这个万物高速互联和数字化的新时代，最大的受益者是千禧一代，但是与此同时，他们又是最弱小的受害者。

这样的矛盾并不难理解。一方面，我们拥有知识与高效智能手机相结合的力量；另一方面，我们的周围充斥着信息，像瀑布一样冲向我们。好处显而易见，但风险却不是那么明显。

与“模拟前辈’相比，普通人可以更容易、更迅速地接触到知识的宇宙，这给他们带来了难以置信的优势。如果一定要说有什么区别，那就是信息被消费的速度和数量“令人难以置信”，而我们对此却已习以为常。

手机与移动性

纵观历史，创新总会引发一场工业革命。第四次工业革命已经发生了，在金融科技领域，金融革命已经爆发，并且正在席卷整个金融行业。

最初，金融科技看起来只是一句流行语，如今它已经完全融入社会，千禧一代正从传统银行业务向金融科技迁徙。被颠覆的不仅是银行业，还有金融业。发生这个情况的主要原因是手机以及移动性。

对千禧一代来说，他们无法想象没有智能手机或可以联网的平板、电视或笔记本电脑的生活是什么样子，甚至他们对这些已经达到了上瘾的程度。从查看电子邮件、上网到在社交媒体上发帖以及处理银行业务，几乎所有的事情都可以在智能手机上完成。

这种从虚拟到数字的不可避免的转变已经将决策过程归还给个人，因为我们不再需要咨询或顾问等第三方来为我们提供建议，即融资的非中介化，又称为脱媒现象。任何事物都可以通过互联网来搜索和研究，几乎所有东西都可在线订购。

最新的统计数据显示，2017 年全球智能手机用户达到了 23 亿，到 2020 年预计该数目将增至 29 亿美元。据估计，截止到 2020 年，全球 70% 以上的人口将使用手机，其中 61 亿为智能手机。

《爱立信移动市场报告》中详细地描述了未来的发展趋势及预测，其中包括物联网、超快宽带以及 5G 网络在全球范围内的影响。

网络速度以及移动应用的普及是全球技术进步的关键，这主要归因于网络效应，即参与者越多，网络越有用。智能手机发挥了关键作用，并在金融科技领域产生了非常大的影响，因为它们能够服务那些无银行账户或未被银行服务到的群体，而这种金融包容性将大大扩展全球金融市场。

用户体验和数字工具

用户体验是数字颠覆最重要的一个方面。任何成功的网站、应用程序或平台都是精心设计和打造用户体验的结果。优步、爱彼迎和亚马逊等公司的成功超出了它们的预期，这完全归因于它们对用户体验的重视。

影响用户体验的因素主要有以下五点：

- 快速：App 及平台用户非常注重速度；
- 流畅：围绕用户界面进行导航必须简明流畅；
- 零摩擦：任何阻碍或引起摩擦的事物都必须被移除；
- 无缝连接：能够从一个设备无缝切换到另一个设备；
- 直觉：一切都必须凭借直觉，易于使用。

“效用”是由丹尼尔·伯努利引入的一个经济学术语，即从消费一种商品或服务中获得全部的满意度。当以上所有因素结合成一个简单而又优越的用户体验时，其结果就是“数字化效用”。

人工智能、分析和大数据

由于法律法规的遵从性，银行和金融机构持有的全球金融交易数据比金融市场本身还要多。此外，这些银行和金融机构还存储了来自供应商、销售商、合作伙伴、消费者的数据以及它们自己内部以及交易基础设施的大量数据，例如，花旗银行、高盛、汇丰、瑞银、瑞士信贷、摩根大通、摩根士丹利、贝莱德、巴克莱、德意志银行等，并且这样的银行与金融机构的数量还在不断增加。

那么，这些大型金融公司如何处理这些数据呢？

它们用大数据来获取自己的最大利益及利润。虽然数据大都是交易数据，但是大多数银行和金融机构都将其数据视为私有数据。当然，它们有充分的理由这样做，毕竟大数据就意味着权力和利润。

新兴金融科技公司以及法律法规遵从性所带来的颠覆与利润下滑，将迫使这些银行和金融机构逐渐开始通过开放的 API 和第三方平台来发布并分配数据。

对于零售银行业来说，2018 年是其改变游戏规则的一年。随着修订的 PSD2 的实施，银行对客户账户信息以及支付服务的垄断将逐渐消失。

简而言之，修订的 PSD2 允许包括消费者和企业等银行客户通过第三方来管理他们的财富。在不久的将来，你可能会通过 Facebook 或谷歌来支付账单、进行 P2P 转账以及分析支出情况，同时你仍然可以将资金安全地存放在你当前的银行账户中。然而，银行有义务通过开放 API 以便这些第三方供应商访问客户的账单。这将使第三方能够在银行数据及其基础设施的基础上构建金融服务体系。

大数据的普及将使金融行业更高效，同时也更加有利可图。它将允许所有部门参与到分析中，并运用这些数据构建更好的数据基础设施，这不仅能够提高效率，还为第三方开发者提供了一个设计和构建有用的应用程序的平台。

数字银行和智能顾问已经在将大数据和分析整合到它们的平台方面处于领先地位，但前路漫漫，仍需努力。类似数字投资经理、混合交易以及区块链平台等财富科技创新者，正在推动着创新金融科技产品和服务的发展，而这些甚至仅在近几年才刚刚出现。集人工智能、机器学习以及大数据为一体的创新交易平台和应用，将比同行业更有比较优势，因为它们能够为平台用户提供更加一体化的服务。

传统大银行和券商在过去几十年里使用的所有工具、信息和数据，都将以智能手机应用程序的简化技术形式提供给散户投资者。金融领域的数字化颠覆，将使千禧一代能够保留更多的财务收益，同时更好地管理自己的财富。

人工智能、机器学习和大数据分析是金融科技的新前沿，与此同时，千禧一代将站在金融世界数字化颠覆的最前沿。

为资产所有者和买方授权

埃菲·皮拉利努（Efi Pylarinou）博士
DailyFintech 公司联合创始人

如今，买卖双方之间的关系发生了无可争议的逆转。与 2007 年至 2008 年金融危机爆发之前不同，权力的天平不再一边倒地向华尔街和纽约市倾斜。随着政府对金融服务提供者的监管要求越来越严苛，金融服务领域技术创新的加速，即金融科技领域已经成为重塑管理买卖双方关系规则的主要驱动力。

过去的情况是，卖方表现得更像领主，少数人进行独裁统治，而且对客户的权力越来越集中，即包括资产管理公司、共同基金、养老基金、对冲基金等买方。如今，尽管买卖双方仍然需要彼此，但他们之间的关系已经发生了改变，如《彭博市场》杂志（*Bloomberg Markets*）中的《买方的崛起》一文所述，“从本质上来说，经销商已经从决定每个人坐在哪里并为其推荐菜肴的领班降级至仅提供点菜服务的服务员”。

监管改革的结果是，像摩根大通和高盛这样的卖方减少了资产负债表上的活动，降低了风险，并在一些情况下退出了做市活动。与此同时，像贝莱德这样的买方公司则积累了更多的资产库存，在许多情况下，它们变得比往前更需要卖方为其提供它们所需的分析和风险管理工具。

当前的时代是以客户为中心的时代，这不仅针对终端用户、个人或零售商等，还包括 B2B。买方即为客户，买方即为中心，而无形的市场力量正在推动它们获得“中心”该有的权力。

卖方对新时代的反应

卖方面临着不断变化的市场情况，导致为主要盈利来源的买方客户提供服务的直接业务部门一直忍受着日益增加的重组压力。

一些大型投行选择剥离其投资组合和风险管理分析业务部门。这些业务具有多年来建立起来的多资产能力。截至 2016 年底，巴克莱将其风险分析和指数业务 POINT 出售给了彭博。瑞银将 Delta 卖给了一家基于云技术的分析供应商 StatPro。花旗银行已经剥离传奇性的 Yield Book 分析集团，并打算出售或首次公开发行这家子公司。不过摩根大通继续运营并努力扩大了市场，瑞信也还维护着它们的 Locus。

唯一一家表现得更像数字时代平台的卖方公司是高盛公司。它们开发了一款内部组合和风险管理系统，远比 20 年前先进得多：

> 证券数据库，又称为 SecDB，允许用户测试潜在的交易并评估这些交易的潜藏风险……据《华尔街日报》报道，它非常地严谨，以至于首席运营官加里・科恩都表示即使是 10 亿美元的价格都别想从他手中购买该技术，50 亿美元倒有可能。

在以前的时代，德意志银行和其他公司对得到这样一个系统的授权垂涎欲滴。但如今，一个不同于常用的顺序数据库，以关系数据库为关键技术的、同样复杂的风险管理工具正在免费提供给高盛的客户。这个工具与可以免费使用的 Marquee（集合了高盛整个贸易周期技术的一款软件）和 Simon（一个结构化的产品市场）一样，能够满足买方客户在投资的整个生命周期内的需求。不同于花费数小时通过电话进行销售和交易，Simon 专注于结构化产品，即帮助客户根据对冲需求或投资观点设计产品。高盛公司旨在增加其与股票挂钩的票据业务，并成为经纪商或其他分销渠道的平台，通过这些渠道可以接触到更广泛的买方细分市场。

SecDB 具有移动性，可以捕获复杂投资组合中的交叉影响和多米诺骨牌效应，并计算实时的、有意义的和更准确的风险指标。正是这种技术让高盛公司得以比其他卖方公司更好地应对 2007 年至 2008 年的金融危机，尽管它们实际上都深陷其中。

新时期的剩余市场定位

资产所有者不是个人就是机构。他们要么选择自己管理这些资产，要么选择买方实体公司管理他们的资产，即资产管理公司、对冲基金、养老基金和共同基金等。

买方仍然忠于无处不在的彭博终端，而且许多金融科技孵化器一直阻止着那些试图破坏这种格局的处于初创阶段的企业家。彭博的投资组合和分析平台PORT正在通过为买方客户（已经是彭博终端客户）提供按需付费的应用程序商店来满足其移动需求和其他金融科技模块化服务。其中，汤森路透的Eikon产品也在进行增值，其推出了一个提供了改进型分析功能和持续的金融科技功能集成体的应用程序商店，可适用于电脑版和移动版。

几家金融科技初创公司正将目标对准资产所有者，它们提供的产品赋予了买方以及DIY资产所有者的权力。

Robinhood是一个零佣金股票经纪商，可作为去除股票和ETF经纪费的一个例子（目前在美国和澳大利亚运营）。Robinhood在持续建立（直接或间接地）授权买方和独立资产所有者的合作伙伴关系。例如，与投资研究网络Closing Bell合作（该公司为独立分析师、买方分析师、交易员、投资者、财富管理机构以及华尔街研究公司提供服务）；此外，它还与社交网络StockTwits和众包对冲基金平台Quantopian进行了合作。

Alpha Modus专门提供定制的解决方案（Mods），这是真正的alpha的生成策略。它将IBM沃森的认知能力运用到美国金融市场，以便设计适合任何买方（美国本土）投资理念的定制型alpha生成算法。例如，Equity Tactical Mod是一种基于在标准普尔500指数和欧洲Stoxx 50上持仓的智能beta策略。美国东部时间下午14时50分至15时45分，在纽约证券交易所上市股票的“美国东部时间下午15时45分前失衡表”捕捉到了非结构性失衡信息。Mod商店提供了另一种资产管理方法。

Electronifie和Trumid是专注于改善公司债券投资者交易环境的实体公司。它们的统一平台旨在提高公司债券市场的透明度、价格发现能力以及流动性，其中买方持有大部分库存。在固定收益市场，赋予买方和公司债券资产所有者权力至关重要，尽管债券发行持续强劲，但该市场仍面临着巨大的流动性和脆弱性问题。

Contineo 正在创建一个社区、平台，以便财富管理人和私人银行家能够便捷地接触到与股票挂钩的结构性产品的发行人。这是一个迫切需要更多透明度、更灵活的产品设计和交易后管理的 OTC 市场，高盛平台的 Simon 就服务于这个市场。

结论

监管改变了买卖双方的关系。财富科技是一种不可阻挡的趋势，并且将继续改变这种关系。这项技术支持的推动始于华尔街和纽约市外的金融科技初创公司，并将在像高盛和摩根大通等卖方公司的数字化转型中继续进行。

一方面，以高盛为首的卖方市场正做出大胆的选择，即向买方客户提供免费且复杂的工具，其长期的战略愿景是成为服务于买方的平台并在这个平台上创造价值。其他尚未剥离其投资组合和风险管理能力的公司，如摩根士丹利、德意志银行、瑞士信贷等，是否会效仿，进行更广泛的“平台化”转型，赋予其买方客户一部分权力，还有待观察。五年后，我们可能不会再用买方和卖方这两个术语了，我们将专注于构建为消费者、客户、资产所有者或收集者服务和授权的平台。

与此同时，金融科技将继续为资产所有者提供更低成本、更透明的、更快更好地发现机遇并实现定制化或场景化的工具。过去只有销售方提供服务，购买方只能被动接受服务，这导致销售方和购买方之间的关系失衡。随着这些分散的金融技术工具在平台上的集成，资产所有者的授权级别将随之而来，崭新的未来也将不远。

彭博和汤森路透等传统数据和分析提供商也在通过创建应用商店和在其移动平台上集成金融科技工具，来改变它们的产品并赋予客户必要的权力。最后，让我们准备迎接更好的未来吧。

一个由数字、数据和人工智能联合驱动的产业

阿尔佩西·多西（Alpesh Doshi）
Fintricity 公司 CEO、执行合伙人

保守者

经过 2008 年的金融危机，我们可以从一个更微观的角度观察金融服务行业。

投资银行和资本市场，也就是所谓的赌场银行，是受到监管机构、政府和公众审查的主要领域。从前的银行业管制松散且能自由交易、发明金融产品，这对行业和投资者都有利，也是银行业日子最好过的时候。

然而，无论是直接停止抵押，还是以共同基金或其他集体投资工具作为分担风险的手段，最可能在市场上遭受损失的还是投资者。要么是直接因为抵押贷款失效，要么是因为共同基金或其他集体投资工具出了问题。可能受到损失的投资者包括养老基金、共同基金、家族理财室、主权财富基金、高净值人士和零售客户。

在很大程度上，资产和财富管理行业常被视为受害者，而不是麻烦制造者。如果回顾过去 30 年资产管理状况，就会发现主动管理一直表现不佳。考虑到费用因素，大多数基金在其生命周期内平均表现不佳。从根本上来说，该行业没能变得庞大和富有，是因为它在使基金经理和基金管理公司所有者变得富有的同时，自己却由于支付费用过于庞大而没有得到回报。

当前市场与创新

随着新技术和商业模式的相继出现，如今已经是颠覆这个行业的绝佳时机。然而，现任者口头上说着创新并且声称要进行数字化转型，但是他们似乎并未将其放在心上。克莱顿•克里斯坦森曾说过这样一句话："由于现有企业对颠覆这一概念存在盲点，它们很难进行真正的创新。"正是由于根深蒂固的理念、适用已久的流程甚至还有渗透进高级行业的傲慢和自满情绪，导致这个行业很难洞察到创新的重要性。当面临来自传统竞争对手之外的创新公司的威胁时，始料未及的它们才会开始惶恐。此外，由于既得经济利益以及对转型的内部阻力，这些企业通常缺乏改变经营和商业模式的能力。

未来金融将是一个数字化产业

正是由于数字化，人们可以更轻易地获得另类资产类别（如私人股本、风险资本、对冲基金）和新资产类别。例如，首次代币发售已经成为公司进行投资的一种新方式，这个术语在 2016 到 2017 年迅速发展起来，且这种趋势在未来几年将持续下去。

传统的资产管理行业也正经历着从主动投资到被动投资的大规模变动，且变化速度正在加快。根据波士顿咨询集团的预测，2016 年至 2020 年，交易所交易基金等被动资产投资将占所有投资的 42%，远高于 2008 年的 10%，总市场规模为 71 万亿美元。对此，智能投顾和纯数字资产管理越来越受欢迎，Betterment 和 Wealthfront 等公司市值也水涨船高。

未来的变化

资产和财富管理行业发生变化可能的几个原因包括：意识到改变的重要意义、发现更好且更易获得的投资选择、更好的数据信息的获取以及多个行业正向新商业模式转型的现实等。技术驱动的民主化正在通过承诺降低费用、提高透明度和回报来推动规模较小的家族理财室和散户投资者寻找其他投资方式。

随着新的资产和财富管理机构的出现，它们将通过使用数字、数据和分析驱动模式，为投资者提供可扩展的、可访问且透明的以及高度流动且更加广泛的选择。端到端的投资管理将几乎完全自动化，另外，决策将由数据汇总、人工智能和机器学习模型以及算法和风险模型驱动。最后，整个系统将由区块链技术的应用提供支持。对于投资者来说，这种变化将为他们带来以下诸多好处。

- 提高整个投资组合的**透明度**和资产绩效的可见性，进行实时风险计算，以及获得资产的详细数据。
- 通过使用数字渠道以及对投资组合的实时调整**对资产进行细化控制**。
- **便于管理**，即可以对主动或被动的投资策略、多样化以及更简易的监管报告和分析进行管理。
- 通过数字渠道采购和管理，获得**无数投资机会**。

21 世纪资产和财富经理

21 世纪数字化的资产或财富管理机构将由基于人工智能来驱动，通过数字技术参与并管理，并且将运用到新兴的经济模式上。

投资者和投资数据 / 人工智能驱动的、透明的、有着新的风险和投资模式的业务方式，正在随着新型经济模式的崛起而日益兴盛。传统的资产和财富管理公司已很难触及那些正在随之涌现的投资机会。

市场贷款和众筹。这种模式适合希望将资金投入市场的投资者。利用基于数据的市场以及其他外部、公共和专有来源，构架新的风险、信贷和投资模型，不仅可以实现个人投资，还可以实现证券投资。在这种模式中，主动和被动模型兼具，并继续由数据、人工智能和机器学习模型驱动进行投资。

基于区块链的首次代币发售。随着新的投资渠道伴随着 ICO 而逐渐涌现，投资者可以直接投资这些产品。这些是潜在高风险的投资类型。例如，Numerai 向投资者发行了一种结合了新兴人工智能驱动的投资类型的代币。

新经济公司。随着数字化转型的发展，与传统的资产和财富管理模式相比，新经济公司需要以不同的模式进行投资。例如，优步的司机需要为他们的汽车进行贷款，而他们无法从传统贷方或投资者那里获得贷款，但通过新经济公司提供的数据和驱动程序，他们可以创建新的投资模型，以实现数字投资和管理。

新兴市场投资。随着新兴市场的发展以及初创企业新运营模式的创建，投资者有机会通过数字投资渠道接触这些业务，而资产管理者不会直接进行投资，甚至可能无法与他们联系。

如今，我们也见证了由机器学习和人工智能模型驱动的新型对冲基金的出现。Sentient Technologies 公司筹集了 1.43 亿美元的资金，携手香港对冲基金公司 Aidyia，正在尝试应用这些新的模式，重新定义对冲基金。

新机遇与未来

如今，投资者正处于一种坐立难安的状态，这是因为他们没有得到传统资产管理公司所声称的高回报或花费费用过高。在这种情况下，由于流动性充裕，家族理财室、机构投资者、养老基金以及零售投资者等更愿意寻找其他投资机会和渠道。由于世界正经历着数字化转型，伴随着新的业务、市场和运营模式的涌现，现在正是采用新方式的时候。一批新的资产和财富管理人员即将出现，他们推行新的运营模式，其成本明显低于现有企业。在机器学习和人工智能的驱动下，他们正在改变对传统上市市场的投资，与此同时，他们也在利用区块链等技术来寻求自身及市场的转型，从而提高自身的效率。这些经理人将不再挑选股票，而是寻找 Alpha 的新来源。

刚刚崭露头角的初创公司正全方面地撼动着传统资产和财富管理机构，它们重点关注市场投资模式等新商业模式，摒弃了传统资产管理公司的条条框框，因为它们没有固定的资金结构，而自己的账户投资也受到限制。通过打造出色的数字客户体验、自动化承销和投资流程、敏捷的软件开发方法和内置的透明度，数字资产管理的业务构建形式多样。它们提供端到端的投资控制和管理，并清晰、简洁地申报费用。由于基于管理下的资产的百分比收取费用，而这些费用不分投资组合的大小固定收取，明显更为低廉。

这些初创公司通过收集、组织和输入数据到自己的机器学习和人工智能模型中进行日常运作，同时它们还在不断地改进这些模型，以便更好地承销、承担风险和投资，显得更加高级。

未来是光明的，资产管理的未来已在新兴数字化公司的支持下向我们走来。请务必注意贝莱德公司，它们来了！

财富科技——将私人银行和财富管理数字化

丹尼尔·迪默斯（Daniel Diemers）博士
普华永道策略、金融服务合伙人

财富管理的城堡正处于四面楚歌之中

近年来，私人银行和财富管理高管一直忙于了解新的监管问题，以及与之相关的商业模式的根本性变化，因此，大多数人几乎没有时间探索技术的最新发展，也没有时间评估它们的影响，这是可以理解的。然而，尽管数字化尚未从根本上颠覆财富管理行业，但这样的结局无可避免，这要求世界各地的高管认真选择自己在数字时代所要扮演的角色和存在方式。

客户要求享受定制的解决方案并给他们带来愉悦感

这种紧迫感来自客户本身，他们更喜欢稳固的品牌和长期的合作关系，但他们的生活方式变得越来越数字化，并超过了金融服务的数字化程度。此外，客户对当今财富管理服务的满意度也并不是很高。在最近的一项研究中，只有 39% 受访的高净值人士会向朋友推荐他们目前的财富管理公司，在管理的资产规模超过 1000 万美元的高净值人士中，这一比例甚至会下降到 29%，这是人们万万没有想到的。在一个通常非常依赖推荐、形象和口碑的行业中，这的确是一个令人担忧的数据。

调查结果显示，富人、高净值和超高净值客户显然更青睐那些与他们的需求和生活方式相匹配、并为其提供量身定制的用户体验的公司。他们还要求在风险、定价、同行选择、竞争对手产品和基准等方面提高透明度。毕竟，现在是 2018 年，而不是 20 世纪 90 年代。有趣的是，与人们最常提到的财富保值和财富增值的偏好一致，咨询服务的质量仍然是财富管理服务的核心，但同时，客户也希望获得更多的乐趣和参与感。

了解与财富科技相关的技术

在与欧洲、中东和亚洲的许多财富管理高管交谈时，他们大多数人都清楚地了解自己所在行业的结构变化。但是，他们对于某些关键技术的基本知识的认知却非常低。为了做出正确的战略决策，清楚地了解你的财富会带来什么至关重要的改变。例如，人工智能和机器学习尚未广泛应用到财富管理行业，但其发展潜力巨大。支持咨询流程只是众多应用程序中的一个，人工智能和机器学习将从根本上改变投资产品的起源、管理和分销方式。此外，人工智能和机器学习还可以改变中后台流程，大幅缩减它们的人力成本。

大数据和基于云的服务正在为财富管理行业引入管理数据的新方法。但新的财富管理行业竞争环境要求财富管理公司必须利用所有可用的数据，包括内部数据和外部数据，为他们的客户提供最佳的定制服务。这就意味着他们需要很好地管理数据，基于云的服务已经越来越常规化。此外，像“了解客户（KYC）”“反洗钱（AML）”“客户引导”或产品数据等公用事业，将进一步降低在利润率压力下的行业服务成本。

尽管许多人对加密币仍持怀疑的态度，但无可否认的是，它将在不久的将来成为另一种资产类别和外汇。随着首批提供商推出基于加密币的投资产品，首批共同基金产品即将上市，还有更多产品将被陆续推出。因此，开辟全球货币和支付新趋势的时机已经成熟，特别是对于加密币，下一代客户端肯定会比今天的客户端更加开放。区块链和加密币一样，在过去的一两年里一直是最受追捧的技术之一。毫无疑问，区块链可以帮助财富管理行业中的中后台流程合理化，并降低注册管理机构、托管、交易、清算和结算的成本。正如最近一项针对 1300 名全球银行业专业人士的调查所显示的那样，首批应用程序已经在测试中，而区块链技术显然已经成熟。

另一项值得关注的技术是虚拟现实（VR）和增强现实（AR）。虽然在 20 世纪 90 年代就进行了第一次实验，不过 20 年之后，这两项技术仍处于起步阶段。但这对 PBMW 来说可能是最具颠覆性的技术之一，这种颠覆性不是短期内的颠覆性，而是在未来三到五年甚至更长时间内对该行业的威胁。VR 和 AR 将从根本上改变我们与人、计算机和互联网的互动方式。在财富管理行业中，这项技术还将改变我们的咨询方式，即我们向客户提供数据的方式以及我们在行业内部工作的方式。

大门口的野蛮人？颠覆的力量

毫无疑问，金融服务行业内部会受到干扰。2017 年最新一期的普华永道全球金融科技调查显示，80% 的受访者认为他们的商业模式受到了干扰和威胁。进一步深入分析，按重要性排序，最突出的特征有如下几点：a. 利润率增加；b. 市场份额被竞争者争夺；c. 数据保护问题和对客户隐私的威胁；d. 客户流失量增加。

至于干扰源于何处，审核团队仍未解决这一问题。其中，存在三个可能的方面。第一，银行和财富管理机构，这些机构将以这种创新的方式应用这些新技术，以便在未来创建或调整其业务模式；第二，非银行机构也可能是干扰来源之一，它们的创新速度非常快，且常常带着新产品进入市场；第三，其他行业也出现了类似的情况，作为第三方群体，像亚马逊、阿里巴巴、腾讯、谷歌和 Facebook 等大型科技公司从战略上决定利用财富科技进入财富管理领域，因为该领域的利润率一直高于其他行业。

立即行动：财富科技的战略“游戏方式”

未来，私人银行和财富管理机构将有四种可供选择的财富科技策略，在客户偏好范围内，从面对面沟通到仅依靠数字沟通，以及从委托人（“管理我的财富”）到自我选择（“我自己管理自己的钱”）。如图 9–1 所示，传统的面对面模式、纯粹的线上平台、智能投顾、“高科技 / 高感知度”混合模型这四种策略可以单独使用，也可以组合使用。

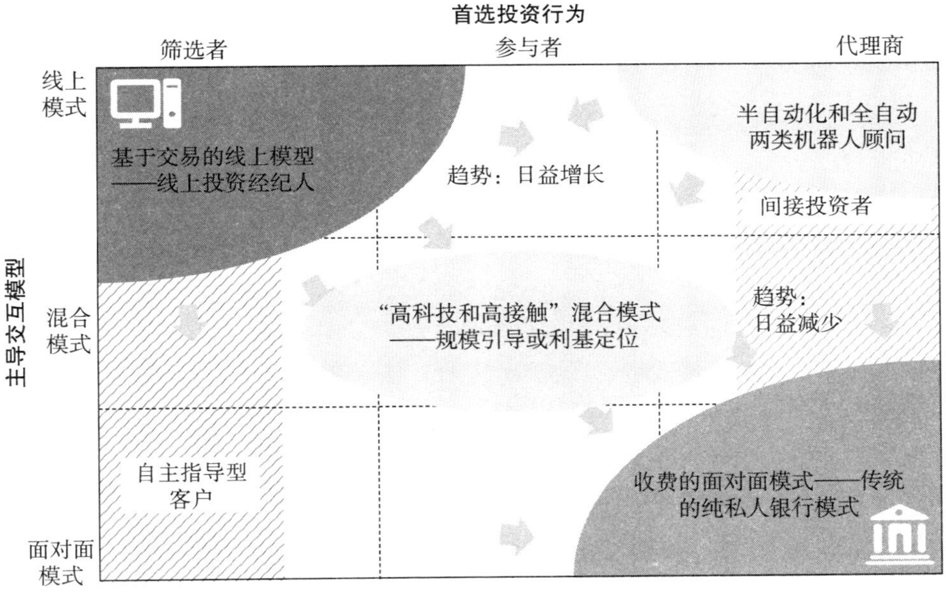

图 9–1 财富科技四个战略选择

对于传统的财富管理企业来说，混合模型显然是未来发展最好的战略，因为它可以在很大程度上维持传统的面对面模式，同时选择创新的方式来部署财富科技。因此，业务模型需要保持灵敏度和弹性，并随着市场和客户行为的变化灵活应变。

如何赢得“高科技 / 高感知度”

说起来容易，做起来难。在与欧洲和中东财富管理高管的对话中，我们了解到，许多人承认他们正努力使他们公司内部组织和战略方向朝着混合的“高科技 / 高感知度”的商业模式转变。但毕竟，财富管理的文化和技术遗产举足轻重，而客户，尤其是成熟市场的客户，并没有在创新的商业模式中突破极限。在竞争中获胜的秘诀包含了很多要素，例如，投资、合作伙伴、与客户共同创造、促进内部创新等，但最重要的是制定正确的战略，并将文化与之结合起来，如果文化与之不合适，那就对文化进行改造。随着时间的演变，上述所有举措都将有助于改造传统的财富管理文化。

虽然很难准确预测有哪些技术将颠覆以及如何颠覆财富管理行业，但很显然，该行业将通过财富科技实现转型。上述所有构成财富科技的技术都存在且都是不可逆转的，即这些技术将进入财富管理行业，而财富科技也不会就此消失，二者只会相得益彰。这些变化都是呈指数型而非以线性方式发展的，而我们却不自觉地与这样的基本观念进行着对抗。正如摩尔定律所显示的那样，计算机的能力每两年就会增长一倍，上述技术将在三到五年内帮助实现今天几乎不可能实现的改变。

意见与展望

一些问题仍然悬而未决，即财富管理的监管机制将如何演进？就目前的趋势来看，监管力度将会加大，主要表现在对消费者的保护和数据的完全透明。后者与围绕财富管理的一个非常传统的问题相冲突，即客户机密与隐私。关于数据的处理和保护，目前我们可以看到两种完全不同的方法，一种是“美国模式”，即推动客户数据的完全披露和建立客户数据的开放市场；另一种是“欧洲模式”，即强烈捍卫以公民为中心的“拥有自己的数据的权利”。创新的财富管理商业模式，尤其是跨境财富管理商业模式，将取决于这两个可能存在潜在矛盾的对立面。

总而言之，财富科技正在迫使财富管理行业重新构思商业模式以及思维模式。我们可以静待技术发展并做出相应的回应，或者我们可以将数字转型视为一个比以往任何时候都更能接近客户的机会。选择权在我们手里，技术可以帮助实现“高科技 / 高感度”混合模型、财富科技驱动的商业模式，也可以成为一种颠覆性的力量，助力缓慢的变革以适应新形势。

财富管理画布——设计未来财富科技公司的框架

克劳德·戴德瑞克（Claude Diderich）博士
Diderich 咨询公司总经理

许多财富科技公司常常因为没有完全设计好自己的商业模式而面临挑战。了解技术将如何帮助投资客户满足他们的需求、完成他们的工作，是实现成功和交付价值的关键。财富管理画布为财富科技公司提供了一个从整体上设计并验证其商业模式的框架。它将创新技术与价值主张联系起来以获得一种可持续的竞争优势，是一种将财富科技创意转化为可行业务的成熟工具。财富管理画布能有效应对财富科技最重要的问题，还有助于避免许多陷阱。

许多财富科技公司之所以面临挑战，是因为它们的商业模式只专注于一个领域。首先，许多年轻的科技公司试图在财富管理领域展开竞争，依靠实施技术能力的差异化战略来为客户创造价值。它们打造有创意的用户体验（如简化客户风险分析或引入聊天机器人）、重新平衡投资组合等自动化业务流程，并期望使用人工智能算法预测金融市场。其次，这种认为自己比客户更了解客户需求的倾向，是许多传统财富管理商业模式都有的弱点，而这正逐渐蔓延到财富科技初创企业。认为投资者的唯一目的是追求绝对的正回报是一种谬论。再者，或许最关键的一个缺陷，是许多财富科技公司的商业模式都未能回答这个问题："为什么客户愿意为所提供的产品或服务支付（溢价）？"对于那些支付与使用不是同一个体的商业模式来说，情况更是如此，采用这类商业模式最典型的例子是基金选择平台、风险分析系统和投资报告工具。

财富管理画布

若要解决财富科技战略的缺陷，需要不同专业领域的利益相关者的参与，要让他们能通过一种共同的语言去相互理解。此外，确保在设计过程的早期就能够识别并修正商业模式中的潜在缺陷也是非常关键的。为了应对这些数字化时代的挑战，我将 Osterwalder 和 Pigneur（2010）发明的商业模式画布应用于财富科技行业，即如图 9–2 所示的财富管理画布（WMC）框架。

与 Diderich（2016）提出的四个战略视图相似，WMC 主要有四个方面。如图 9–1 所示，每个方面都用不同灰度的色块来表示，其中包括：

1. 客户细分以及他们要做的工作（见左上方的四个方框），重点关注如下几个方面：
    - 通过应用待完成工作理论识别客户需求；
    - 根据顾客的需求、价值感知以及为满足自身需求的支出来对顾客进行细分；
    - 通过明确建立信任的渠道，确保客户细分和产品关联；

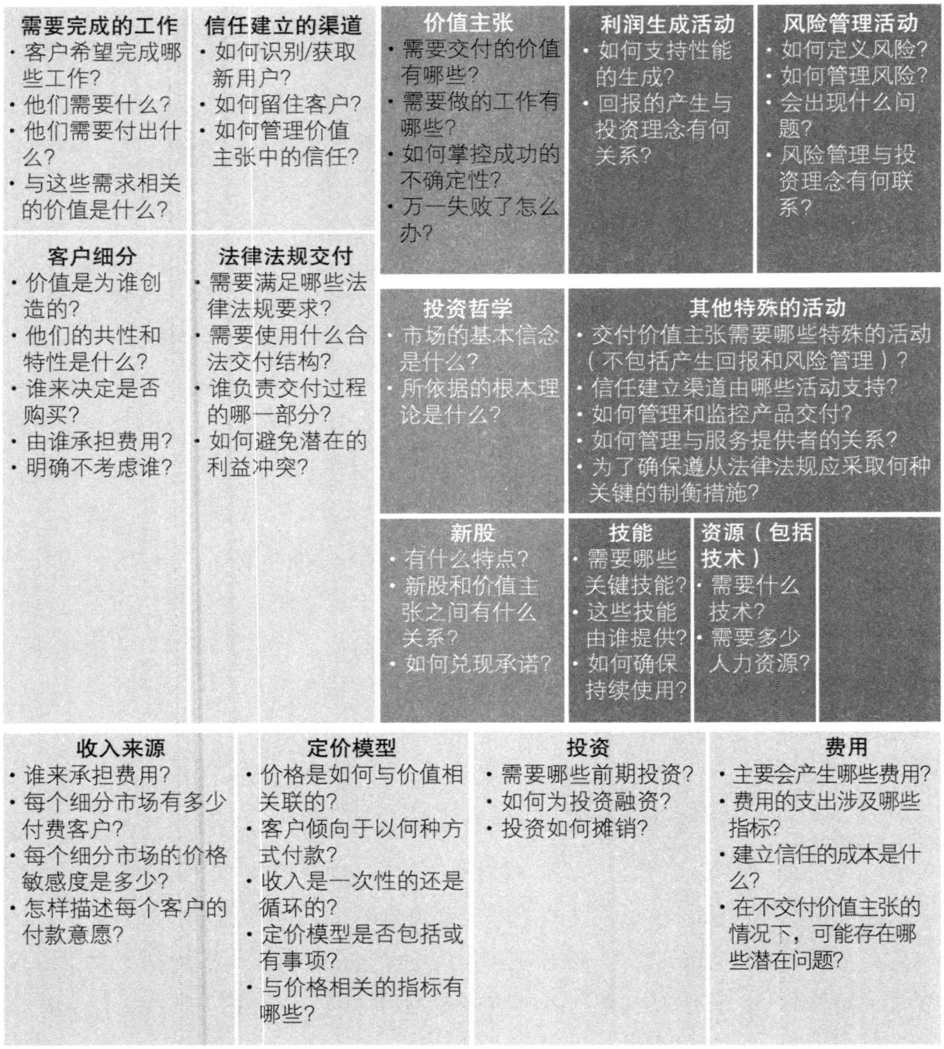

图 9–2 财富管理画布

- 确保法律法规的交付要求。

2. 提供相关的价值主张（请参阅中央栏），确保：

- 该产品始终提供所承诺的基于明确的投资哲学的价值主张；
- 同时，提供的价值主张与客户需要完成的工作相匹配。

3. 功能（见右上方的六个方框），又被细分为：

- 创造回报和风险管理活动，以及为交付事先承诺的价值所提出的方案要求和具体措施；
- 所需的技能和资源，包括获得特定的知识和独特的技术；
- 答复制造或购买决定的关键服务供应商。

4. 财务（见底下一行），涵盖了：

- 收入流和相关定价模型；
- 所需的投资及已发生的费用。

使用 WMC 开发财富科技商业模式需要与图 9–1 中所示的 17 个模块相关的问题对应，必须确保这些模块之间的一致性。例如，价值主张是否与细分市场中的客户希望完成的实际工作相关？投资理念和管理收益与风险的活动是否一致？整个商业模式所描述的一致性不是吹毛求疵，而是在实际工作中十分有效。

通过验证避免陷阱

在借鉴 WMC 设计的商业模式之前，需要回答以下三个问题：

- 从客户的角度来看，该产品是否令人满意？这个问题可以通过确保目标客户的价值主张、产品服务和将要完成的工作之间的联系，运用 WMC 来解答。这可以避免平均划分不同的客户群，需要注意的是，没有什么是放之四海而皆准的。
- 产品和相关的价值主张能够被准时保质交付吗？这意味着要确保应用的活动、技能、资源和服务提供者能够做到最好，但需要注意的是不要过度关注技术和回溯测试，这可能会延误到你的工作。
- 该产品是否具有经济可行性？这个问题意味着需要确保预期收入超过了所有已产生的投资和费用。为了评估支付意愿，WMC 的信任构建渠道起着至关重要的作用，它可以确保赢得目标客户的信赖。

设计 RoboRebalance 公司的商业模式

为了阐述 WMC 是如何工作的，本文假设为财富科技公司 RoboRebalance 设计一个模拟商业模式。假设精通技术的个人作为客户（细分客户）将自己的财富投资于一个包括 20 至 30 只股票、交易所买卖基金和共同基金并存的投资组合中。他们希望长期保持投资组合的风险不变，而不是积极地管理这些资产。他们正在寻找一种解决方案，以便在必要时重新平衡投资组合，并将交易成本降至最低。

此外，客户很关心自己的隐私（这正是我们要做的工作）。为了满足客户的需求，RoboRebalance 公司提出了一种运用软件解决的方案，该方案可以在客户的计算机上运行，并通过 API（产品）与客户选择的银行进行对接。考虑到银行特有的交易成本（投资理念），该软件利用基于已发表学术文献的重均衡算法，分析其投资组合中的风险变化，自动生成交易，如有需要还能将其送交银行执行。相对于通过云进行这个过程，在客户自己的电脑上运行软件解决了他们对隐私（价值主张）的担忧。

RoboRebalance 公司与多家银行合作，为其软件授权，目的是实现双赢（建立信任渠道），即 RoboRebalance 公司销售软件许可证，银行提供交易和托管服务。角色和责任的分离促使 RoboRebalance 进行交易计算并提供建议，而银行则负责执行并保管这些计算。RoboRebalance 仅作为一家技术提供商，不需要任何银行或资产管理执照（法律和监管交付）。

在 WMC 的功能部分，绩效由目标投资组合的回报、净成本（创造回报活动）和风险作为投资组合的波动率来定义，并使用隐含期权波动率和历史相关性（风险管理活动）进行估算。其他需要考虑的关键活动包括处理银行与软件之间的 API，以及实现和支持重均衡算法。此外，无论是在营销方面还是在技术方面（其他独特活动），管理与受支持银行之间的关系都很重要。

所需的关键技能是重均衡算法专业知识，以及通过运用 API 与银行（服务提供商）进行通信的知识，而所需的关键资源是计算投资组合特征和风险的数据（资源）。在分析模拟商业模式的经济方面时，RoboRebalance 将软件授权给客户，并收取与投资组合中需要管理的证券数量（定价模式、收入流）相关的年费。RoboRebalance 和银行之间不进行现金交易，以避免任何潜在的利益冲突。软件系统的开发是重点投资的方面（投资），必要的费用为支撑起该软件的运作，用于管理与支持银行之间的关系，处理构建信任的渠道，以及进行销售和营销（费用）。

结论

WMC 是一个用于描述所有财富科技公司商业模式的简单框架。它能够解决大多数初创科技企业面临的三大关键挑战，并提供了一种全面的能够避免仅关注技术而忽视客户需求的缺陷的方法。WMC 通过要求明确地完成客户工作并与其独特的价值主张相匹配来确保满足客户的实际需求。最后，将收入流和定价模型与价值主张相联系，保证客户愿意为交付的产品付费。

总而言之，成功依赖于以合适的价格为合适的客户群开发合适的产品。

宜家所采用的斯塔利理财方法——改变一个成熟行业的竞争舞台

亚历桑德罗·博洛尼亚（Alessandro Bologna）博士
德意志银行财富管理部门投资顾问

在等待我第一个儿子出生时，我为他准备了自己的房间。当我整理完一个在宜家买的带抽屉的柜子后，我感到非常满足且自豪，我想："我买的家具装在一个盒子里，需要我自己带回家并组装起来，可是为什么我还是如此高兴？"如果要列出那些说服我购买宜家家具的独特因素，我会提到如下几点：

- 公平的价格；
- 给人质量非常好的感觉；
- 简洁明了的安装说明；
- 现代化且吸引人的设计风格；
- 成功地完成组装获得的满足感，以及能够提前预览成品效果的示意图。

因此，我扪心自问，在一个高度成熟且饱和的行业里，坎普拉德先生运用了什么样的元素来增强了竞争力呢？我们可以清晰地看出，其与财富管理是类似的，即在一个非常成熟的市场中，必须重塑自我才能保持竞争力。此外，这给其他领域也带来了一些影响，例如，产品、流程和渠道的技术创新，以及最终客户满意度的提升、利润率的降低等。

在下文中，我将尝试找出使宜家能够提升至一个不同的竞争水平的要素，并将这些要素应用到财富管理行业的商业模式中。

该方法能够使我们摆脱当前的销售主张，并转向一种在促进价值创造过程的同时，尽量减少公关经理的典型认知和行为错误，以使顾客真正地参与并融入其中的销售主张，而这往往能够创造出最优的结果。

下文所述的模式适用于单个目标、多个目标或整体方法，它重点关注一段时间内顾客的真实需求，详细地解释做什么以及为什么做，并给出了整个周期中与之相关的检查要点。在宜家商业案例中，我们可以参考的要素有以下几点。

剥离基本元素

宜家将其家具分解为一个个基本组件，这便于它们检查每个组件的质量和一致性，这有助于统一组装后的整体效果。同样，一种先进的理财方法应该从客户的需求出发，专注于重要目标，每个目标都应该具有以下基本特征：

1. 时间范围；
2. 与目标相关的财务目标：
   - 最低可接受值；
   - 最优目标。
3. 可用资产：
   - 启动资金；
   - 周期性的资金流入及流出；
   - 为了实现目标服务的支出。
4. 其他的优先级目标。

在相应的时间范围内持续监测达到目标的程度如何。同宜家一样，这种方法的附加值是模块化的，即你可以用它来实现一个单一的目标，也可以运用于一个整体的方法，如涉及养老计划、继承、长寿以及保险范围。除此之外，多亏了资产负债管理，与养老基金使用的方法类似，你可以在具有不同时间范围和优先次序的目标之间进行上游优化。

自己学，自己做

宜家的秘诀中一个成功且与众不同的要素是 DIY 机制以及教育方式，即游戏化。这主要包括以下三个方面：

1. 客户顺利完成组装后的高参与感和满意度；

2. 对定价的影响。对于宜家来说，主要在于降低物流、运输和装配等方面成本，对于客户来说，在于退货成本较低；
3. 忠诚度。通过学习和参与组装的过程，使客户觉得他们参与了生产的过程，并对构造性逻辑和质量（经验）有一定的认知。

将客户置于一个基于目标的方法的核心是通过 DIY 让客户参与、完成并获得满足感，在财富管理中这种方式也有可能获得同样的益处。使用基于目标的投资模式具有积极的附加效应，可以最小化金融学中发现的典型错误，即过度自信和不实际的乐观主义。这种方法确保客户是该过程中的主要参与者，并对传统方法进行了双重改进。首先，这种方法将每个目标固定在确定的时间范围之内，最大限度地减少焦虑感和临时的变化；其次，金融素养及其教育必须成为重点，以帮助客户了解不同的情况及其发生的可能性；最后，价格方面所带来的利益能够转移给客户，这主要归功于平台允许基于透明的定价及收费模式来设定目标。对于财富管理公司来说，这意味着拥有一个可扩展的商业模式，且可以根据需要定制并提供支持。这个过程随着复杂度的提高，出现的频率也会相应提高。以宜家现有的模块化为例，该商业模式从完全 DIY 演变到帮助客户制定从购买到配送以及组装计划的个人助理。

在教育方面，对于一家理财管理公司来说，与宜家的产品目录类似，将目标和最佳实践方案形象化将是非常有益的，这可以通过场景分析（对其他客户实现的具体目标进行实证实验）来实现。

定价

如上文所述，由于流程的自动化而产生的规模经济可以控制客户的成本。事实上，只有平台和服务才能获得回报。选择具备最高效率和最高透明度的投资，客户立刻就会明白，他的第一笔收益来自节省下来的费用。当一家理财公司达到盈亏平衡点时，所有额外收入都将被直接计入利润，因为这种方法具有高度可扩展性，所有定制服务都是按需向客户收费的。

质量、可持续性和风险

与定价相关的质量问题以及价格与质量比率的优化问题始终存在。宜家在质量和可持续性方面有着严格的底线标准，这还可以被运用到需要高风险管理标准的财富管理模式中，不仅适用于市场，还适用于为客户的复杂选择提供正确指导建议、交易对手和供应商的监视等风险，例如，操作风险的管理和持续监控、信用风险、交易对手风险、偿付能力风险、集中度风险等。

信誉和信任

宜家这个斯堪的纳维亚品牌能够创造并长期维持，得益于几十年来建立的信誉和信任。信誉和信任不仅取决于产品的质量，还取决于客户在售后服务中受到的高度重视。同样，在基于目标的方法中，这种信誉是作为客户的合作伙伴，在正确设定和实现目标的过程中产生的结果。忠诚度可以这样来表述：这种模式并不单纯基于销售产品或服务，而是作为一种合作关系贯穿整个客户生命周期。

结论

这只是一个创新模式的简单例子，可以通过在成熟行业中混合成功商业模式的一些要素来获得。试想一下，一家传统的金融运营商通过将上述一些要素与一家科技巨头的经验相结合，从而改变了它们的竞争地位。此外，大数据和人工智能具有设定、管理并监控目标的能力，而不是管理一个大型电商品牌的用户体验、售后服务和顾客忠诚度。将优异的要素（即宜家改变竞争观念的方式）与创新的理财商业模式（即基于目标的投资方法）和运用基于用户体验、渠道和人工智能的颠覆性平台来支持决策（即科技颠覆）三方面结合起来，打造一枝独秀的全球财富科技集团则指日可待。

金融科技和财富管理面临的挑战

彼得·盖伊（Peter Guy）
《亚洲监管》（*Regulation Asia*）主编

如今，技术正在重塑私人银行和财富管理。客户的反应和受益将决定财富科技的未来。

新兴技术正在推动整个银行业的重大变革。财富管理和私人银行服务的意义，正在被能够提供前所未有的数据、信息和建议的技术所颠覆。这场革命已经对投资决策的制定方式产生了影响。最重要的是，客户与私人银行之间不断发展的关系正在改变未来的资金管理方式。

与新技术相关的监管变革也正在重塑银行业。它们改变了从支付处理到资产管理的传统银行业务中的竞争、服务和产品。金融监管已经将某些金融服务活动从银行转移到非银行，这促使了一类“影子银行”的出现，如 P2P 贷款机构和用于财富管理的智能投顾。金融产品和服务之间的传统界限正在逐渐变得模糊。

技术已经成了进入市场的敲门砖，降低准入门槛才能使新兴机构足以挑战大银行。大数据分析和新的分销渠道使得科技初创企业能够颠覆传统的银行业务，其中大部分发生在消费贷款领域，但私人银行和高净值财富管理部门也正在改变。

承诺

在过去的五年中，监管机构已经从金融科技的前期发展中受益。监管机构和金融机构能够通过观察大量初创企业，确定哪些模式是可行的。适应性措施，例如，允许金融科技初创企业拥有自己的监管“沙箱”，促进了该行业的爆炸式增长。

金融科技的最终希望来自其将银行服务拆分为基本功能并重新定价的潜力。在财富管理领域，推动这一趋势的行业新进入者有智能投顾等，而现有的金融机构通过实验和采用新技术，在现有商业模式的基础上，反而将变革复杂化了。

在投资者、监管机构和金融机构的运营预期与实际回报的复杂组合中，金融科技正在进入一个更为艰难的阶段。它们需要识别、评估和应对金融科技创新带来的风险。如何减轻这些风险或限制技术，是一个宏观的、关乎技术和管理的问题。

例如，在区块链的问题中，有一个内在矛盾尚未解决，其最重要的概念是交易对手之间的匿名。然而，出于安全和监管等方面的原因，金融机构和市场的运作方式需要透明度和对当事方的认定。但在这一方面的妥协会将区块链简化为另一种形式的数据堆栈，使其难以实现最初的承诺。

脱媒现象：总是不可预期的

技术造成的脱媒现象正以不可预测的方式影响着银行业，这种现象可以被称为“供应的模块化”。

更多的财富管理业务正在日益增强的数字能力和可用性的背景下展开。自由裁量管理正在被像 Mint 和 Nutmeg 这样的智能投顾侵占。客户正从现有的传统私人银行服务提供商转向这些方面。

一位全球私人银行家表示：“现在面临的挑战在于如何在数字环境中提供定制化的投资建议。传统的咨询模式是在人与人之间进行的。但是，银行正在考虑将其与人工智能和智能投顾相结合。”

他预测称：“这将导致一个无须人工参与的标准化咨询过程。在五到十年内，实现数字化是可行的，且能够实现端到端的分析并设定投资目标。”

整个过程包括场景构建和投资组合风险管理，即通过仪表盘构建和运作能够进行预警和管理的投资组合。投资组合可以以一种人性化的方式进行平衡，调整风险水平，但这个过程不需要太多的人力参与。

高端私人银行需要深入了解每个客户的需求，同时提供一套全球性的产品。应对不确定的技术变化趋势，最好从客户的角度出发。“最好的技术解决方案将客户视为起点，”一位私人银行家表示，“当我们掌握着客户的投资组合时，他们想要了解我们运作投资组合的相关信息。这不是针对传统服务的竞争，而是对传统服务的一种补充。”

与客户的沟通也在发生变化。在这个方面的创新就是打开差异化的、易于访问的沟通渠道，从而更快速地接触到客户。

财富科技面临的阻碍

金融科技的创新在中国取得了相对较大的进步，这并不奇怪。原因在于，中国不断发展的银行体系和监管框架，必须应对服务于全球最大、增长最快的客户群的影子银行业。西方经济体和金融体系仍保留着难以适应和协调监管要求的历史体系。新兴市场的金融科技趋势往往能够绕过现有技术，并创造更大的金融包容性。

然而，金融科技是受监管最严的科技行业之一。若要评估其相对收益和风险，政府必须从本土和国际的角度，考虑其在对投资者的保护、市场公平和诚信以及金融稳定性等方面的影响。

金融科技初创企业的监管规划不能局限于地方或国家的信息披露要求。作为金融稳定委员会主席，英格兰银行的马克·卡尼（Mark Carney）提出质疑，即金融科技如何以及在哪些方面可能对金融稳定性产生风险。

卡尼于 2017 年 1 月 25 日在德国央行 20 国集团会议上发表讲话时表示：

> 在这一过程中，系统性风险将不断演变。客户忠诚度的变化可能会影响银行融资的稳定性，新的承销模式可能会影响信贷质量甚至是宏观经济动态。
>
> 新的投资和风险管理模式也会影响市场运作。大量的应用程序和新的基础设施可以降低成本，提高资本效率，还有可能创造新的关键经济功能。

金融科技公司对非中介金融服务的威胁或承诺受到监管标准的制约，这些标准要求另一种描述下代表传统银行活动的职能也应受到这样的监管。因此，对于包括期限转换、杠杆创造和流动性不匹配在内的与信贷中介相关的系统性风险和产品，无论如何进行监管，都应该一视同仁。

卡尼质疑技术发展将改变现有受监管公司的安全性和稳健性的方式。为具有系统重要性的市场明确界定宏微观经济、金融和监管反应是必要的。他提出了一个疑问，随着金融科技活动变得系统化，这些活动将需要更多的运营监督。

金融科技以及下一次金融危机

金融危机是周期性或长期性事件。现代国家和国际金融体系特别容易受到危机的影响，并且其本身就容易出现恐慌和挤兑。

对于试图遏制金融恐慌的监管机构来说，金融科技公司和影子银行可以放大挑战。它们可能会降低个人和机构相互逃离的动机。任何未能扭转恐惧水平的举措，都可能导致金融体系出现更大范围的崩溃。

这种脆弱性不意味着它们不能变得更安全。事实上，失败会促成适当的管理激励，并鼓励创新和更新。政策制定者应该尝试建立一个体系，在这个体系中，那些不受监管或监管不力的影子银行业，不会允许某个特殊事件引发系统性危机。

金融科技如何在下一场危机中发挥加速和加剧的作用，仍是一个悬而未决的问题。

信息过载风险

私人银行客户已经拥有了在智能手机、平板电脑和台式设备上显示的金融数据和研究报告，这是前所未有的。银行如何在整个客户关系中交付、呈现和解释所有这些信息，对于如何构建和管理投资组合是非常重要的。随着能够从银行和互联网中获得海量数据，获得明确性和相互理解将成为一场持续的斗争。

一家欧洲私人银行的信息技术主管表示："大数据是不断进化发展的。银行仍在努力管理大量内部数据，同时遵守保密法和记录管理规定。"

他指出："客户经理需要帮助客户做出技术和投资决策。在客户－顾问关系的开始阶段，明确定义客户希望每天接收的信息数量是必要且实际的。"

他还注意到，客户和银行都在对技术起推动和拉动作用："不仅是精通技术的千禧一代，所有人都在接受重大的技术变革带来的变化，他们被自己的需求和不断寻求改进的力量所驱动。这些变化是推动因素，而非制约因素。"

针对不同的客户，新工具的使用方式也不同。新兴技术可以更好地监控和呈现风险场景。即便如此，与平板电脑相比，高净值人士通常还是更喜欢纸质的产品。

客户经理以一种更有意义的方式改善与客户的沟通和对话频率。他们可以更好地为会议做准备。

但是，利用一系列分析工具获取信息的能力并不能减少市场和投资机会的不确定性。 一位战略管理顾问表示："如今，人们使用了许多不同的工具，但市场的不确定性依旧存在。尽管有这些信息，但不确定性很高，对服务的需求也很高。"

该顾问指出：

智能投顾的普及表明生活规划一直是顾问的难题，因而智能投顾算法是有用的。事实证明，数字平台更直观且便宜。

有很多可用的数据。问题是该如何捕获并整理它们，以为客户提供有用的建议。相对于自己的生活方式和目标，客户需要对投资的风险和回报更加放心。实际上，更多的信息不一定有利于这种特定的动态。

科技世代碰撞

千禧一代是金融科技重新定义金融服务和产品的先锋。然而，更年长且更传统的高净值客户也在重新定义私人银行业务。

随着千禧一代年龄的增长，他们会习惯于数字化体验，但他们也可能想要见一见客户经理。同老一辈一样，千禧一代仍在根据经验和服务选择银行。但一个关键的区别是，他们不再需要任何书面信息。

一位财富经理表示："完全通过数字渠道为客户提供服务的能力将成为行业标准。各大银行将能够在一般银行所能提供服务之外的领域提供产品特性和专家。"

投资业绩的波动以技术无法应付的独特方式影响着每个客户。

当客户收益不佳并造成损失时，也许是损失了大量资金，他们会想找个人谈谈。投资是结果和情绪的混合体。季度会议讨论客户的投资组合，而感受和目标是投资组合再平衡过程的一部分。

在金融科技领域，最容易被忽视的机会之一是找到一种方法来增加即时通讯的应用，以便与客户进行沟通。尽管它在其他地方很常见，但由于种种原因，银行对于它的使用速度一直很缓慢。

一位财富经理表示："与电子邮件相比，它更有效也更受欢迎。虽然电子邮件是一个标准的企业平台，也是许多行业重要的变革平台，但它将逐渐消失。因此，即时通讯的涌现是当今最重要的技术变革。然而，其安全性和合规性仍然是关键问题。"

对于正在开发和推出的所有新服务和平台，无论出现何种变化和惊喜，私人银行和财富管理客户都应该受益于个人服务和技术的结合。

"洞察即服务"的认知决策

保罗·西罗尼（Paolo Sironi）
IBM 公司 Industry Academy 学院

曾经有一段时间财务数据稀缺，订单是由手工收集并执行的，市场数据主要是在电子表格上处理的，如今那个时代已经不复存在了。

曾有一段时间，金融信息通过传统媒体传播，人们只能通过阅读报纸或收看新闻来获取这类信息，那个时代同样已经成为过去式。

在当今数字时代，决策的制定需要个人及其理财顾问处理海量的数据并获取新闻背后的投资见解，实时了解价格、企业交易、市场变化、经济利益、政治转变和人类行为之间的非常规关系。

随着市场变化的速度越来越快，理财公司需要以一种及时且易于理解的方式向一线投资者提供基于洞察力的决策。这需要在投资管理运营方面进行哥白尼式的变革，向实时数据分析开放基于风险的体系结构，并允许前端数字应用程序运用投资分析并使其可视化，而这些以前仅限于极少数风险部门和交易大厅使用。幸运的是，最近的金融科技创新正在改变技术架构的方式，为世界与金融技术交互方式的改变提供了机会。由于数据和信息现在流动通畅，分析支持决策也应该是敏捷且灵活的，以便设计不失一致性的替代投资经验，从而增加工作流程的价值。到目前为止，金融技术都是围绕特定的工作流程架构的，这些工作流程是由特定的客户请求或他们解决问题的方式所驱动的。创建稳健的金融服务平台，托管一组模块化的金融科技微服务，是数字时代解决投资决策的重新设计问题的应对方案。

微服务是组装工作流程的基础。一个复杂的应用程序可以通过串接各个组件来构建，而不是试图对刚性容器进行细微的调整。就像在地震期间，刚性建筑没有机会去适应哪怕是很小的地形变化，因此这些建筑变得脆弱并损毁。相反地，微服务是一种灵活的基于 API 的分析，可以通过基于云的投资平台对其进行访问，并以一种匹配目的的方式使用，通过调用新的计算、删除过时的资源、随着市场和情绪的变化混合各种投资信号，增强决策的灵活性。将投资分析解构为一套流线型微服务，并将它们托管在可扩展的平台上，可以运用机器学习技术来利用这个强大的数据驱动的、基于信息的“洞察即服务”集群。认知过程可以分层进行，旨在比封闭、不透明的软件包更容易进入流线型微服务。这个由机器学习技术构成的认知层是最终的游戏规则改变者，因为它在可操作见解的基础上增强了投资者的智慧。

在实践中如何实现

由于投资见解可以作为场景建模和测试，因此可以将一组基于不同场景的风险管理功能作为微服务，使为特定业务问题构建解决方案更容易。由洞察力驱动的场景生成工具可以为特定风险因素的转移构建模式。认知计算扩展了风险因素与有价证券资产之间的硬联系。风险的来源不再是风险因素本身，而是时间点和短期“洞察力因素”，这些因素可以通过机器学习的过程获得，该过程能够将投资组合之外发生的事情与投资业绩的潜在变化联系起来。风险因素不过是认知洞察与最终投资之间的纽带。显然，随着现代数据和信息系统变得越来越复杂，为了根据给定的认知洞察采取行动，数字可视化能够创建足够的透明度，这是至关重要的。因此，“知识图谱”对于利用相关企业、竞争对手、主要员工、供应链、参考市场数据，以及表面上看起来毫不相关的事例中可能蔓延开来的数据至关重要。自然语言处理可以将新闻文章分解为实体、关系和概念。确定它们之间的相关性，就可以简化为寻找文章和知识图谱之间的联系。

基于“洞察即服务”构建的微服务，以及场景分析基础上的认知功能构架，对整个行业产生了深远的影响。这样任何理财顾问都可以抽离行业内部的复杂性对于类似“这篇新闻报道对我的投资组合意味着什么”或者“我到底投资了什么”等客户的一些担忧，可以通过单击鼠标来解决。这对客户来说很有价值，因为他们需要这些信息以便更自信地做出投资决策。这在本质上就是知识的数字化。

为什么知识数字化会成为投资管理的规范

自 20 世纪 50 年代现代投资组合理论（MPT）首次被提出以来，金融市场经历了结构性变化。在 20 世纪 80 年代初金融管制放松之前，市场和金融产品都非常简单（第一个固定收益指数出现在 20 世纪 70 年代），MPT 是基于均值 – 方差假设的简单时代的一个传说。MPT 假设投资是对称的，在这个前提下，适合所有人的最优投资组合可以为存在不同风险状况的美国家庭创造前所未有的财富。

随着 20 世纪 80 年代的到来，西方世界步入了一个更加不对称的阶段：市场高度动荡，金融产品变得高度复杂，如结构金融和次债。这使得金融机构有相当大的权力来利用信息不对称进行交易，并将市场观点作为主要的财富管理叙述，这种情况一直持续到全球金融危机爆发。全球金融危机之后，监管力度加大，投资决策的透明度加大从而减少了金融市场信息的不对称。虽然市场仍然非常复杂，但是金融产品正在逐步简化（详见被动投资的兴起），同时透明度成了新的咒语。正如专业人士几十年来所研究的那样，拓展的 MPT 认为最优投资组合可能根本不存在。在风险和成本的透明度更高（以减少信息不对称）、低利率以及利润压缩、风险因素之间存在独特的相关性、市场敏感信息比以往更快的的现状下，投资经理的关注点正转向为最终客户创造真实且可感知的附加值。这意味着可以通过提供对金融市场风险和不确定性的直观洞察，帮助投资者和顾问优化决策。基于情景的景化主要集中在新闻和事件如何转换为场景的认知对化上，潜在影响投资业绩。这成了一个强大的属性，可以促进基于对金融风险有着更好理解的参与机制，并激励了基于“洞察即服务”的更健全的决策过程的构建。

用更少的钱办理更多的银行业务

里诺·博里尼（Rino Borini）
Finance 2.0 联合创始人

所有的一切都开始于全自动化证券交易所，接下来是数字经理，即智能投顾，而赢家是客户。全球金融业面临的挑战是必须彻底反思其商业模式，并适应当前新的数字和移动趋势。这一发展包括新的颠覆性 P2P 技术（从计算机系统到计算机系统），以区块链为例，它将彻底改变全球金融市场的基础设施。

客户希望从这种新的简单性、透明性和灵活性中获益。

如今，零售银行业已经感受到了巨大的压力，但即便是在财富管理业务和产品实验室，即资产管理领域，也将进行根本性的变革。基于技术的应用程序使金融服务能够直接交付给客户。其潜力巨大，这也使得中间人变得不是那么必要了。客户希望从这种新的简单性、透明性和灵活性中获益。他们希望不论他们身在何处，正在使用什么设备，都能够24小时访问他们的资产信息或管理他们的资产。客户与银行之间的接口正在被重新定义。

回到未来

财富和资产管理面临挑战并不是什么新鲜事。20年前，瑞士证券交易所推出了世界上第一个完全电子化的证券交易所。实物公开叫价交易已经过时了，而这一过程的每一步，即从证券交易指令的下达到结算，都是完全自动化的。基金行业将实施投资民主化的下一个渐进步骤。

当第一批交易所交易基金上市时，基金行业将新竞争对手“杀”得片甲不留。目前，ETF行业管理的资产超过3万亿美元，年增长率高达到两位数，这是主动型基金梦寐以求的。

现在，所谓的智能投顾平台可以实现更大程度的自动化。它们在算法的帮助下管理客户的财富，并提供前所未有的用户体验。需要指出的是，“robo”这个词有点误导人，因为平台背后仍然由人来操作。

ETF引领潮流

在客户成为智能投顾的用户之前，他们承担风险的能力是通过在线问卷来评估的。根据所得到的投资者信息，该算法能够在几秒钟内计算出合适的资产配置。在大多数情况下，这种资产配置可以建立大约六个标准投资组合，它们适应于不同的风险倾向，即从保守到平衡到激进。这些投资组合是以ETF为模型的。投资者受益于较低的费用和极大的自由度，因为指数基金像股票一样可以在任何一个证券交易所的交易日进行交易。这些数字基金经理对那些经验丰富的投资专家多年来一直在宣扬的理念进行了实践，即不考虑情绪因素，仅按照严格的标准管理资产。许多银行家都嘲笑这些数字经理，但许多金融专家不明白的是，当前形势并不是线性发展而是指数激增的。

多亏了这些平台，投资者只要有一定的最低额度，就可以像专业人士一样投资自己的资产。但是革命才刚刚开始，在行为经济学和游戏化方法的帮助下，技术进步将使顾客享受到更好且更准确的分析。

这只是其中一方面。当把不同的科学且经过实践检验的投资策略放在一起时，会产生令人激动的化学反应。一旦策略展现出一组清晰的规则，就可以作为算法的基础整合到数字资产管理平台中。

几十年前，马科维茨、法玛和弗兰奇等领先的经济学家奠定了这一基石。如今，多亏了实时的市场数据的获取以及技术稳定的进步，科学理论才有可能以数字方式进行建模，并用证券实物实现。这条路是由高成本效益的 ETF 铺成的。

纯粹的民主化

在这样的发展背景下，我们可以称之为 Robo Advisory 2.0，实现诸如动量、风险最小化、规模效应和价值策略等都不是问题。这还不是全部，一旦你设置了技术并定义了接口，按照逻辑顺序，接下来是打包客户特定的投资策略。要做到这一点，你不再需要昂贵支持基金。正如上述所提到的，任何基于规则的策略都可以数字化。这些不一定要通过 ETF 来实现，你也可以用世界各地的个人证券来完成。这为客户提供了一个全新的可能性，即未来将不再需要基金或 ETF 等组合投资工具。提供者和客户之间的共同参与关系将转为纯粹的民主化。

意想不到的可能性

第四阶段是发展阶段，虽然还不能预见，但绝对是真实存在的。多亏了人工智能，重新定义的不仅仅是智能投顾和客户之间的接口，还有客户与其他客户之间的接口。我们要准备好迎接社会投资。人们可以把投资策略和证券交易作为制定自己投资组合的灵感，或者他们可以一对一地复制其他成功投资者的投资组合。这个方面存在争议的点是缺乏建议。当然，许多人不愿意在没有个人建议的情况下做事情。事实上，我们已经可以看到混合模式的第一个迹象了，即无论是数字的还是模拟的并不重要，二者都存在可能性。最终是由客户决定他们想要以更低的成本进行多少数字化工作，以及他们想要在顾问的支持下管理哪些资产。未来是属于混合模式和完全数字化平台的。在所有这些进步中，最大的赢家是客户，他们以更低的成本获得了更多的银行业务。但最重要的一点是，客户能够在管理资产方面获得更大的灵活性。

人工智能如何帮助智能投顾提供完胜传统投顾的建议

米甲·鲁然斯基（Michal Rozanski）
Empirica S.A. 公司创始人兼首席执行官

大多数金融顾问都对智能投顾持强烈的否定态度。他们说，自己的客户非常重视人性化，而他们也确实通过广泛的人际交流去了解客户的所有想法。言下之意，他们才是投顾市场的正确导向。但是他们错了，不久之后，智能投顾所给出的建议将超越传统顾问。

在本节中，我们将与你分享一个非常重要的分析结果，即机器学习的应用程序在促使财富管理步入下一个阶段所产生的影响。

什么是人工智能？我们为什么要去关心它

“计算机只能做它们被编程要求做的事情。”我们来解释一下为什么这是一个巨大的误解。人们之所以这样认为，是因为计算机的处理能力和内存容量有限。大多数模拟专业智能的高级程序，即专家系统，实际上是围绕一组基于特定领域专业知识的规则编写的，没有真正的智慧，只有程式化的规则。但是还有一种可以使计算机的工作方式更接近人脑功能的编程方式，它基于展示解决某些问题和预期结果的方法来运行。通过这种方式，配备了足够处理能力、内存和存储的计算机能够识别照片中的物体、驾驶自动驾驶汽车、识别语音，或分析任何显示出一定规律的信息。

在对大量信息进行分析的基础上，我们正步入一个在与推理有关的活动中人类被机器超越的时代。正因为如此，未来几年金融和财富管理都将发生巨大的变化。

真正的建议：计划与执行相结合

将长期积累财富与客户银行账户所反映的当前财务状况相结合，是财务管理亟待改进的一个领域。对于智能投顾来说，与银行 API 的集成为海量数据打开了大门，通过分析这些数据可以极大地提高向客户提供建议的准确性。

通过将机器学习能力应用于管理客户的月度收入和支出数据，财富管理公司将获得一个将客户的长期财务目标和当前的支出模式相结合的独特机会。此外，还存在潜在的税收、抵押贷款、贷款和信用卡的成本优化，以及使用支出的历史信息来预测未来支出的能力。通过整合来自社交媒体的数据，智能投顾系统可以检测一个人的生活状况、工作、地点、婚姻状况或薪酬等方面的重大变化，这将可以在非常细微的层面上自动实时调整投资策略，而这是人工顾问所无法提供的。

投资组合经理的强大工具

基于人工智能策略的对冲基金，在过去五年中取得了高于平均水平的业绩。有趣的是，随着机器学习技术的飞速发展，人工智能与其他策略之间的差距在过去两年中越来越大。机器学习技术在项目组合管理中的主要应用可以根据以下领域进行分类：

- 根据市场数据、财务报告、不同国家的新闻、社交媒体等来源的实时信息进行预测；
- 分析公司的历史财务数据，根据同类公司过去的业绩预测该公司的现金流和重要的财务指标；
- 分析管理层在社交网络上的公开声明和活动，以核查他们过去的言论、行动和结果的诚信度；
- 通过寻找符合风险组合要求的不相关工具，以帮助实现精确的投资组合多元化；
- 正是因为以预期风险状况、资产类别和时间跨度等目标为参数的投资战略的诞生，一套可用于实现假设的预测模型随之产生。

以机器学习的准确性问题为例，情绪分析和文档分类的算法已经达到了可接受的水平，远远超过 90%。

自主执行

当涉及投资组合分配和再平衡策略背后的实际订单的执行时，许多智能投顾都在使这些流程自动化，将生成的订单传递给经纪业务系统。下一步将是自动执行算法，这些算法将考虑到不断变化的市场形势，并从导入的数据中学习，从而提高投资效率并降低成本。

机器学习可以被应用于趋势跟踪、模式识别、均值回归、动量等定量策略，也可以应用于统计套利的预测和优化，以及配对交易。此外，可以在已经相当复杂的执行算法中应用机器学习技术，这些算法可以在不影响市场的前提下，将大订单分成数千个规模较小的交易，同时根据市场情况来调整它们自身的积极性。

有趣的是，算法还可以被训练以应对市场崩盘等罕见事件，并可以在知道恐慌行为模式和流动性短缺的情况后的几毫秒内做出正确反应。

解释市场

如果投资组合估值是通过智能投顾系统实时提供给客户的，那么对市场情况的解释亦应如此。每次客户登录智能投顾时，他们应该看到所有必需的投资组合信息，以及与他的投资组合内容相关的市场信息摘要。这个过程包括从投资者的投资组合中选择适当的关于公司的文章或报告，对负面以及正面的消息进行分类汇总，并提供简要的概述。

此外，机器学习算法可以用来发现客户常阅读哪些文章，并仅呈现先前客户打开和阅读过的文章类型。

其最终结果将不仅是提高客户对市场的理解，还包括通过向投资者提供具有吸引力的内容，以提高他们对投资组合战略和财富管理服务的参与度和忠诚度。

对话机器人

结合语音识别技术的对话界面，使得智能投顾能够准确地解释市场形势，从而使其以一种自然的、以对话形式为主的方式为客户提供财务建议。

语音识别仍处于开发阶段，但它很可能是重新设计人机交互的最后一个障碍。另一方面，由于深度学习，聊天机器人技术和问答系统比以往任何时候都更加可靠。Kasisto 的聊天机器人平台 KAI 已经接受过数万次投资和交易互动训练，并且已经处理了 95% 印度数字银行客户的查询请求。

通过行为分析减少客户流失

追踪所有客户行为并进行分析、在海量数据中找到共同模式、做出预测并为基金经理提供独特见解等，这些能力为基金经理提供了一种以前无法使用的强大的商业工具。如果投资组合结果或市场状况所导致的紧张情绪可以在系统内的用户行为中观察到，又会怎样呢？这些信息，连同投资结果和其他投资者的行为模式，可以让财富管理公司提前预测客户流失情况并提前给出应对方法（如图 9–3 所示）。

在与使用我们的智能投顾解决方案的财富管理高管交谈的过程中，他们表示，行为分析是目前他们的流程中最重要的进步之一。客户不仅会在投资结果不佳时选择离开，还会在担心当前良好结果在未来是否还会发生时选择离开。因此，及时提供针对市场变化和当前投资组合情况的建议和解释是至关重要的。

与我们用于解决行为分析问题相同的模型，已经被证明可以预测 93.07% 的信用欺诈案。

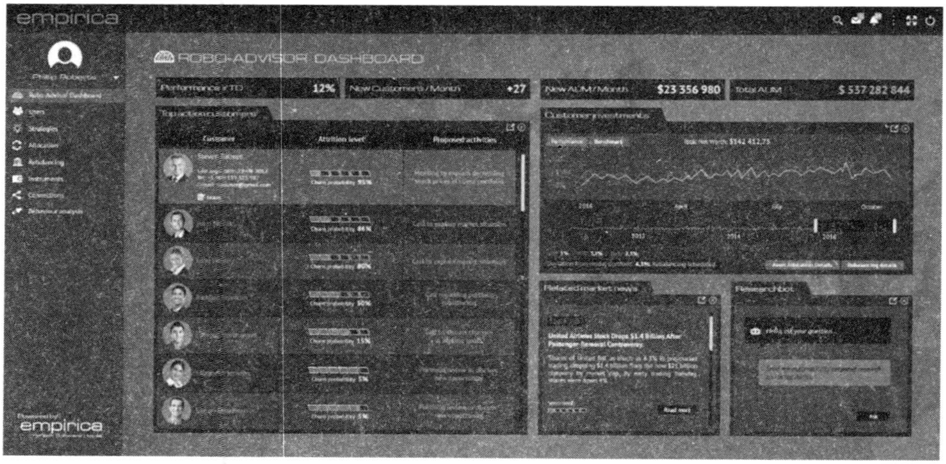

图 9–3　机器学习应用于减少客户流失的智能投顾系统

结论

其他在支持财富管理服务的流程中应用机器学习的领域包括：

- 基于欺诈检测的安全性领域，主动地学习识别新的威胁；
- 对同类客户所选择的金融产品进行推荐，完善销售流程；
- 对客户进行心理剖析，以便更好地了解客户在不同投资情况下的反应；
- 税收细微差别的分析与导航；
- 房地产估价及建议。

如本节所述，在智能投顾系统中实现人工智能功能，将是市场财富管理公司迈向差异化的重要一步。今天的财富管理工具集在五年后将截然不同。选择一个开放和创新的智能投顾系统来应对这些未来的挑战至关重要，同时财富管理公司应将数据分析过程纳入其中，并利用这些数据帮助客户，这也是非常重要的。

人工智能即将改变财富管理行业。它建立在现代软件平台上，将不同来源的数据组合起来进行处理，并将其转换为相关的财务建议。如今的财富管理行业已经开始从数据收集系统向帮助财富管理公司理解数据的预测系统转变，从根本上来说，财富管理就是要了解市场和客户。

财富科技未来的安全

布鲁诺·埃斯特维斯·马塞多（Bruno Esteves Macedo）
金融技术和数字银行演讲者，商业架构师

过去几十年，互联网相关技术取得的技术进步，带来了一个大胆的新世界和广泛的金融科技数字转型。从移动互联网、自学习人工智能、机器人学、大数据分析和自动驾驶汽车，再到物联网，随着社会的日益数字化、24 小时联网，我们正处于范式转变的开端。历史上，老牌金融机构被看作最能抵抗技术颠覆的行业。然而，如果它们想要跟上这个新的金融社会，就需要研究新技术以及合作解决方案。

常规的金融技术挑战

如今，金融科技正呈指数型增长，预计到 2020 年，该行业将管理 2.2 万亿美元的资产，其在管理相同数量金融资产的同时，将通常线下和耗时的金融流程纳入在线毫秒决策，会引发了一系列安全问题。金融机构基本上是在试图将其传统业务转变为以数字为中心、以云计算和移动设备为基础的业务，将它们的服务迁移到低资本成本运营、以数据获取为重点、从人工服务转变为基于算法的服务、监管套利和以风险管理向客户转移为重点的业务。这是一个巨大的改变，通常需要几年的时间，但现在则要求在几个月内完成，并通过外包来加快这一过程。这些因素的组合也引起专家关于安全的讨论和关注。在涉及安全和风险问题的整个过程中，各国政府和金融机构有多谨慎？

本节将基于我在金融科技跨国行业最近三年的经验、活动和讨论。它主要为了提高讨论金融科技安全性挑战的重要性和紧迫性，以便各国政府和金融机构有意识地扩大并大力投资金融科技行业，同时期望新进入者能够保持，甚至提高其安全性与审慎性。在本节中，我选择了四个观点，并且我发现这四个观点存在于大多数对话中，即业务、技术、人力资源和一般监管。需要澄清的是，由于本节的性质和范围，我无意深入研究学术或技术财务安全的细节。

技术安全问题

在金融机构中，银行一直在努力研究、开发、吸收和应用新技术，以快速应对其表现不佳且过时的核心银行系统（CBS），这些系统几乎都不支持当前关键的流程。随着成本以及不稳定环境不断带来新的压力，金融机构目前对于其 CBS 在回应客户、风险管理和跟上技术进步等方面缺乏信心。这些内部障碍、雄心勃勃的企业家、急切寻求创造就业机会的政府、创新技术以及消费者需求，一直在推动着金融科技的发展，而这些都被视为解决之道。

金融科技被认为是现代淘金热，其全球投资额已经超过 138 亿美元，并正在为那些能够在金融服务领域引起紧急金融创新的新兴组织铺平道路。然而奇怪的是，从技术安全角度来看，近期对于金融科技行业所面临的压力是否已经得到了解决这个问题，似乎很少进行直接的讨论。新兴金融科技公司每年都会遭遇数千次安全攻击，其中一部分造成了严重的破坏。然而，它们仍然受到压力，并需要扩大服务范围，迅速发展。这些创立平均不足五年的新兴公司不具备大型电子商务互联网行业参与者的技术知识和经验，却被要求处理大量的个人数据和财富。从另一个角度来看，金融科技公司通常并不总是遵循相同的内部银行信息技术限制和测试，即便要这么做，也倾向于在较晚的阶段进行，因为通常情况下在项目开始时成本有限。

那些明明存在却被人们忽视掉的问题在于，这些年轻的科技公司见证了与日俱增的服务渠道、商务订单以及网络攻击后，是否真的能像亚马逊、微软等大型电商公司一样，安全地处理大量的私人且敏感的数据。对于未来而言，至关重要的是，作为未来财富科技的基础，我们拥有最优秀的电子商务技术以及最优秀的银行安全实践。

人力资本安全风险

金融科技专业人士通常将传统金融、互联网技术和金融监管专业知识结合起来。奇怪的是，从经验上来说，银行内部的 IT 部门应该拥有这些专业人员，但是这些专业人员仍然很稀缺，这导致目前人力资源部门迫切需要具有技术、金融和监管技能的金融技术专业人才。

寻找纯技术专业人员似乎不是问题，因为金融科技行业的软件开发人员与其他基于软件的行业没有什么不同。然而，要找到具有企业银行安全经验或类似金融知识的开发人员就很难了。对于未来的财富科技安全开发来说，这可能是一个挑战，因为每个存在这种知识短板的开发人员都要有具备必要商业知识人员的密切监督。否则，一些失误将更有可能发生，例如，错误的随机或金融模型、金融数据丢失或损坏、财务相关隐私和安全缺失或不足等。

近年来，随着金融科技行业的崛起，受到金融危机和成本压力的影响，传统金融行业的员工数量有所减少。德国商业银行、德意志银行、美国银行和花旗银行等大型银行已经率先削减人力资本，或打算将它们的雇员裁减至数万人。这为不断发展的金融科技行业提供了一个完美的人才转移。然而，人力资源经理似乎面临着文化冲突的挑战，因为在一个具有创业精神的初创企业环境中，高薪酬、多福利且倾向于规避风险的金融专业人士往往会感到不自在。即使被成功聘用，他们也可能需要一些时间来适应，并且可能很难留在年轻的金融科技公司中，因为大型电子商务公司总是在寻找能给出有吸引力的建议的优秀人才。因此，从传统金融机构拥有大量专业员工的情况来看，我们现在正转向一种通常情况下在云上运行的新商业模式，该模式仅需要少数具有金融和技术经验的员工即可。

监管安全风险

金融机构的监管至关重要，尤其是在金融危机造成颠覆性影响之后。监管机构的行为是基于风险方法的，比起年轻的金融技术公司，它们更加关注银行和其他大型金融机构，尤其是在发展的早期阶段。因此，金融科技公司倾向于尽可能晚地对符合监管要求的财富科技做出回应，这引起了人们对服务和私人数据安全性的担忧。

在财富科技安全性的未来，监管机构面临的挑战是保持足够的灵活性，让新的财富科技公司在保持与目前一样的有效性的条件下，以更低的成本出现，而不是放缓或损害现有市场和新兴市场。银行和金融机构在每个阶段对金融科技公司财富科技外包的要求都必须非常高，因为它们最终有责任遵守所有所提供服务的相关法律法规，包括金融科技合作伙伴提供的任何产品或解决方案。

结论

尽管金融科技公司创新、降低成本、为新业务提供资金并承担风险，该行业仍旧期待它们将比以前更加安全谨慎。结果是金融科技公司的专业人士有时会使用大量的金融数据，这些人可能没有任何传统银行的实证经验或大型电子商务企业的技术诀窍。

金融机构、银行、投资者、合作伙伴和政府的需求巨大，而金融科技公司拥有提供解决方案的绝佳机会。尽管该行业存在越来越多的安全问题和亏损，但财富科技的创新不会就此放缓。这将在不久的将来带来安全挑战，而在许多情况下，这些挑战被持续低估、误判或忽视。从今天开始，财富科技领域的安全未来必须成为各国政府、金融机构和金融科技公司的首要任务。

中国是如何塑造财富科技和金融服务的未来的

亨利·阿尔塞利安（Henri Arslanian）
普华永道香港公司金融科技及监管科技领袖

在过去五年中，不论是在创新方面还是应用方面，中国已经成为 B2C 金融科技的全球领导者。从支付到 P2P 贷款，中国的大型科技公司和金融科技初创企业已经改变了整个行业。但是中国能否塑造财富管理行业的未来并抓住高收入阶层？随着来自中国的创新重塑了全球事务的运作方式，中国模式能否成功输出？

中国的财富管理机遇：从高净值人士到高收入阶层

中国即将成为全球最大的高净值人士市场之一。2015 年，中国估计有 200 万高净值人士；预计到 2020 年这一数字将翻一番。在此期间，中国的个人可投资资产预计将从 113 万亿元增加到 200 万亿元（约合 16 万亿美元到 29 万亿美元）。国内和全球私人银行一直在试图抓住这一机遇，重点关注高净值人士和超高净值人士市场。

但是它们也开始越来越多地瞄准高收入阶层，即可投资资产在 10 万美元至 100 万美元之间的 1500 多万中国消费者。这些人是中国繁荣的经济中不太为人所知的赢家，他们已跻身为中产阶级上层。世界经济论坛报告称，到 2020 年，中国将有一亿中产阶级上层和富裕家庭。

随着业务的增长，这些客户希望并且需要得到与传统私人银行模式不同的服务。正是在这一领域，包括大型科技公司和金融科技初创企业在内的许多新进入者都在运营。

大量智能投顾产品已经出现，旨在为这些富裕的大众客户提供服务。这些工具可以帮助用户快速有效地预览他们的风险偏好并调整他们的投资组合，而无须人力投资顾问。根据市场研究公司 Statista 的数据，预计到 2021 年，使用智能投顾服务管理投资的中国消费者数量将达到近 8000 万，而 2016 年这一数字还不到 200 万。

中国科技巨龙

蚂蚁金服和腾讯等大型科技公司已成为中国金融服务生态系统的重要参与者。蚂蚁金服拥有 4.5 亿活跃用户，其中部分归阿里巴巴所有。蚂蚁金服旗下的货币市场基金余额宝已成为全球最大的货币市场基金。据估计，该公司所管理的 1650 亿美元资产来自超过 2.6 亿的用户。蚂蚁金服正在全球范围内积极地扩张，并于 2017 年以 12 亿美元收购了速汇金（MoneyGram）。

腾讯公司还在迅速向金融服务领域扩张。凭借其每月超过七亿的活跃用户，腾讯公司在中国公民的生活中扮演着重要的角色。例如，腾讯公司在 2017 年 1 月春节期间处理了 460 多亿份红包，取代了传统的由人们亲手送出的红包。在其平台上，用户可以方便地购买从共同基金到保险产品等任何东西。与蚂蚁金服类似，腾讯公司最近也在进行全球范围内的扩张，最近该公司投资了特斯拉。

尽管这些大型科技公司仍主要关注庞大的零售市场，但也越来越重视财富管理领域。例如，蚂蚁金服推出了财富管理平台蚂蚁财富，腾讯公司为了给日益壮大的高收入阶层提供细分且个性化的理财产品而推出了理财通。

中国成熟的金融科技公司

除了大型科技公司，许多金融科技公司也确立了自己的主导地位，并越来越多地将注意力集中于高收入阶层。

例如，陆金所在 2012 年创立之初是一家 P2P 平台，但现在它还提供一套针对高收入阶层的金融产品。陆金所向 2500 多万注册用户销售大量从国内金融机构采购的固定收益、货币市场、共同基金和保险产品，这些用户可以通过手机和在线账户购买这些产品。宜信公司是另一个金融科技公司的例子，该公司也开始于 P2P 借贷，但后来通过专注于高净值人士和高收入阶层而扩展到了财富管理领域。它为固定收益、私募股权、资本市场、对冲基金、房地产和保险等领域的在岸和离岸投资，以及投资移民和国际教育等领域提供广泛的产品和服务。

为何如此成功

从大型科技公司到新兴的金融科技公司，这些新公司取得成功的原因有很多。

- **专注于未被满足的需求**

这些科技公司专注于市场中存在空缺的领域。例如，替代贷款最初是作为初创企业和小企业的资金来源在中国兴起的。传统的国有银行倾向于向大型国有企业放贷，而忽视了规模较小的企业，并留下了一个由金融科技公司参与填补的空白。同样的情况现在也发生在高收入阶层。

- **由数据驱动且能够快速创新**

这些科技公司并不是恰好拥有良好数字渠道的金融服务提供商。它们首先是数据驱动、数字原生和移动优先的公司，将这些优势应用于提供金融服务，这使它们能够充分利用它们所拥有的数据，更好地进行风险定价、信用评价和产品开发。它们以方便和简单的方式提供产品的交付机制，并注重在用户体验设计上加强优势。

- **掌握合作伙伴关系和平台模型**

这些科技公司往往选择一种开放的生态系统方式，与各种金融机构合作，提供一系列产品，为客户提供选择和透明度，而不仅仅是成为金融机构。例如，蚂蚁金服并不将自己视为一家银行，而是将自己视为一家金融服务提供商，一个可以为客户提供数百种不同基金投资机会的平台。

- **了解并掌握市场适应习惯**

这些科技公司利用了中国消费者的数字品味。中国跃进移动产品和服务领域，其消费者在使用新技术方面一直被视为领先于其他国家。例如，据估计，中国有超过 7.3 亿互联网用户，其中 95% 通过手机上网，这使得这些科技公司能够迅速据此部署新的运营策略。

- **有利的监管框架**

为了持续创新，监管不能过度，监管机构需要务实。中国经常被形容为一个大沙箱，监管机构允许新技术出现并对其进行仔细的监控，只有在需要或达到临界质量时才会对其进行干预。例如，P2P 行业能够在没有许多监管限制的情况下蓬勃发展，而监管机构只有在该行业发展壮大后才会进行干预，并制定指导方针和法律框架来管理其使用。P2P 贷款机构发放贷款的规模受到限制，贷方被迫利用托管银行来降低交易风险。

同样的事情会发生在西方国家吗

最大的问题是，像 Facebook、亚马逊、谷歌或优步等西方大型科技公司能否像中国同行那样进入高收入阶层的财富管理领域。例如，Facebook 在美国各地获得了众多监管许可，并于 2016 年 11 月从爱尔兰中央银行获得了金融服务许可证。虽然短期内关注的焦点似乎是为 Facebook Messenger 逾 10 亿用户的支付提供便利，但 Facebook 有朝一日能否进入高收入阶层的财富管理领域呢？

亚马逊已经提供了许多金融产品，但主要是以小企业贷款的形式向其商家提供。自 2012 年以来，亚马逊提供的贷款从 1000 美元到 60 万美元不等，主要面向那些想要投资库存以在亚马逊市场上销售商品的商家。如果顾客乐于在亚马逊上购买他们所用的生活必需品，难道他们不愿意购买投资产品吗？随着越来越多的美国家庭使用亚马逊的 Echo，难道他们不能向 Alexa 寻求投资建议吗？

数据是区别因素吗

可以说这些大型科技公司拥有与中国同行同样多的客户数据。问题是，他们是否会进一步向高收入阶层提供金融服务。对许多人来说，这被视为它们业务的自然扩张，而且在很多情况下，与传统的财富管理公司相比它们更具优势。例如，Facebook 不仅对个人的背景和教育有更好的了解，而且对他们的人生目标、个人抱负和即将开展的项目也有更好的了解，而这远远超过了现有银行的普遍认识。比方说，如果一位新晋父亲在 Facebook 上宣布自己的孩子出生了，Facebook 可以为他提供财富规划方案或寿险产品。

理论上，同样的优势也可以从合规和监管的角度应用。通过对各种数据进行多方位分析，科技公司更可能掌握用户的身份及其行为模式。这可能比传统银行依赖护照复印件和几页调查文件中的了解客户（KYC）流程更精准。

结论

尽管中国在吸引高收入阶层方面取得的进展相当显著，但看看这些模式是否能够在其他国家得到复制，以及如何复制，将是一件有趣的事情。大型科技公司和金融科技初创企业有机会抓住高收入阶层，而在中国发生的这些变化可能会为西方科技公司应对这一市场提供蓝图。

从技术到金融奇点：一个有去无回的金融未来之旅程

何塞·曼努埃尔·德·拉奇卡·罗德里格斯（José Manuel de la Chica Rodriguez）
桑坦德银行、桑坦德大学首席技术官

第一代互联网专注于链接企业和个人，而第二代互联网则专注于社交互动。如今，我们正在进入第三代互联网，即所谓的“融合互联网”或“价值互联网”。这一代互联网的发展将主要得益于不同技术进步的融合，这些技术进步将使我们能够设计出具有普遍性、超链接性、分散性和智能性的具有颠覆性和复杂性的系统。

在这一代互联网中，包括银行和金融科技等许多行业将创建新的服务、产品和平台，且均基于指数技术的融合，其中包括机器学习（尤其是强化学习）、加密币、区块链、手机、物联网、量子计算、虚拟现实、增强现实、API、数字身份、分散和自治网络、网络安全、经济数据等。

这种新的技术环境将给金融业带来巨大的机遇。根据未来学家的说法，最具争议的影响之一是“金融奇点”，即一个在20年内将使投资行业发生不可逆转的改变的事件。

人工智能大爆炸

在解释何为金融奇点之前，你需要理解一个潜在的、更基本的理论，即技术奇点。这一概念是指在人类进化过程中，由于技术的进步和新型数字处理器处理能力的提高，工程师将有史以来首次建造出比一般人脑更智能的人工智能。

这种先进的人工智能可以开启一系列自我改进的循环。在开始阶段，新一代且更聪明的一代出现的速度更慢、成本更高，但随后将越来越快。这场革命最终将引发一场人工超级智能爆炸，这将对我们的经济和社会产生令人意外且不可预测的影响。

这种可能性需要一个新的技术领域，该领域由数百个具有不同能力和用途的独立人工智能组成，这些人工智能将通过数据、算法和传感器进行进化和学习，它们甚至可以创造其他的人工智能或者进行自我提升。

这就是未来学家、科学家以及发明家雷蒙德·库兹韦尔（Raymond Kurzweil）所谓的“技术奇点”。库兹韦尔预测，考虑到指数技术的加速（主要是计算处理器的进步），这将在2029年至2045年间发生。

然而，奇点这个名词以前是由约翰·冯·诺伊曼（John von Neumann）和弗诺·文奇（Vernor Vinge）在非物理学背景下使用的。文奇将这一理念应用于先进人工智能的意外入侵，以及给人类带来的前所未有的未知后果。

在物理学界，奇点是指宇宙中一个非常罕见的点，通常位于黑洞的中心，在那里物理规则由于其无限的质量和引力而被打破。

任何存在于黑洞附近的物体，一旦越过一个边界，即所谓的“视界”，就会被吸引并困在奇点附近。一旦穿过这个边界，任何东西甚至连光都无法逃脱奇点引力。

由于完全黑暗，无法直接观测到奇点。事实上，物理学家并不知道其内部到底发生了什么，同样，未来学家和工程师也无法超越技术的独特性。对于奇点之后的效应以及它对全球市场和经济的影响，我们只能猜测。

这就是“奇点”这个词的主要含义，也是它对我们现实生活的强烈影响。从物理、技术或金融的角度来看，没有人真正知道到达奇点时究竟会发生什么。从那时起，最有利可图的投资将由拥有足够先进的技术、数据来源和技能的投资者进行。因此，没有人工智能工具的投资者将会失败，因为相比之下他们毫无竞争力。在这个高度依赖人工智能驱动的、竞争异常激烈的新环境中跻身而出，需要一种新的投资能力和技能模型。

从积极的方面来看，这种技术将逐步大众化甚至非货币化，并且主要由个人和非专业投资者使用。新一代的金融服务将由银行和金融科技公司提供，其中包括不断进化的智能投顾、个人投资助理、开放式预测服务和平台、投资者保险，甚至是完全由人工智能管理的大众投资，而其中许多是由科技公司而不是银行所提供。

人工智能技术已经在银行和金融科技公司中得到应用。为了解决高频的任务和挑战，越来越多具有特定目的的人工智能方案正在涌现，它们中的大多数是基于强化学习，特别是在神经网络方面，这可能是当今投资用例中最常用的方法。它们在欺诈和风险检测、预测、优化、投资建议和个性化服务以及异常检测方面取得了鼓舞人心的成果。

与此同时，专业投资者和交易商正在广泛地使用低延迟和高频率的交易软件，而商业智能投顾和金融机器人已经在普及智能金融咨询服务。正是由于 API 经济的兴起，以及开放的 API 和数据的扩展，所有这些人工智能通常都拥有许多有价值的数据集。

如果考虑到云服务、量子计算方面的最新进展，人工智能很快将能够实现实时预测，且能够比在传统软件工具帮助下的任何人更快、更准确地做出投资决策。

这种专注于投资的人工智能将如何利用“超级智能爆炸”对金融业产生影

响？金融奇点可能就是答案。

金融奇点——人工智能何时统治市场

“金融奇点”的概念描述了一个未来的状态，在那种状态下，由于最先进的电脑技术的融合，如大数据、机器学习、深度学习、区块链、超强处理器、量子计算和云计算，我们可以以最小的误差预测所有的市场行为和趋势。也是在这个决定性的奇点上，人类和机器投资者均可以完美地确定世界上所有资产的价格，最小化他们的风险并提高他们做出正确决策的比例。它代表一个市场几乎可以自动运转、完全由技术控制的时代，由此实现卓越绩效（Alpha）的机会将逐步降至为零。

一些经济学家将金融奇点描述为未来的一个理论时刻，在这个时刻，世界上大多数甚至是所有的投资和经济决策都将由超级智能机器做出，而非人类、金融组织或投资专家。如果将人类的不可靠性从市场中剔除，并且资产价格反映真实价值，那么一个超高效市场的乌托邦时代将成为现实。

在拉里·斯威德罗（Larry E. Swedroe）和安德鲁·伯金（Andrew L. Berkin）合著的《萎缩的 Alpha》（*The Incredible Alpha*）一书中，他们对这种环境提出了一个决定性的问题，即 Alpha 被定义为投资相对于市场指数的超额表现，那么未来每一种投资策略的 Alpha 机会最终都会趋于零吗？

如果不会，我的问题是：金融奇点是否存在一个等价的“视界”——一个由最令人难以置信的 Alpha 定义的非返回线？

为了达到最低的“金融视界”，即金融行业产生最低 Alpha 值的点，同时这也是金融史上距离金融奇点最近的的时刻。我们必须承认，需要技术来克服一个关键挑战，即人工智能大多是被动的，它们基本上是由检测到的外部事件或数据变化所驱动从而进行决策。它们能否像人类投资者一样转变为主动的智能代理人呢？

为了创造一个真正主动的人工智能，工程师需要构建“强化的人工智能”，这种人工智能所表现出的行为和反应至少与人脑一样娴熟和灵活。这基本上是达到技术奇点之前的最终步骤。所以，“金融奇点”和“技术奇点”二者是紧密相连的。

财富管理领域的人工智能

在我看来，金融奇点不会突然发生。在机器完全替代人类投资者之前，我们将经历一个共存过渡期，人工智能将使人类投资者的决策越来越高效，而人工智能也将从人类使用大量数据的行为中进行学习，包括他们的错误、命中、反应、决策和结果，并将他们的数据与其他人工智能的数据相结合。投资将逐步提高竞争力，并获得更好的回报；同时，机器将成为更智能的代理，通过训练它们的算法以及不断向投资者、用户和市场学习，最终它们将完全能够取代人类并做出超高效的决策。

共存过渡期过后，随之而来的可能会是替代阶段，自主的人工智能系统将逐步且大规模地替代人类，但可能不是完全替代。这一时期可能会达到巅峰，届时机器甚至能够在法律和刑事上自主决策，人工智能系统也会出现人类经纪人表现出的不负责任的不良行为，甚至是过失或犯罪现象。

金融视界的兴起

我认为我们很难达到这种“金融奇点”的状态，即使未来出现超级智能爆炸，也并不意味着会有超链接机器管理的超高效市场的出现。

Alpha 可能永远不会等于零，因为由市场混乱、文化多元化和利益不同而产生的外部压力将与内部压力进行均衡。这些内在压力将由于所有智能机器的反馈而逐一产生，即一台机器所做的决策将被另一台机器所借鉴，反之亦然。

随着时间的推移，以前的投资混乱现象将逐步消失，但不会完全消失，因为即使有大量的数据，以及最好的算法和处理器，也并非所有的可能性都能被人工智能所分析和处理。它们总是需要更多的数据来改善它们的预测，在这种极端情况下，竞争机器越智能，为了与其竞争，其他机器就越需要智能。最终它们会达到一个均衡，这时大多数财务决策在很大程度上接近完美，但绝不是百分之百地完美。

人工智能将在每一个决策中追求财务上的完美，即以最高价格出售，以最低价格购买。人工智能主要基于数学和统计学，但在如此复杂的情况下，从数学角度看是不可能的。而最终我们不可能达到这种由超级人工智能设计和管理的金融乌托邦。

研究我们是否能够达到，以及何时达到完全由自动代理和智能机器提供成功预测和投资建议的这个金融奇点，将是非常有趣的。也许很快我们所有人都会相信到达奇点不再是纸上谈兵。

欢迎 2058 届“银河财富管理学院”

大卫 · 杰尔（David Gyor）
Banking Reports 公司首席执行官

这是著名的“银河财富管理学院（Galactic Academy of Wealth Management）”院长开尔文 • 赫利乌斯（Kelvin Helius）欢迎 2058 届学生的演讲：

> 尊敬的同学们、尊敬的人类和机器人财富管理学者们，欢迎你们来到著名的“银河财富管理学院”，你们是我们热爱的银河系中财富管理技术的头号学府及智库。
>
> 你们 2058 届学生是与众不同且非常重要的。正是在传统金融服务大危机（GCTFS）启动 50 年后，这门课开始了雄心勃勃且富有挑战性的财富管理研究，那场危机于 2008 年末在地球上爆发。
>
> 50 年后的今天，再回首 2008 年，我们必须高度肯定地得出以下结论：那是变革的起点，是金融领域伟大数字革命的导火索。2008 年的金融危机首次唤醒了金融科技的力量，成千上万的数字初创企业，对危机前金融服务业所有分支机构中早已过时的体制发起了挑战。随后，金融科技发展成为更具体且更专业的数字金融服务类别，财富科技、保险科技、监管科技、风险科技、绩效科技、支付科技、身份科技、贸易科技等细分领域应运而生。这就是财富科技这一学科的起源。
>
> 请允许我自豪地说，我们久负盛名的机构，也就是你们未来的母校“银河财富管理学院”，正是以其先进、精确和深思熟虑的财富科技课程而闻名。
>
> 亲爱的 2058 届同学们，在即将到来的两年深入学习期间，你们所关注的焦点和活动重心将围绕我们著名的“财富科技十大支柱”课程展开。你们将需要很长时间学习、分析和实践这 10 个杰出学科，它们

是现代财富科技的10大支柱，也是你们多年学习的关键部分。以下是这10大支柱以及其简要的解释。

财富冬眠。众所周知，大约50%的人类会选择人体冷冻，他们在生命即将结束的时候选择冬眠。我们也有第一批成功复活的病例，曾患有不治之症的患者被解冻并在之后被成功治愈。这使得“财富休眠和反向继承”问题成为财富管理公司关注的焦点。通过这门课，你将了解如何为你未来的客户提供选择。其中，财富冬眠是指虽然客户处于休眠状态，但他们的财富由长期的机器人算法在可自由支配的基础上进行管理；反向继承是指当他们处于休眠状态时，他们的子女和孙辈会继承他们的财富，但当他们苏醒时再从他们的子女和孙辈那里收回他们的财富。前者是一个与“复活保险”完美交叉的销售产品，而后者必须通过为后代提供保险来保证当他们苏醒时可以拿回他们的财产。

外太空外汇。当你成为世界级的财富管理者时，了解过去是至关重要的。你必须充分了解货币。货币存在了几千年，直到21世纪40年代才被GalactoDollar所取代。跨星系货币是一个全新的概念。过去存在150多种不同的货币，由所谓的“外汇交易员”利用“外汇汇率”的波动获利。在21世纪40年代，GalactoDollar逐渐占据主导地位，众所周知，这是我们银河系唯一的法定货币。银河中央银行（GCB）维持着货币政策，将长期利率维持在3%左右。在我们过度沉浸于当前的货币问题之前，我想提一下，在本世纪初，不仅有150多种不同的货币在地球上流通，而且还存在“现金”。现金是印在纸上或铸成金属硬币的钱。亲爱的年轻学生们，我知道你们很难想象这些数以百万计的纸币和硬币为什么流通以及如何流通，但请相信我，它们都曾经真地存在过。

寰宇商品。随着人类和机器将他们的生活范围扩展到了地球之外，新的商品也随之出现了。就你们而言，我可以理解你们几乎从来没有听说过石油、天然气、黄金、铜或银这些奇异的东西。然而，它们曾经是商品交易的核心。我们的课程是现代的课程，所以你们将会学到反物质、星尘、伽马射线、小行星土壤、彗星碎片和陨石等新知识，而不是这些过时的商品。此外，我们还将提到一些更先进的新型商品，如黑洞萃取物和星际泥炭。

机器人法。亲爱的同学们，很明显，我们财富管理学院现有超过30%的新生都是机器人。你们很清楚，如今，人类和机器人是同等重要的客户以及财富管理者，彼此合作，也相互竞争。在这中间，“机器人法”是一门绝对必要的学科。我们将了解诸如合作机器人（人类和机器密切合作）、机器人道德规范（即机器人如何以及何时可以拥有自己的资产和财富，以及机器人的继承问题如何解决）、机器人可靠性（即当机器人交易员犯错时，谁该承担责任以及在多大程度上承担）、机器人工资单（即机器人应该赚多少钱，以及如何设置机器人工资）。

超人类主义的交易技术。众所周知，超人类主义是人与机器心理和生理上的结合。50年前，人们难以想象如今我们的大脑可以被下载到云端，以便记录和存储我们的记忆。财富管理的一个积极趋势是将我们下载的知识与机器人算法相结合。也就是说，超人类主义的交易技术结合了不精确但高度情绪化的人类以及精确但不情绪化的机器的所有优点。

全息咨询。1894年，人们发明了一种叫作“无线电”的东西，它只能传输声音。后来，在1925年人类制造了他们的第一台“电视”，这些机器可以传输二维的黑白图像。那么为什么直到2020年第一批真正的全息投影仪才出现呢？黑白图像是如此微不足道，我的意思是，只有通过三维彩色图像和声音的传输，人们才能有效且现实地进行沟通。现在，我们的全息投影仪可以轻松地传送与现实生活兼容的、栩栩如生的三维图像，学会如何礼貌而有效地与客户进行全息咨询是非常重要的。例如，你不能在未经允许的情况下进入客户的房子。

虚拟现实投资组合过山车。客户总是很难理解波动性的真正含义，即不同资产类别的资产价格大幅波动。因此，财富管理公司提供了“虚拟现实投资组合过山车”，即将虚拟现实眼镜放在客户端上，并上传资产或投资组合的价格绩效。该软件能够将价格历史数据转换成过山车，并在虚拟现实眼镜上播放。通过这种方式，客户可以真切地感受到历史价格的波动幅度、峰值和性质。

视网膜交易。在过去，交易员拥有所谓的“交易员屏幕”，即资产交易员面前的多个实体屏幕。这很不方便，他们最多只能在桌子上放五六个屏幕。如今，他们在“视网膜交易”技术的支持下工作。他们戴上由自己身体内产生的电流所供能的隐形眼镜，就能看出现在他们面前的任何屏幕。通过眨眼或聚焦在某些地方，他们可以进行点击、缩放和突出显示等操作。

综合互联网阅读机器人。在21世纪的前十年，每天大约有200万篇新闻报道在互联网上发表，而如今这个数字已经上升到每天大约1000万篇。在我们的星系，目前所使用的语言大约有600种，其中包括100种人类语言和500种机器语言。这就是财富管理公司开发“综合互联网阅读机器人”的原因。这些机器人阅读所有已发表的新闻文章，并通过运用自然和机器语言对它们进行分析，以得出每日每家上市公司的情感计算结果，随后，将所有这些每天的新闻情绪分析整合成一个情绪历史，并将每天的情绪数字和情绪历史在三维测量仪上实现完美的可视化。

人体生物情绪传感器。在数百年的股票市场中，人们一直在谈论“市场情绪”。他们可以得出“市场紧张”“市场萧条”或者“市场愉悦”等结论，就好像市场是一个人。现在我们已经拥有了真正测量市场情绪的技术。这也是我们在每个交易员和分析师身上都安装了生物传感器并测量他们的血压、心跳、呼吸等的原因。通过物联网机制获得的这些数据在全银河范围内都是集中的，由此我们便拥有了一个真正用生物学方法测量的市场情绪集合。

亲爱的2058届学生，从我们的10大支柱课程来看，我们生活的时代是一个令人兴奋的时代。在看过我们“银河财富管理学院”的新课程之后，请允许我表达发自内心的幸福和赞赏。请允许我大声且清晰地对你们说：欢迎！欢迎来到财富科技的新世界！

The WealthTech Book:The FinTech Handbook for Investors, Entrepreneurs and Finance Visionaries by Susanne Chishti & Thomas Puschmann.

ISBN: 978-1-119-36215-9